献给我的父亲和母亲

非诉讼纠纷解决论纲

源流、技艺、规制

Alternative Dispute Resolution:
Origins, Skills and Regulations

熊浩 著

法律出版社 LAW PRESS · CHINA
北京

图书在版编目(CIP)数据

非诉讼纠纷解决论纲：源流、技艺、规制 / 熊浩著. -- 北京：法律出版社，2024
ISBN 978-7-5197-8403-4

Ⅰ. ①非… Ⅱ. ①熊… Ⅲ. ①民事纠纷－处理－研究－中国 Ⅳ. ①D925.104

中国国家版本馆CIP数据核字(2023)第190402号

非诉讼纠纷解决论纲：源流、技艺、规制
FEI SUSONG JIUFEN JIEJUE LUNGANG：YUANLIU、JIYI、GUIZHI

熊 浩 著

策划编辑 薛 晗 赵明霞
责任编辑 赵明霞
装帧设计 汪奇峰

出版发行 法律出版社
编辑统筹 法商出版分社
责任校对 李慧艳
责任印制 胡晓雅
经 销 新华书店

开本 710毫米×1000毫米 1/16
印张 18.5 字数 248千
版本 2024年9月第1版
印次 2024年9月第1次印刷
印刷 北京金康利印刷有限公司

地址：北京市丰台区莲花池西里7号(100073)
网址：www.lawpress.com.cn
投稿邮箱：info@lawpress.com.cn
举报盗版邮箱：jbwq@lawpress.com.cn

销售电话：010-83938349
客服电话：010-83938350
咨询电话：010-63939796

书号：ISBN 978-7-5197-8403-4
定价：78.00元

凡购买本社图书，如有印装错误，我社负责退换。电话：010-83938349

诉讼日益凸显的不足为ADR的引入和广泛使用提供了法理和实践的基础。从二十世纪七十年代以来，许多国家纷纷引进ADR的理念和实践，分担诉讼面临的困境，一时之间掀起了“接近正义”运动的第三次浪潮。进入二十一世纪，不少国家也纷纷将ADR的推广和使用纳入司法改革的重要议程，并取得了重大成绩。与此同时，许多学者专家也展开了对ADR理论的研究和实践的探索，努力让ADR在现实生活中为广大公众认可和接受。

近几十年来，不少的研究专注于ADR使用的技巧、程序和伦理问题，而鲜有对ADR展开多元素、多角度的交叉性研究。对ADR技巧、程序问题的探究固然重要，但如果缺少了人文社科的多角度融合，便会让ADR研究流于形式，降低和减少这一学科的学术深度和理论厚度。作为我在香港大学指导毕业的第一位法学博士，熊浩老师近年来专注于ADR领域，突破学科界限踏实研究，取得了丰硕的科研成果。本书正是熊浩教授近几年研究的阶段性成果，基于其多年ADR的研究以及自身交叉学科的学术背景，对ADR从文化和历史、理论和实践，以及质性和量化的多角度、多维度展开研究，力图为读者展现ADR的全貌，填补了ADR研究文献在这方面的空白，实属难能可贵。

香港大学法律学院郑家纯基金教授（国际法）兼副院长（内地事务）

海牙国际私法会议亚太区域办事处代表

赵　云

由于传统的厌讼文化和当代的变法状况，中国一直很重视调解等非正式解纷方式的作用，但可惜的是，相关的学术研究却停滞不前。现在，熊浩老师终于以这本力作打破了僵局。他从知识谱系、意识形态、实践技艺、制度设计、实证分析以及教学方法等不同维度，立体地展现了ADR现象及其对于法律秩序的重要意义。他还分别从定性和定量的角度考察了ADR在法院以及基层社会的运行生态，并恰当地嵌入了国际比较和族群对照的理论视点。该书学术思想深刻，文字清新隽永，可读性非常强。我认为，这本著作既是法社会学一个重要领域的代表性成果，也可以作为多元解纷人才培养和调解员训练的重要教材，以及ADR研究的重要理论文献。

上海交通大学文科资深教授

上海交通大学中国法与社会研究院院长

上海市法学会法社会学研究会会长

季卫东

对于大多数人而言，非诉讼纠纷解决机制（ADR）已不再是一个生疏的概念，但关于ADR的研究远远不及诉讼纠纷解决机制，也长期落后于实践的发展。在大力倡导坚持和发展新时代“枫桥经验”，把非诉讼纠纷解决机制挺在前面的当下，熊浩老师的这本著作从理论和实践两个层面立体构建了非诉讼纠纷解决机制（ADR）的知识谱系，对于学术研究和实务运作均具有重要意义。

本书的视角独特，从意识形态、制度安排、实践技艺三个向度建构ADR的纲领性理论，解读了ADR在中国落地生根的渊源，提出对ADR进行规制的模式，回归ADR在实务中的应用技能。本书具有两个非常鲜明的特色：一是运用人类学、社会学、法学等交叉学科的理论和方法研究中国问题，既有宏观的理论架构，又有微观的实践洞察；既针对思想争鸣，又关注知识传授；既有定性研究，又有定量研究，与ADR的本质属性和价值目标深度契合。二是对国外ADR文献进行了全面介绍和对比述评，通过这些文献，读者可以了解到不同文化和制度下ADR发展的差异，为深入理解和进一步研究ADR提供了重要资源、视角与理论。

湖南警察学院院长、湘潭大学法学院教授

中国民事诉讼法学研究会副会长

最高人民法院多元化纠纷解决机制研究基地主任

廖永安

目　录

导　论

一、大背景

纠纷解决是人类最为古老的学科领域之一，人类在漫长的历史中发展出了形式多样的技术手段和制度安排来处理繁杂而多样的人际摩擦。① 将纠纷解决手段偏狭地理解为诉讼，并将它作为纠纷解决的中心制度构造予以神圣化，这其实是直到现代社会才发展出的意识形态。② 事实上无论站立在人类历史的哪个阶段，一个无法否认的事实是：任何一个社会都会哺育和创生多元的纠纷化解机制来处理人际冲突，而诉讼不过是其中的选项之一，③多元化纠纷解决机制的并存发展才是人类文明的常态。

在近 40 年，跨越不同的国家与法域，诉讼中心

---

① See David Spencer, *Essential Dispute Resolution*, Routledge, 2002, p. 1; Jay Folberg, *A Mediation Overview: History and Dimensions of Practice*, Conflict Resolution Quarterly, Vol. 1, p. 3 – 13 (1983); Carrie J. Menkel – Meadow et al., *Dispute Resolution: Beyond the Adversarial Model*, Aspen Publishers, 2005, p. 3.

② See Lon L. Fuller, *The Forms and Limits of Adjudication*, Harvard Law Review, Vol. 92, Iss. 2, p. 353 – 409 (1978); Derek C. Bok, *A Flawed System of Law and Practice Training*, Journal of Legal Education, Vol. 33, p. 570 – 585 (1983).

③ See Jerold S. Auerbach, *Justice without Law: Resolving Dispute Without lawyers*, Oxford University Press, 1983, p. 3.

的文化正受到新的检视与挑战。[①] 这些在司法实践与观念智识上对诉讼的批判汇合成了一个巨大的思想潮流与制度革新力量,这股力量试图突破诉讼中心的藩篱,开放出更为广阔的处置人际冲突的理论与实践场域。这个变革便是非诉讼纠纷解决运动。依据《布莱克法律词典(第十版)》的解释,非诉讼纠纷解决(Alternative Dispute Resolution,ADR)可以被概括为"一种通过非诉讼程序解决纠纷的手段"[②]。广义上来讲,ADR 可以包括从容忍、回避、退让、诅咒、发愿、下蛊到群体械斗、国家战争等排除司法诉讼的种种争议解决手段。[③] 而狭义的 ADR 则是指具有制度性意义的非暴力纠纷化解手段,其光谱覆盖了包括谈判、调解、调查专员、仲裁、私人迷你审判、诉前会议、个案管理、租用法官等解决与化解矛盾的各种机制与类型。[④]

现代意义上的 ADR 源于美国。[⑤] 从 20 世纪早期开始,由于新移民、[⑥]劳工运动、[⑦]民权运动、[⑧]宗教复苏与社区价值的回归,[⑨]以及

---

① See Simon Roberts & Michael Palmer, *Dispute Processes: ADR and the Primary Forms of Decision – Making*, Cambridge University Press, 3rd ed., 2020, p. 51.

② Bryan A. Garner et al., *Black's Law Dictionary*, Thomson West, 10th ed., 2014, p. 95.

③ 参见熊浩:《熊浩的冲突解决课:谈判》,法律出版社 2017 年版,第 30 页。

④ See Albert K. Fiadjoe, *Alternative Dispute Resolution: A Developing World Perspective*, Cavendish, 2004, p. 19 – 20.

⑤ See Michael King et al., *Non – Adversarial Justice*, The Federation Press, 2009, p. 88.

⑥ See Jerold S. Auerbach, *Justice without Law: Resolving Dispute Without Lawyers*, Oxford University Press, 1983, p. 69 – 70.

⑦ See Jerome T. Barrett, *A History of Alternative Dispute Resolution: The Story of a Political, Cultural, and Social Movement*, Jossey – Bass, 2004, p. 111.

⑧ See Peter H. Schuck, *Diversity in American: Keeping Government at a Safe Distance*, The Belknap Press of Harvard University Press, 2003, p. 52; Jerome T. Barrett, *A History of Alternative Dispute Resolution: The Story of a Political, Cultural and Social Movement*, Jossey – Bass, 2004, p. 118 – 119.

⑨ See Andrew W. McThenia & Thomas L. Shaffer, *For Reconciliation*, Yale Law Journal, Vol. 94, p. 1660 – 1668 (1985).

大众正义理念的博兴,[1]美国社会逐渐发展出了一种新的共识和内聚力量,日趋强化公民的自助、自治、自我决定精神与社区认同。这种强有力的意识形态与一些功利主义的商业价值一道(如节省时间、降低机会成本、管控诉讼费用、维持合作关系等),共同推进了ADR的产生乃至最终席卷全美。1963年,现代意义上的第一个ADR的机构"和解法庭会议"在加利福尼亚州成立,之后这个机构被重新命名为"家庭、法庭与社区专业人员协会"。3年之后,威斯康星大学建立了世界上第一个ADR的学术机构,即威斯康星大学调解中心。[2] 时光荏苒,到目前,几乎所有北美法学院都固定开设非诉讼纠纷解决课程,纠纷与冲突解决成为一个具有独立学科建制、研究学会、学术刊物,并与司法实务界、商界、政界保持着良好的互动与紧密的联系的专门学科。

除了美国,ADR在其他的法域也熠熠生辉,处置的纠纷类型也越来越广。传统理论中所谓ADR只能处理简单的、伦理的、熟人社会中的纠纷的看法显得老旧陈腐、脱离时代。受益于ADR制度的延展性与技术的灵活性,ADR的触手不断扩展,已经可以为消费与商业、破产、保险、证券、房地产、工程、医疗、产品责任、劳资关系、教育(校园冲突)、体育、知识产权、高科技相关的纠纷以及环境纠纷等领域提供切实有效的解纷支撑。[3] 一个典型的将ADR用于处理新型及复杂纠纷的例子是我国香港特别行政区新机场的建设。这其中多层次非诉讼纠纷解决的纠纷解决设计(multi – tiered dispute resolution design)为工程的顺利及时完成提供了重要的制度保障。[4]

---

① See Sally Engle Merry, *Sorting out Popular Justice*, in Sally Engle Merry and Neal Milner eds., The Possibility of Popular Justice: A Case Study of Community Mediation in the United States, The University of Michigan Press, 1993, p. 38 – 49.

② See Colleen M. Hanycz, *Whither Community Justice? The Rise of Court – Connected Mediation in the United States*, Windsor Yearbook of Access to Justice, Vol. 25, Iss. 1, p. 167 – 210 (2007).

③ See XU Xiaobing, *Mediation in China and The United States: Towards Common Outcome*, Unpublished JSD dissertation, Stanford University, School of Law, p. 190 – 191 (2003).

④ See David L. Sandborg, *Multistep ADR Gets Creative at Hong Kong's New Airport*, Alternatives to the High Cost of Litigation, Vol. 17, No. 3, p. 41 – 61 (March 1999).

甚至在一些更为复杂的领域，如国际商贸、国际争端调停、区域和平、协商民主中也大有作为。事实上，非诉讼纠纷解决已经改写了当今世界的司法文化，将可接近性（accessible）与民主性融合入了现代司法的基本目标之内。它的广泛影响外溢到了美洲、澳洲、英国、欧洲大陆、日本、新加坡以及广大的发展中国家。[①] 非诉讼纠纷解决为法律发展开辟了崭新方向，为法律实践培育了新的职业人，为丰富人们的法律智识想象不断拓辟空间，不断注入新力。

二、ADR 的理论争论

无论是在西方还是中国，ADR 自其肇始时就充满争议。对于 ADR 的支持意见一般是站在左翼立场或实用主义的基础之上（本书第二章会对这个问题详细展开）。根据亨利·布朗（Henry J. Brown）和亚瑟·马里奥特（Arthur L. Marriott）的观点，ADR 之所以应该被推崇是因为：

> "第一，不同类型的纠纷需要不同路径予以解决。如果当事人没有被常规的诉讼限制，而是可以自行选择程序，或者自主决定解纷机制的顺序，[需要]设计强化共识性的纠纷解决以满足特定的需要，那么应该有一种更好的途径处置争议问题。第二，调解和其他 ADR 形式设计使得当事人和中立第三方可以更直接和密集地参与到纠纷解决过程中，这将使纠纷解决更具有创造性。[在 ADR 程序中的当事人]有更大的可能性建立一些传统法庭或仲裁者无法实现的原则和细致的纠纷解决条款，或者实现一些在诉讼情景下双方律师通过谈判很难达成的共识。"[②]

而反对者对 ADR 则持有完全相反的看法。在功能维度方面，

---

① See WONG Yan Lung, *The Benefits of Mediation*, Asian Dispute Review, Vol. 7, p. 100 – 102(2006).

② Henry J. Brown & Arthur L. Marriott, *ADR*: *Principles* and Practice, Sweet & Maxwell, 1993, p. 11 – 12.

汤姆·泰勒(Tom R. Tyler)就认为非正式司法(informal justice)的重要特征之一就是强调妥协,非诉讼纠纷解决会为了达致共识性的纠纷解决而压制当事人的权利诉求和表达。[①] 这样一种压力甚至被劳拉·纳德(Laura Nader)称为“软暴力”,这种软暴力会纵容ADR当事人之间的不公和不义。[②] 更为严重的是,ADR程序以保密为原则,这会使不公不义以及对权力的滥用在纠纷解决过程中不易被纠正、调整或受到外力干预。[③] 而在制度维度方面,ADR可能催生某种对法治的系统性风险。较早指出并系统论述这个问题的学者是耶鲁大学的欧文·费斯(Owen W. Fiss)教授。他认为ADR除了在功能维度的种种问题,例如前面提到的会使更有权势的当事人获得更多的利益,更重要的是,ADR可能会损害法院创制公共政策和提供先例之功能,并贬损司法通过裁判以规制官僚体系、捍卫社会正义的宪制意义。[④] 欧文·费斯清楚地指出,法院的功能不仅仅是纠纷解决,还需要“说明并赋予那些权威的文本,例如宪法和立法文本中的价值以力量,并使现实与这些价值相一致。这样一种职责不应该在当事人和解私了(Settlement)时被推诿”[⑤]。换言之,ADR在推进纠纷解决的同时会削弱规则之治,降低或者扭曲法院的功能,从而威胁到法治的有效实现。

欧文·费斯的观点携带着本质主义的色彩,乃是基于三权分立的基本理论预设对司法与纠纷解决的功能进行解释的。与欧文·费斯不同,理查德·亚伯(Richard L. Abel)对ADR的批判则是承袭了后现代例如福柯的思想,他让人们警醒ADR以自治的名义

---

① See Tom R. Tyler, *The Quality of Dispute Resolution Procedures and Outcomes: Measurement Problems and Possibilities*, Denver University Law Review, p. 419 – 436 (1988 – 1989).

② See Laura Nader, *Controlling Process in the Practice of Law: Hierarchy and Pacification in the Movement to Re – Form Dispute Ideology*, Ohio State Journal on Dispute Resolution, Vol. 9, No. 1, p. 1 – 26 (1993).

③ See Martha J. Bailey, *Pelech, Caron and Richardson*, Canadian Journal of Women and the Law, Vol. 3, p. 615 – 633 (1989 – 1990).

④ See Owen M. Fiss, *Against Settlement*, Yale Law Journal, Vol. 93, Iss. 6, p. 1073 – 1092 (1984).

⑤ See Owen M. Fiss, *Against Settlement*, Yale Law Journal, Vol. 93, Iss. 6, p. 1085.

完成了巧妙的自我包装,但事实上是公权力僭越私权、不断扩张的过程。理查德·亚伯说:

> "迄今为止,国家开始管控那些原先无法被正式法律直接规制的社会行为和关系,迄今为止的整个纠纷的社会环境被融合到[受管制]的过程之中……在某种程度上,国家权力在扩张……国家权力以市民社会的名义扩张……因为是以市民社会的形式,社会控制是以社会参与的形式实施的,暴力以共识的形式贯彻,阶级支配装扮成社区行动。换言之,国家权力通过某种间接的规则得到了拓展。"①

更为直接的,理查德·亚伯补充道:

> "非正式的司法声称将国家权力转移到了非国家的组织机制中,将社会管制权力委派给商业部分、居民组织以及其他私部门……间接规制声称最终将强化在地的自治,但是其真实的效用是招安(subordinate)和逐渐减损[与国家]相抗衡的力量……'非正式[司法]'并不是一场草根运动,相反地,非制式的制度是自上而下被施加的,要么被国家,要么被资本施加。"②

面对这些对ADR的深刻批判,那种"需求多元"与"省钱省力"的实用主义论述便显得有些乏力了。面对这些极具穿透力的批判,ADR的支持者们需要作出更为深入的理论回应。对此,安德鲁·麦克瑟尼亚(Andrew W. McThenia)和托马斯·谢弗(Thomas L.

---

① B. de Sousa Santos, *Law and Community: the Changing Nature of State Power in Late Capitalism*, in Richard L. Abel ed., The Politics of Informal Justice, Academic Press, 1982, p. 262.

② Richard L. Abel, *The Contradictions of Informal Justice*, in Richard L. Abel ed., The Politics of Informal Justice, Academic Press, 1982, p. 270 – 271, p. 297 – 298.

Shaffer)作出了很好的示范：

> “处置纠纷的过程是一个和解的过程，在这个过程中关系破裂引发的愤怒情绪被直面而非回避，在这个过程中冲突的解决不仅仅需要停止争执，还需要直面争执。不是‘使得救济之程序式微’，而是提升了纠纷解决过程的品质。不是‘降低私人纠纷解决的社会功能’，而是在呼唤社区价值的回归。我们并不相信法律和正义完全同义，我们看到了最深刻而最合理的 ADR 的论证基础正与我们同在。正义并不总是人们从政府那里获取的东西，法院不是唯一的，甚至不是最重要的分配正义的所在。”①

在这里，安德鲁·麦克瑟尼亚和托马斯·谢弗从根本上将正义与司法明确地区分开，强调法院不是唯一的，甚至不是最重要的实现正义之所在。换言之，司法仅仅提供了一种正义的形态，而普罗大众对正义丰富、多样的生命实践才是真正的璀璨夺目、纷繁精彩。我们应该看到，在世界上诸多法域，人们曾经、正在、也将继续用多元化的正义观介入与管理争议。在中国，相当一部分（时常超过一半，但不同地区有所差异）的民商事纠纷都是通过调解定分止争。而即使在我们眼中非常“好诉”的美国，有统计也指出美国的纠纷中超过九成实际上是通过非诉讼纠纷解决机制加以解决的，而不是司法裁判。② 纠纷解决之多元实践形态，其本质不是要去代替司法，而是恢复、点亮、激活芸芸众生那本就拥有的，也本该拥有的对正义的多元想象与实践可能。

回到欧文·费斯和理查德·亚伯的论点——在事实维度方面，到底有多少案件具有规则之治意义，有多少案件需要纠纷解决功能

---

① Andrew W. McThenia & Thomas L. Shaffer, *For Reconciliation*, Yale Law Journal, Vol. 94, p. 1660 – 1668(1985).

② See D. Paul Emond, *Alternative Dispute Resolution: A Conceptual Overview*, in D. Paul Emond ed., Commercial Dispute Resolution: Alternative to Litigation, Canada Law Book, 1989, p. 3.

呢?纠纷解决与规则之治的关系是对立的还是可以调和的?如果说法院进行非诉解纷就会导致法治不彰,那反过来说,当海量的社会纠纷在"诉讼崇拜"的意识形态下全部涌入司法,"案多人少"的法官一天到晚疲于应付各类案件裁判,这样就真的有利于司法发挥其宪制功能吗?再进一步,在制度设计维度,即使我们认为在司法内部引入 ADR 会导致纠纷解决与规则之治的某种张力,会导致国家权力的过度扩张,那么在社会层面推动多元治理、触发首创精神、鼓励共建共治、发展规范与人情同构的多元化解纷机制还会有这种问题吗?当诉调关系从合并走向分列,从一体走向多元,还会妨碍司法创设规则、捍卫正义之最后一道防线的功能实现吗?所以在本质上,ADR 批判了"司法即正义"的价值预设,解构了正义观念的单一构型,以跨文明、跨时空的纠纷解决实践之多样形态,挑战了法律逻辑体系之教义本体。

在 20 世纪 80 年代,哈佛大学法学院原院长,并在之后担任哈佛大学校长的德里克·博克(Derek C. Bok)教授曾在著名的《法律教育杂志》(*Journal of Legal Education*)上发表了一篇影响甚广的批判当时美国法律教育的论文——《一个法律与实践训练的偏狭的体系》。文中德里克·博克非常深刻地指出以诉讼为中心的法律教育使法律人与法律界充满了凶戾之气。赢者通吃,成王败寇。法律教育似乎遗忘了,所谓的律师本应是能够让双方当事人更为美满、惬意、长远地解决问题的善良而智慧的公共服务的提供者,而非简单是一个斗士。所谓的"像法律人一样去思考"的含义应该更为大气、开阔、宽和,而不是仅仅在法庭的战场上"披荆斩棘、争城夺寨"。[1] 说到底,恰切的纠纷解决不等于诉讼,这个世界的多数甚至大多数纠纷并非黑白两分,而是具有灰度的;这个世界上大多数人际摩擦进入诉讼的成本都太大,人们需要更现实的纠纷解决设计。由此,非诉讼纠纷解决领域不断提出崭新的、富有建设性的法律与法学理念,从而让正义以更真切、更直接的方式实现。也正是在这

① See Derek C. Bok, *A Flawed System of Law and Practice Training*, Journal of Legal Education, Vol. 33, Iss. 4, p. 570 – 585 (1983).

个意义上，ADR开始超越它最初的定义，即提供异于诉讼的替代性解决方案，而是转化为了“适当的纠纷解决”（appropriate dispute resolution），甚至是纠纷解决设计（dispute resolution design），以期用这些理论丰富法学与法律的理论可能与想象维度。

在ADR的身上，“让想象力夺权”的光辉永生不灭。

三、一个拒绝学科化的学科

从学科性质上看，纠纷或冲突解决是一个学科交叉的领域，是一个拒绝单一学科化的研究部门。因为多种学科皆介入其中，它也是一个无法被简单部门法化的研究部门。产生这种现象的根源是纠纷或冲突的多样性。在理论维度，人世间种类繁多的人际摩擦可以被三种经典范式涵摄。①

其一，原生论范式。这种范式强调是某种人与人之间本质性的、根源性的差异导致了人际对立或对抗的出现。那么，人和人到底有哪些本质性的、根源性的差异？这种对差异的辨别必然是一个历时性范畴，必然是动态发展的。所以如果基于原生论范式，我们自然会将冲突解决的相关研究导向人类学、生物学和历史学。如果我们无法建构对冲突的文化性、生物性与历史性理解，就无法真正理解这种冲突的原生性意义，也无法真正将之化解。

其二，工具论范式。这种范式认为利益是驱动人类行为的本质原因，所谓“天下熙熙皆为利来，天下攘攘皆为利往”。因此冲突如其他和平手段一样，是人们争取自身利益最大化的一种工具。在中国的司法实践中，曾经的医患纠纷存在著名的寻租现象，即所谓“大闹大解决，小闹小解决，不闹不解决”——便是工具论范式的生动注脚。换言之，人是理性的、趋利避害的行动主体，介入冲突是人们获取自身利益的重要手段。基于这样的预设，纠纷解决中的“利益范式”（interests - based paradigm）便会自然被发展出来。这个以罗杰·费希尔（Roger Fisher）、威廉·尤里（William Ury）等哈佛学者

---

① See Dodeye Uduak Williams, *How Useful are the Main Existing Theories of Ethnic Conflict?*, Academic Journal of Interdisciplinary Studies, Vol. 4, No. 1, p. 147 - 152(2015).

为代表的理论范式也被称为“哈佛谈判理论”（harvard negotiation theory），这一理论的逻辑起点就是当事人的利益追求，并认为利益是触发人类认知与行为的决定要素。[①] 自20世纪80年代以来，“哈佛谈判理论”对纠纷解决的实践产生了巨大的影响，甚至可以说是纠纷或冲突解决领域的一个主导性理论。之于工具论范式，理性、个体、趋利避害和利益这些关键词都指向了一个学科：经济学，或者更为广义的，诸多社会科学所分享的共同的本体论预设：理性人。这就是为什么经济学、博弈论[②]、社会科学研究者会介入纠纷或冲突解决研究的主要原因。

其三，建构论范式。与原生论与工具论不同，建构论认为冲突是被建构的，因为什么是历史，什么是利益，什么是值得追求的价值目标，为什么我们需要在意这个利益而不是其他利益，这里面裹卷着浓郁的价值判断。例如，你会认为某件事是禁忌，是无法妥协的——请问，为什么？如果你仔细地梳理自己的认知，你就会发现这种“禁忌”或“在意”是一种主观认同，是一个社会性后果——它是真实的，但不是天然的。正如丹尼尔·夏皮罗所言，人的认同是可以通过信仰（beliefs）、仪式（rituals）、忠诚（allegiances）、价值观（values），以及情感上的重要经历（emotionally meaningful experiences）来进行建构的。[③] 换言之是这五个维度构成了“我之为我”或“我们之为我们”的真实基础与确切内容。正是在这个意义上，政治与政策研究、心理学、文化研究、意识形态研究、性别研究便进入了纠纷解决的范畴中。纠纷或冲突的多样性造就了纠纷解决学科的交叉性。这不是一个坏消息，诚如卡丽·麦客梅多（Carrie Menkel – Meadow）教授所言，“并行发展的法学纠纷解决研究与其他多学科的冲突解决研究为我们提供了一个特殊的机会来对应与

---

① 参见［美］罗杰·费希尔等：《谈判力：新版》，王燕、罗昕译，中信出版社2012年版。

② ［美］巴里·J. 奈尔伯夫：《多赢谈判：用博弈论做大蛋糕、分好蛋糕》，熊浩、郜嘉奇译，中信出版社2023年版。

③ 参见［美］丹尼尔·夏皮罗：《不妥协的谈判：哈佛大学经典谈判心理课》，赵磊译，中信出版集团2019年版，第23页。

对比（相关现象），学习国内与国际冲突中的纠纷解决的方法，这样我们可以测试某些特定的概念、路径以及程式是否能普遍化或者仅仅是在一定的语境下有效”[1]。

如果我们将对纠纷或冲突的研究从本体范式转换向微观机理，相关研究的交叉学科属性依然明显。与冲突的宏观性解释不同，宾夕法尼亚大学的著名社会学家柯林斯则主张建构对冲突的微观理解。按照柯林斯的观点，纠纷和冲突都是具体的，我们不能满足于仅仅对冲突进行宏大的结构性勾勒与对策性分析，因为这种分析常常会遭遇解释的困难。例如，原生论所谓之人与人的根本差异在现实世界不一定会构成人际对抗，也非常有可能构成相互对彼此差异的欣赏。全球旅游业的蓬勃发展就证明了这种可能性的真实存在。因此，我们需要将社会中的种种矛盾理解为一个“面对面的人际互动过程”，从而去努力建构一个具有微观过程意义的说明性的理论。[2] 按照柯林斯的建议，一旦我们不从宏观理论上推演，而是在现实实践中观察，我们便会自然地发现法律规则不是决定纠纷是否产生，以及是否能有效化解的唯一变量。甚至在相当多的情景中，法律规则也不是那个最为重要的变量。在微观的解纷过程中，除了规则，各个利益相关方的沟通技巧与能力，当事人之间的相互关系，情绪、信息与权力，纠纷解决的议程设定，团体生成的团体动能，社会与文化语境，沟通的媒介，外部的政治气候等因素，都会对纠纷解决的过程与结果产生影响。因此，如果我们不是如马克斯·韦伯那样机械化地想象纠纷解决的过程，即像机器人一般从上面输入事实，在下面输出判决，而是真实地浸入、扎根、观测纠纷解决的鲜活过程，我们就会得见多元变量对纠纷解决的复杂影响。因此，非诉讼纠纷解决的研究与教学即使在微观维度发生，也必须要接受心理学、博弈论、社会学、人类学、法学等多元知识与技艺的介入，由此才

---

① Carrie Menkel – Meadow, *From Legal Disputes to Conflict Resolution and Human Problem Solving*: *Legal Dispute Resolution in a Multidisciplinary Context*, Journal of Legal Education, Vol. 54, No. 4, p. 7 – 29(2005).

② See Randall Collins, *Conflict Sociology*: *Toward an Explanatory Science*, New York: Academic Press, 1975.

能让该学科获得对真实世界各种冲突的理论解释力与实践介入力。

基于上述对 ADR 交叉学科属性的基本认识,我们对 ADR 的研究便不再需要局限在纠纷解决与正义、纠纷解决与权力、纠纷解决与现代法治这样的抽象玄思中。无论是进入本体性范式还是微观性机理,纠纷解决的研究都会走向过程。是的,这四个字非常关键——"过程研究"——笔者认为,无论是原生、工具、建构还是微观,无论我们是在理解摩擦的发生还是有效化解,"过程"都是不可缺失的重中之重。过程研究应该被视为纠纷解决研究的中心维度。如果我们将纠纷解决的过程维度展开,就会看到各个要素的共存与互动。例如,雅各·波尔科维奇(Jacob Bercovithch)和杰弗瑞·兰勒(Jeffery Langley)就贡献过一个非常简约的纠纷解决的分析框架(见图 1)。[①] 在如图 1 所示的这个分析框架中,冲突的情境、过程、结果以及纠纷参与者的行动策略之间存在相互关系。类似这样的分析框架事实上提醒了我们,当我们重新还原纠纷解决的过程时,不应仅仅盯着规范,很多细致的问题或问题意识会在这个过程中被重新激活,从而为相关研究产生超越规则本身的视野解放。

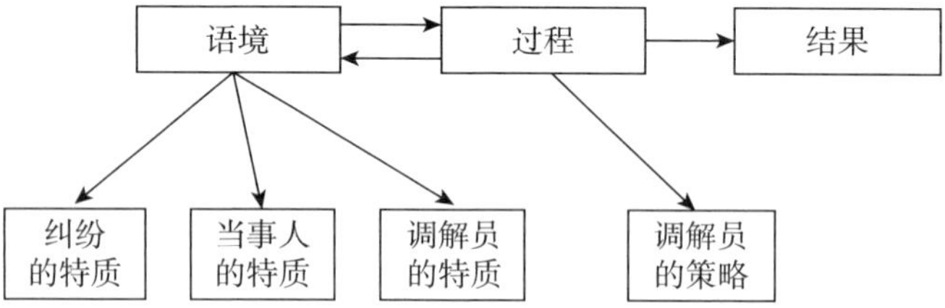

图 0－1　纠纷化解的结构要素

注:笔者翻译为中文。

对中国纠纷或冲突解决的交叉学科而言,除了规则,在过程研究范式下的行为人、行为人之间的互动机制,以及互动过程所嵌入的种种结构——微观与宏观的政治、文化与社会语境——我们对这

---

① See Jacob Bercovithch & Jeffery Langley, *The Nature of Dispute and the Effectiveness of International Mediation*, Journal of Conflict Resolution, Vol. 37, No. 4, p. 670－691(1993).

些问题量化与质化的精致刻画还远远不够。基于过程研究,“纠纷的结果并非一个固定不变的或者能直接预见的东西,纠纷的生成和解决是一个动态的过程,也无法客观评价其效果。纠纷解决涉及各种国家权力、非国家权力、当事人及其他相关人员的互动关系,是一个实践形态,而不仅仅是一个结构概念过程分析”①。从过程视野出发,过程研究之于人,当事人的行为风格与互动特质,调解员沟通技艺与干预技术的有效性;②之于互动,解决纠纷的策略、技术与方法之设计与评价;③之于结构,纠纷的本质构造、④文化脉络、超越部门法概念的类型学框架、不同类型之冲突的产生、激化和解决 ⑤等这些重要的问题,都值得、都需要被放置在当代中国的语境下逐步开展出来。当我们站在过程研究的真实现场,那些只有“回到事情本身”时才会得见的诸如利益分割、情绪拉扯、认同挣扎的鲜活内容,才会在我们面前灵光乍现。将理论重新还原到真实的过程中,我们就会发现大量理论不是无效的,而是粗糙的;我们就会发现大量真实的,通过个案拓展可以具有普遍性意义的问题尚未被充分解答。纠纷及化解过程的多样性与复杂性会为我们提供批判理论与创生理论的重要契机,使我们在实践中得以进一步地打磨我们的理论,以期“得寸进尺”“步步为营”地为纠纷解决建立更有效的广义框架。⑥ 也正是在这个意义上,对纠纷解决的规范与制度设计是一个后置性领域,是我们对过程真切了解后的自然结果,而不是一个

---

① 郭星华主编:《法社会学教程》(第2版),中国人民大学出版社2015年版,第279页。

② See Jeanne M. Brett, Rita Dreghe & Debra L. Shapiro, *Mediator Style and Mediation Effectiveness*, Negotiation Journal, Vol. 2, p. 277 – 285(1986).

③ See James A. Wall Jr. & Ann Lynn, *Mediation: A Current Review*, The Journal of Conflict Resolution, Vol. 37, No. 1, p. 160 – 194(1993).

④ See Kenneth Kressel & Dean G. Pruitt, *Conclusion: A Research Perspective on the Mediation of Social Conflict*, in Kenneth Kressel ed., Mediation Research: The Process and Effectiveness of Third – Party Intervention, Jossey – Bass, 1989, p. 241 – 262.

⑤ See James A. Wall Jr. & Ann Lynn, *Mediation: A Current Review*, The Journal of Conflict Resolution, Vol. 37, No. 1, p. 160 – 194(1993).

⑥ See James A. Wall Jr. & Ann Lynn, *Mediation: A Current Review*, The Journal of Conflict Resolution, Vol. 37, No. 1, p. 181 – 182(1993).

超验的、先验的逻辑与理论的臆测或拟制。

四、中国 ADR 的研究现状及其批判

就中国的 ADR 研究而言，多数中国学者将调解作为他们的研究重心。如果我们做一个大致的归纳，相关研究可以被分为以下四种类型。

第一，纠纷解决的偏好阐释。众所周知，与西方社会不同，中国社会偏好通过非对抗性的方式来解决矛盾纷争。① 产生这种偏好的原因被既往研究概括为经济成本、②文化惯性 ③以及政治功能。④在这类研究中，社会冲突与纠纷解决往往被视为更为宏大的经济基础、法政结构或文化生态的一部分，学者希望通过冲突解决机制这一门径，窥探具有基础意义的中国文化与政治根脉。故冲突解决本身不是研究的重点，它是一把钥匙，一扇窗户，学者们试图用它来勾勒儒家伦理的社会弥散、⑤发现政党动员的具体方法、⑥洞察现代国

---

① See Kwok Leung, *Some Determinants of Conflict Avoidance*, Journal of Cross - Cultural Psychology, Vol. 19, No. 1, p. 125 - 136(1988).

② 参见侯欣一：《清代江南地区民间的健讼问题——以地方志为中心的考察》，载《法学研究》2006 年第 4 期；尤陈俊：《儒家道德观对传统中国诉讼文化的影响》，载《法学》2018 年第 3 期。

③ See Ptiman B. Potter, *Cultural Aspects of Trade Dispute Resolution in China*, 41 Journal of Philippine Development, Vol. XXIII, No. 1, p. 149 - 177(1996); Bobby K. Y. Wong, *Traditional Chinese Philosophy and Dispute Resolution*, Hong Kong Law Journal, Vol. 30, p. 304 - 319(2000); CHEN GOH Bee, *Law without Lawyers, Justice without Courts—On traditional Chinese Mediation*, Ashgate Publishing, 2002, the first two Chapters; CHEN Albert H. Y., *Mediation, Litigation and Justice: Confucian Reflections in Modern Liberal Society*, in Daniel A. Bell and Hahm Chaibong eds., Confucianism for the Modern World, Cambridge University Press, 2003；徐昕主编：《调解：中国与世界》，中国政法大学出版社 2013 年版，第 4—5 页。

④ 参见苏力：《二十世纪中国的现代化和法治》，载《法学研究》1998 年第 1 期；苏力：《窦娥的悲剧——传统司法中的证据问题》，载《中国社会科学》2005 年第 2 期；CHEN Phillip M., *Law and Justice: The Legal System in China* 2400 *B. C. To* 1960 *A. D*, Dunellen Pub. Co., 1973, p. 7.

⑤ 参见梁治平编：《法律的文化解释》，三联书店 1994 年版，第 6、57—58、64 页。

⑥ See Stanley Lubman, *Mao and Mediation: Politics and Dispute Resolution in Communist China*, California Law Review, Vol. 55, No. 5, p. 1284 - 1359(1967).

家权力扎根乡土、延展控制的现实触须，[1]并由此建立了所谓的文化阐释、功能分析与权力逻辑三种中国社会冲突解决偏好之解释范式。[2]

第二，纠纷解决的政策争鸣。长期以来，我国将司法放置在纠纷解决体系的中心位置，因此在过去相当长的一段时间里，关于纠纷解决政策的摆荡与争议主要以法院为焦点展开。站在司法中心的立场，从20世纪90年代后期到21世纪初，随着"依法治国"原则入宪，最高人民法院将专业主义设定为纠纷解决的基本政策主张。受该政策助力，民众的权利意识、法律意识进一步觉醒，诉讼数量急剧增加，调解数量则相应下降。[3] 在彼时，"为权利而斗争"成为一种被官方鼓励的价值偏好，乃至好讼成了一种新的意识形态。[4] 而到了21世纪初，特别是在2004年以后，随着"社会主义和谐社会"思想的提出，大众正义的纠纷解决理念回归。回应政治在司法境遇内转化为了回应司法——人民的满意、服务的到位、调解的优先；模范法官是道德典范的化身；脱掉法袍走到田间地头，像马锡五一样去思考，做令人民群众满意的好法官——凡此种种，不一而足。由是，大众正义的理念成了这一时期中国纠纷解决思想与实践的主心骨。[5] 不可避免地，法院内部纠纷解决政策在不同时期的不同取向，构成了"专业主义"与"大众正义"之间反复摆荡的紧张关系，也不断引发学术界的争鸣与研讨。[6]

---

① 参见苏力：《送法下乡：中国基层司法制度研究》，中国政法大学出版社2000年版。

② 参见强世功编：《调解、法制与现代性：中国调解制度研究》，中国法制出版社2001年版。

③ 参见潘剑锋、刘哲玮：《论法院调解与纠纷解决之关系——从构建和谐社会的角度展开》，载《比较法研究》2010年第4期。

④ 参见范愉：《法律信仰批判》，载《现代法学》2008年第1期。

⑤ See Benjamin L. Liebman, *A Return to Populist Legality? Historical Legacies and Legal Reform*, in Sebastian Heilmann and Elizabeth J. Perry eds., Mao's Invisible Hand: The Political Foundations of Adaptive Governance in China, Harvard University Press, 2011.

⑥ 参见周永坤：《论强制性调解对法治和公平的冲击》，载《法律科学（西北政法学院学报）》2007年第3期；苏力：《关于能动司法与大调解》，载《中国法学》2010年第1期。

第三,纠纷解决的法律规制。这类研究关注中国法域内纠纷解决应该遵循的统一国家法构造,这是传统规范法学的基本研究取向。其中涉及的问题包括调解协议的性质与效力、诉调对接、从人民调解法到统一调解法的立法探究,[1]以及关于《新加坡调解公约》的国内法化问题等。[2]

第四,纠纷解决的类型研究。所谓类型研究,就是根据某些外部特征将纠纷解决机制划分为具体类型,例如社会调解、律师调解、行政调解、劳动仲裁、社会心理干预等。依据这个简单的类型划分,对纠纷解决机制进行类型研究。[3]

当我们将中国的相关研究与世界 ADR 研究相比较,我们便不难发现在理论上,中国当代关于调解的政策论争与三四十年前的西方有异曲同工之妙。但不同的是,世界 ADR 研究在理念论争之外,已经全面地进入了以过程、经验、具体问题为中心的研究论题中了。诚然,中国语境下 ADR 或多元化纠纷解决机制发展与法治、诉讼制度的关系论争是有意义的,但我们的研究绝对不应该仅仅局限于此。因为无论最后我们对 ADR 在价值上判断如何、喜好与否,按照最高人民法院的统计,刻下中国的大部分纠纷正在通过非诉机制予以解决,法院外的非诉程序与商业服务正在蓬勃发展,这使我们在概念与玄理意义上对调解的争论即使是有价值的,也是不足够的。基于中国 ADR 研究的现实观察与国际比较,可以帮助我们归纳出当下中国 ADR 研究的缺陷与不足:

第一,思想过剩,技艺不足。在理论上,ADR 可以被视为一种携带着意识形态的制度安排,但意识形态只是 ADR 知识版图的内容之一。作为一种实操技能,关于解决争议可以"上手"的具体方法、具体技巧、具体程序——不仅仅基于个体经验总结,而且具有社

---

① 参见邱星美:《当代调解制度比较研究》,载《比较法研究》2009 年第 4 期;范愉:《〈中华人民共和国人民调解法〉评析》,载《法学家》2011 年第 2 期;王秋兰等:《我国调解的立法、理论与实践问题研究》,中国政法大学出版社 2014 年版。

② 参见熊浩:《语境论视野下的〈新加坡调解公约〉与中国商事调解立法:以调解模式为中心》,载《法学家》2022 年第 6 期。

③ 参见廖永安等:《中国调解的理念创新与机制重塑》,中国人民大学出版社 2019 年版,第 85—253 页。

会科学意义，即将相关技艺以经验研究之方法凝练或归纳，使之具有个案扩展的普遍性价值——此类学术研究依然极为匮乏。在ADR课程体系的建构与设计中，教授具有理论意义的解纷方法，建构主动性学习与体验性学习的鲜活场域（learn by doing），发展本土化案例库，这些重要方面在我国学术界都较少涉足。这甚至使得ADR成为一门关于司法制度的理论课程，具有ADR特色的技能习得与法律诊所之功用并没有得到彰显和发挥。这也导致了刻下的ADR教育无法为非诉解纷这一新兴领域培养出适应社会发展要求，具备专业职业素养，掌握解决实际问题能力的专业法律人才。

第二，以经验研究为取向，关于ADR的过程研究（process study）、司法行为（judicial behavior）研究依然薄弱。我们不难发现，关于中国ADR的既往研究将问题的重心放到理论和规范层面，这种研究重心的偏重使既往的ADR研究存在实证介入的不足。① 一些重要而直接的问题需要被回答，例如，中国不同区域的ADR机制是如何运作的？ADR机制与地方政治、经济与社会结构是如何相生共长的？新型社会场域，例如校园、医院或体育、文化的纠纷解决到底有哪些相似的逻辑与不同的特质？不同性别、民族、收入、行业、文化水平、地域、职业、意识形态的当事人在解纷维度有何相似与不同？种种机制维度的"相似"如何上升为具有"规则之治"意义的制度安排？而"差异"又如何有效地予以制度调试？中国特定类型的ADR运作过程为何？如何超越、批判、延伸或对话外域ADR的一般理论？那些经验丰富的调解员是如何处理复杂纠纷的？他们的具体技术和实战经验哪些有效、为何有效，如何评价其有效性，如何让其有效性能在更大范围内的差异情景中实现？线上纠纷解决和线下纠纷解决到底有什么区别？如何通过机制设计来保证线上线下纠纷与纠纷解决程序更好的适配，实现案件与解纷媒介的科学、智能分流？纠纷解决的技艺是可以传授或习得的吗？应该如何传授与学习？如何培养纠纷解决人才？如何确立符合中国国情的

---

① See Kwai Hang Ng & Xin He, *Internal Contradictions of Judicial Mediation in China*, Law and Social Inquiry, Vol. 39, No. 2, p. 285 – 312 (2014).

调解员胜任力标准与模型？这些问题我们都还需要深入研究，都还需要足够多的数据，无论是质化的还是量化的。正如马克·格兰特(Marc Galanter)强调的："我们期待关于司法调解的系统知识及其制度措施能够快速发展。但是这样的知识(发展)需要我们先发展出适当的工具(措施)能对司法调解之过程，以及结果的质量予以理解和衡量。"①

第三，ADR的知识缺乏超越规范中心、超越法教义学的纲领性理论。从现实维度看，过去20多年多元化纠纷解决体系在我国获得了长足的发展。在党的十九届四中全会决定中，中央从治理能力与治理体系现代化的原则高度出发，对社会冲突之治理体系的内涵与外延做了完整、清晰的勾勒，明确指出"畅通和规范群众诉求表达、利益协调、权益保障通道，完善信访制度，完善人民调解、行政调解、司法调解联动工作体系，健全社会心理服务体系和危机干预机制，完善社会矛盾纠纷多元预防调处化解综合机制，努力将矛盾化解在基层"。这表明在新时期，支撑要素完备、内在机制融通、法理结构通畅、治理实效突出的社会冲突化解体系正在逐步形成。但从理论维度看，虽然相关研究也建树丰富——例如，范愉教授在21世纪初编写的《非诉讼程序(ADR)教程》迄今已出版到第4版，这是我国最早的系统梳理ADR知识和规范体系的教科书。该书对ADR的概念范畴、理论源流、规范体系、机制安排都作出了细致、全面的介绍，是一本具有里程碑意义的学术著作②。在此之后，廖永安教授进一步推进了ADR在中国的学科化发展，并将实践技艺这一长期被中国ADR教育与研究所忽略的关键维度，系统性引入中国ADR的学科体系，使中国ADR的知识构造更为完整。但从整体上看，中国纠纷解决研究的规范主义、对策主义色彩较为浓郁，这可能使当代中国建构与生成ADR理论体系的努力被法定解纷框架限死，被对策研究稀释。例如，在研究类型化纠纷时，我们的视角会不

---

① Marc Galanter, "... *A Settlement Judge, Not a Trial Judge*:" *Judicial Mediation in the United States*, Journal of Law and Society, Vol. 12, No. 1, p. 1 – 18(1985).

② 参见范愉：《非诉讼程序(ADR)教程》(第4版)，中国人民大学出版社2020年版。

由自主地被法律制度限缩,遂对人民调解、行政调解、律师调解、劳动争议、消费纠纷、交通事故、医疗纠纷等展开研究。这些研究当然重要,但溢出了现有程序法范畴的其他争端类型,诸如政教摩擦、意识形态摩擦、族群冲突、代际冲突、性别冲突、校园纠纷、老年人纠纷解决、边疆跨境争议这些外在于现有部门法类型与法律运行实体要素的重要、乃至重大理论与现实问题便往往无法进入经典 ADR 的研究视域了。跟在规范与政策的后面,可能使 ADR 研究委身于规范与政策,降低了建构自身纲领性理论的可能性,也推卸掉了通过理论建构更好的非诉解纷之理想图景的可能性。

如果与域外参照,2000 年美国冲突解决学科之父莫顿·多伊奇(Morton Deutsch)与艾瑞克·马库斯(Eric C. Marcus)、彼得·科尔曼(Peter T. Coleman)共同编辑再版了 *The Handbook of Conflict Resolution:Theory and Practice* 一书。作为一本深入冲突与冲突化解深层机理内部,具有系统理论纵深的重要学术作品,该书在纲目上将冲突解决划分为了七个重要的理论向度,分别是人际与群际过程,心理、个体之异,创造性与契机,棘手的挑战(如暴力、宗教、价值观、人权),文化,冲突解决路径与面向未来。从中不难发现,作者极为凝练地将冲突及其化解理论概括为了四个基础性维度,分别是:(1)个体维度(如心理特质、个体差异问题);(2)结构维度(环境影响、文化背景、制度安排、规则设计);(3)互动维度(人际过程、互动机理);(4)化解维度(双赢、创意、契机、处理棘手问题的机制与方法)。这四个维度较为系统而全面地支撑起了冲突解决研究的基础理论光谱,而不是化整为零地陷落于具体规则、具体类型、具体政策的琐碎对策研究。基于中国话语,我们当然可以不拘泥于莫顿·多伊奇的这种划分,但当代中国纠纷解决研究更为根本的任务是扎根中国经验,建构具有中国特色的超越规范中心和法教义学既有 ADR 框架的纲领性理论,是告别语义与理念层面的大词辨析,告别零敲碎打与见树蔽林，告别非诉解纷研究的行商状态，[①]集众多学术同仁之合力，汇交叉学科之巧思，为中国纠纷化解机制建构有机的、具有中国特色与原则高度的纲领性理论框架。

五、三个向度：ADR 的知识谱系

正如前文提到的，中国 ADR 学科的基础学科谱系没有被有效地建立起来。这使太多研究如同散兵游勇，散碎知识缺乏结构性安顿与体系性支撑。因此，为中国纠纷化解机制建构有机的、具有原则高度的基础知识谱系是非常重要的。这种分类不是教科书意义上的分类，不是为了类型化而类型化，而是试图为这个在中国重要的初创学科建构一个宏观的行进地图与发展愿景。在笔者看来，ADR 的知识可以被分成以下三类，或者由三种不同的问题旨趣与学术关怀构成，分别是意识形态、制度安排和实践技艺（见图 2）。

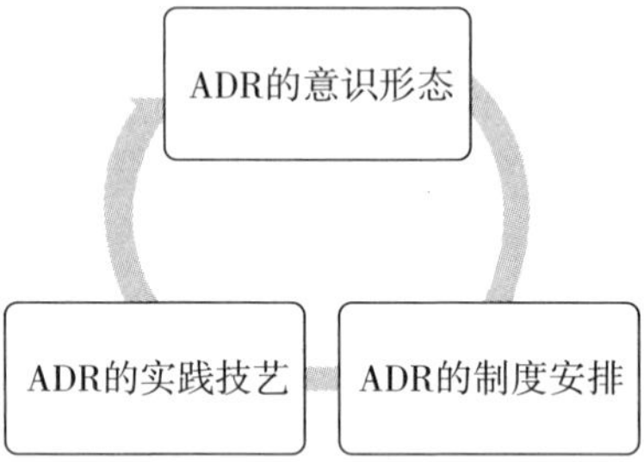

图 0－2　ADR 的知识谱系

第一，和所有制度类型一样，ADR 负载着某种精神取向，或者它乃是建构在特定的意识形态基座之上。在西方，ADR 是一种彰显民权与自决的，在草根中酝酿、在市井中沉潜的，关于更好的制度之想象性愿景的提供者；或者，ADR 是女权、认同政治、批判理论、共识性真理时代的多种思潮积累凝合而成的相对主义造物；或者，ADR 是“民主”在司法领域里投放的一个不安的魂器，折射出大众

---

① 所以非诉研究的“行商状态”是指当非诉纠纷解决政策热门时，来自法理学、社科法学、诉讼法学和其他从事广义社会科学研究的学者就会进入这个领域。而当这个领域不“热门”了，大家像潮汐退水一样纷纷离开。非诉纠纷解决研究构成了一个“时聚时散”的行商集市，尚未成为“坐商”，一个有店有面的稳态研究领域。

正义思潮与司法精英审判之间的紧张关系,还时常闪现出绞杀对抗制诉讼的血光逆鳞;或者,ADR 是被公权力炮制出的自隐性修辞,使在私性空间中纠纷解决原本的自留地被公权力以“规范化”“科学化”的名义悄悄占据,ADR 乃是以赋权的包装粉饰着权力延展和控制社会的深藏野心。在东方,ADR 是一种在千年农耕文化中长久沉淀的积习和惯性;是被儒家点明并理论化地潜伏在中国人生命底层的集体密码;是由面子、熟人、尊卑、和为贵、无诉、中庸、邻里、“事儿妈”、“老娘舅”和“远亲不如近邻”整合而成的生活方式;是“皇权不下县”,或道家式简约主义治理形成的自乡土中国之乡绅自治传统与熟人社会法则;ADR 是一个政治权力在实现基层动员、基层治理、基层宣导时的一种有效工具,是一种中国革命历史时代之“马锡五审判方式”的传统延续;或者,ADR 是“东方经验”,是节省司法成本、注重社区融合、强调情理并重、凸显共治共享的“枫桥经验”,是达致“案结、事了、人和”与“遏小防萌”的社会治理形态。对 ADR 中西脉络的快速归纳,即可发现 ADR 在不同的时空境遇下,其实携带着不同的意识形态,这些丰富的意识形态为我们研究 ADR 提供了本体预设与价值前提。所以研究 ADR,其中一个非常理论,同时也非常根本的面向就是关照 ADR 的意识形态(观念学)。这部分研究主要的思想资源源于后现代思想、当代的社会与商业哲学、文化研究与中国政治。在本书中,关于中国人为什么喜欢调解以及美国 ADR 的知识社会学考察两个章节就是在讨论作为意识形态的 ADR 是如何成为可能的——这就是在处理或者展示作为意识形态的 ADR 这一研究面向。

第二,ADR 是一种制度安排。ADR 作为一种制度安排是 ADR 研究脉络中目前较为常见的、传统规范法学所擅长的研究路径,因此这个部分的研究往往与成文规范建构和制度安排创生相勾连。这类研究旨在通过规则设计与制度安排提升冲突解决的整体运作效能,同时尽可能规避纠纷解决的负外部性与制度风险。但是,与经典的部门法领域不同,纠纷/冲突解决没有源远流长的法律规制传统。无论在西方还是东方,ADR 长期以来并不是法律规制的直接对象,它在很大程度上属于宗教、亲族与社区的自治范围。即使在现代 ADR 制度兴起后，为了保持非诉解纷机制的灵活性，对非诉讼纠纷解决也常常保持着较弱的规制水平，甚至在很多时候仅仅用“软法”予以处置，这导致了法律研究者想要分析规则时，经常会发现规则并没有那么多；想要建构规则时，发现不需要建构那么多规则。除了规制性程度较低，非诉讼纠纷解决的实践还具有高度地方性的特色，或者说具有很强的文化场域之敏感性（culturally sensitive）。[①] 因此，对该领域相关问题的讨论必须与具体时空背景下的经验相对照、相贴合，照抄外国法律会出现问题。我们不妨以保密（confidential）问题为例加以说明。在美国，非讼纠纷解决程序的保密性非常重要，它被看作非诉讼纠纷解决的一个最重要的制度优势。纠纷处置过程的封闭性和隐秘化可以有效地维护双方当事人的隐私与商业秘密，可以使调解过程与诉讼过程明显地区别开来。笔者在美国参与观察调解过程时发现，在调解开始时，调解员会向当事人说明并承诺调解程序保密，并询问当事人是否允许笔者作为观察者在场；在获得当事人同意后，笔者还需要签署保密协议；此后，调解员才允许笔者在解纷现场进行参与观察。但是在中国，比如说在基层社会运作的巡回法庭制度，巡回法庭会到社会矛盾的发生地点进行纠纷解决，而这其中调解的运作往往是公开或半公开的，很多社区居民会参与其中（具体场景可以参见电影《马背上的法庭》）。这其中的道理也很明显，法官在纠纷解决过程中积极使用在地的合法性资源，将社会力量引入纠纷解决的过程中来，以实现情绪的释放、关系的恢复和对当事人的安抚。这种“公开”或“半公开”的程序安排是被我国调解的相关法律规定所允许的，这种程序安排在很大程度上具有“恢复正义”的积极功用。所以在中国语境下，多大程度需要坚持 ADR 的保密原则；在哪些具体情境允许例外；即使保密，保密到何种程度合适，这些重要的问题是没有办法通过传统法学的规范研究回答的，都需要结合具体的“地方性知识”作出研判和分梳。所以，即使我们在讨论中国的非诉讼纠纷解决立

① See Sally Engle Merry, *Book Review: Dispute without Culture*, Harvard Law Review, Vol. 100, p. 2057 – 2073 (1987).

法和其他制度安排问题时,经验研究也应该被放置到程序上优位与价值上优先的位置。非诉纠纷解决的研究者需要具备一定程度的社会科学研究能力,需要对经验研究的量化与质化方法有所了解。ADR 研究是一个与法学传统教义法相关联,但同时与社会科学深度交叉的领域。考虑到 ADR 的"软法"与"语境性"特征,笔者认为在很大程度上,如想实现 ADR 制度的优化,社科径路甚至比规范径路更为重要。说到底,ADR 的制度建构是以对 ADR 之语境性经验过程之恰切把握为前提的。故在非诉讼纠纷解决的制度安排之维,对规范的关切比其他以司法为中心的部门法领域要淡薄。规范仅仅是影响非诉解纷的因素之一,因此,建构逻辑融贯,概念清晰的体系性规范构造并使其法典化并非是非诉讼纠纷解决之制度安排的终极目标。非诉讼纠纷解决制度安排之维的研究目标是想象、设计与建构更好的纠纷解决过程,从而帮助所有利益相关方更好地实现定分止争。

第三,ADR 是一种实践技艺。作为技艺的 ADR 是指那些为纠纷解决的具体展开提供技术性支持的理论和知识成果,是一种以操作技艺为中心的知识类型,这部分的知识将会更为明显地倚重社会科学的实证研究成果。这些知识可以在操作维度,为解纷提供流程与行动的指引。根据笔者的经验,笔者在做谈判、调解的相关实践与培训时,法律职业人乃至广阔的商业世界,对纠纷解决的专业技艺有着极为迫切的需求,但相关知识的供给却明显不足。这些具体的操作性的技艺将帮助当事人及纠纷的解决者更有效地进入纠纷解决场域,从而获得他们所期待的纠纷解决成果。

例如,谈判或调解如何开场,这是一个非常常见的问题。这个问题不是一个意识形态维度,也不是一个制度建构问题,它只是一个操作问题。英语世界纠纷解决的相关研究已经将对话的开场方法整合为四个基础要素,分别是程序(process)、目的(purpose)、产品(product)和参与人(person),这四个要素可以被概括为开场的四 P 法则。所谓程序,其实就是纠纷的调解者或者进入谈判的当事人,需要在对话开场时对程序安排进行介绍。这种介绍可以帮助调解员获得更多的对对话过程的控制力量,从而透过程序干预形成对实体结果的结构性影响。所谓目的，是帮助双方当事人更清晰地建构进入冲突的具体角色。社会心理学的相关研究充分证明人在互动当中的行为受他们的角色设定的明显影响，这一点本书会在ADR过程技艺一章进行详细的讨论。所谓产品，就是以极为现实的眼光标定自此纠纷解决过程的可预结果，可以是阶段性的成果、意向性的成果，也可以是终局性的成果——“进一寸有一寸的欢喜”——不是野望，而是最为现实的收益，哪怕是没有达成合意，但却了解了意向、同步了信息、明白了彼此的关切，这些通过对话过程可以达致的“小目标”可以使所有会谈都产生“有同感”，从而维持各方保持继续对话的动力。而所谓的参与人，主要是指了解对话各方的基本信息，以及更为重要的，他们所获得的授权范围。在开始的时候就明确授权范围，然后在各方的授权范围内展开对话或讨论，这可以放置“公司政策策略”——在关键时候宣布自己没有获得授权，需要重新与公司商议的这种伎俩在谈判或解纷过程中被规避。①

四P法则看上去非常简单，但后面是社会科学研究对其有效性的证明。因此这种知识首先是理论的，但纠纷解决的技艺性知识会最终将它们导向实用。我们在量化研究、实验研究中发现的规律，我们在个案研究、机制深描中萃取的洞察，经由社会科学方法的加持，可以为ADR的实践性展开提供切实的支撑。我们可以一方面运用外域学术的相关发现，也可以另一方面基于中国经验推展“中国干法”，从而进一步拓展纠纷解决知识的落地性、功能性与有效性。因此，作为实践技艺的ADR是我们ADR教学中的明显短板，是我们能够和法理学、法社会学、司法制度学科发生知识区分的核心方面。只有坚持在实践技艺的维度上理解ADR，中国的非诉讼纠纷解决的教学和研究才有能力为实践解纷服务，才能培育学生解决问题之真实能力，并成为中国法科建设、法治人才实践能力培育的重要组成部分。②

---

① 参见熊浩：《熊浩的冲突解决课：谈判》，法律出版社2017年版，第37—47页。

② 由于本书是对ADR学理纲目的整体梳理和示范，没有足够的篇幅将作为实践技艺的ADR充分展开，这部分的内容需要专列另外的出版计划予以处理。如对相关内容感兴趣，可以参见熊浩：《熊浩的冲突解决课：谈判》，法律出版社2017年版。

六、本书的结构安排

本书正文部分共分成七章,按照意识形态(观念)、制度、技艺的知识谱系分类次第展开,之后再分别用三个章节,介绍ADR的经验研究示例和完整教学方法。[①] 具体而言:

前面两章都是聚焦意识形态。第一章是关于中国人为什么会喜欢调解。该章虽然也是从传统文化的角度介入,却不同于既往研究对儒家文本训诂式的诠释,而是试图透过剖析中国人的文化精神,解释中国人与调解在心智模式上的同构性关联。这是将国人对非诉解纷的偏好作为一种文化意识形态进行理解的,展现了中国文化认知和纠纷解决偏好之间深刻的本质性关联。

本书第二章则是关于ADR在西方社会语境中的变迁过程。该章利用知识社会学的基本方法,从制度史与思想史的双重维度出发,检视了美国ADR创生、发展和博兴的整体过程。本章不仅仅重现历史,也不囿于对概念的讨论,而是希望透视制度变迁与思想史的视域交互,得见两者交互相生的内在关联,能够帮助我们从意识形态的角度去关照制度的变迁,同时又能从制度的变迁中深入理解意识形态流变的"成住坏空",从而使我们对美国ADR制度形成一种理性、语境性、具有历史纵深的公允理解。

本书第三章是把ADR作为一种实践技艺。基于社会心理学的一些重要框架、重要理论、重要发现,使我们对人类行为与人际互动的逻辑和机制形成具有理论意义的理解,从而优化纠纷解决者对纠纷过程的干预能力,对纠纷结果的管控能力,对当事人的影响能力。通过该章的解说,让大家看到ADR作为实践技艺的知识面向,从而有效地帮助调解员优化和整合他们的调解技艺,让他们可以用理论的线索串联起经验的珍珠。

本书第四章是对调解立法的讨论,该章是一个比较接近传统法学的研究内容,即将ADR作为一种制度安排或规范构造来予以对

---

① 本书的部分章节初稿曾在《环球法律评论》、《法商研究》、《民商法论丛》、*Hong Kong Law Journal* 等期刊发表,在此笔者向这些刊物的编辑老师、匿名评审老师们的帮助表达诚挚谢意。

待。但在方法论的意义上，该章亦借鉴和吸收了社会科学分析问题时纳入时空维度的基本意识。该章建议，中国调解规制应该采取二元制的立法模式，即将原则性的问题与排除性规范由国家统一立法规制，而细节性问题与可操作性问题交由地方予以处理。这样二元制的调解立法模式一方面能够保障调解的基础品质；另一方面也可以使得调解之在地性实践与多样性发展获得制度空间。

在观念、技艺和制度讨论完成后，本书便延伸到对 ADR 研究与教学的讨论。本书第五章是关于 ADR 的定量研究，这是在过程研究和法律社会科学研究方法的大框架下，通过统计计量探问在中国西南基层社会的法律人在纠纷解决之价值偏好上是否存在性别差异。这一个章节可以被看作“如何用定量方法研究中国纠纷解决过程和司法行为（judicial behavior）”的一个初步示例。

本书第六章是关于中国调解的定性研究。所谓的定性研究乃是透过长时间的田野调查，深度发掘个案，以“深描”之方式凸显跟活化纠纷解决的微观机理，从而使理论对话与理论批判成为可能。注意，定性研究的价值并不是单纯为了提供政策或立法建议，而是为了让我们通过个案看见历程，通过历程发现意义。

本书的第七章是讨论 ADR 的教学方法，这是我国在 ADR 研究和教学中一个重要的软肋。在很多时候，我们把非诉讼纠纷解决看成了诉讼法、法理学或者司法制度研究的一个子门类。诚然，这些法律知识与 ADR 有诸多关联，我们却忽略了纠纷解决教育亦具有其独立的问题意识和知识品格。这其中最为重要的差异就是，ADR 是一种高度面向实践、高度技术化的知识，它是一种过程技艺。课堂中除了被动学习的讲授，还需要设计主动学习环节，从而让学习者模拟处置纠纷的现实情景状态。通过“做中学”积累对纠纷解决的质感经验，掌握纠纷管控的工具方法，形成对互动过程的反思意识。事实上，对于加强实训课程和提高动手能力，教育部门、司法机关和法学院有着高度的共识，这基本上已经可以被认为是中国法学教育改革的基本目标之一。但如何去做，怎么样在操作层面落实，如何去推进所谓的真正意义上的案例教学等问题还缺乏完整归纳。该章内容对此做了详细解说和清晰示范。该章对 ADR 教学方法的介绍可以为 ADR 教学的优化提供借鉴和参考，同时也让我们对外域 ADR 教学如何具体展开有了更为细致的认知。

如将本书之所有内容一体整合，恰好构成了一个相对完整的非诉讼纠纷解决的整体知识谱系。每个章节可以被视作在这个知识谱系下，朝向不同知识方向的具体展开。每个章节的后面，都附有“值得进一步阅读的参考文献”，这些精选的书目可以让那些对 ADR 相关问题有兴趣的读者深化自己的专业学习。如果读者认同本书关于意识形态、制度规范、过程技艺的 ADR 知识三分法，同时也愿意进行 ADR 的交叉学科研究，那这本书将是你进入 ADR 专门研究领域很好的桥梁，也可以作为研究生阶段 ADR 专题课程的配套教材予以使用。

第一章　ADR 作为一种意识形态：中国人为什么喜欢调解？

一、引言

毫无疑问，孔子是不喜欢诉讼的。一个被常常援引的经典论述来自《论语·颜渊》："子曰：'听讼，吾犹人也，必也使无讼乎。'"虽然学界对将"无讼"作为一个普泛概念(generalized concept)描述中国的司法传统存在争议，[①]但一般认为，"喜调停而恶争诉"的观念是"中国古代法律文化最重要的价值取向，对后世影响很大"[②]。于是，"正式的'国家制定法'及其司法诉讼体系并不被看作是解决冲突、

① 例如，在中国清末的浙江、江苏、安徽、江西、湖南、湖北等地区，"健讼"是比"寡诉"更为突出的司法生态和社会现实。因此，将"无讼""息诉"作为一个抽离时间、无论地域、不管对象都大而化之、笼统而论的普泛概念来描述中国古典法律文化，是粗糙的、不确切的、存在瑕疵的。参见侯欣一：《清代江南地区民间的健讼问题——以地方志为中心的考察》，载《法学研究》2006 年第 4 期。黄宗智的研究也表明，中国的农民也为解决纠纷和保护自身权益而打官司，并没有想象中那么"厌诉"。但其也承认，中国每 10 万人口的民事司法相对于美国还是要低得多。参见黄宗智：《清代的法律、社会与文化：民法的表达与实践》，上海书店出版社 2001 年版，第七章"诉讼的规模、费用和各种策略"。

② 于语和：《试论"无讼"法律传统产生的历史根源和消极影响》，载《法学家》2000 年第 1 期。

排解纠纷之主要依循的手段……非正式的与正式的‘调解’比正式的‘判决’发挥了更大的作用”[①]。

对于中国人的“无讼”观念,中西方学术界已从经济、政治、文化等方面寻找原因并均做出过具有洞见性的解释。[②] 然而,作为其中的文化解释,常常囿于对儒家“和为贵”、“讼则终凶”、“德主刑辅”和“中庸”等概念文本含义的阐发,这种阐发对当代社会与现实法律的解释力并不充分。一个最常见的质疑是:文化毕竟是一个不断变化的范畴,[③]在经历了西学东渐、辛亥革命、五四运动、新中国成立、“文化大革命”、改革开放等一系列巨大的社会和文化变迁之后,中国人在遭遇纠纷时对调解的偏好难道仅仅是因为他们教条而固执地忠于《论语》中的一则语录吗?即使我们可以将调解理解为一种在中国社会弥散而不能自觉的文化氛围,一种由于历史积淀而形成的人格构架和生活价值,一种大文化投射于纠纷解决论域内的表意实践与具化生成,这种解释仍然需要更细致的分析以落实到国人的生命经验与认知逻辑中,否则会显得太过宏大和抽象,特别是

---

① 林瑞:《儒家伦理与法律文化:社会学观点的探索》,中国政法大学出版社 2002 年版,第 358 页。

② 对此,本书在导论章节中已经做过相关介绍,但值得一提的是对该问题的一些量化研究成果。香港科技大学社会科学学院的龚启圣教授在一篇探讨儒家思想是否能减少冲突的经验研究文章中认为儒家思想可以起到控制冲突的作用。龚启圣教授选取了中国北方 107 个存有儒家影响同时也产生过暴动叛乱的县,考察了儒家思想对于农民起义暴乱是否有影响这个问题。文章发现,当由于经济振荡(诸如粮食欠收)而爆发农民叛乱时,在儒家影响力高的地方,这种农民暴乱的震动要显著地小于那些儒家影响较弱的地方。龚启圣教授用统计的方式,以暴动的数量和程度作为因变量,将孔庙、孔学、牌坊等传统文化建制的数量作为因自变量,同时将其他可能影响农民暴乱程度的因素诸如国家能力、经济繁荣、社会动员、文化建制、西方影响等因素用统计学控制变量的方式予以控制,遂发现了儒家思想对抑制冲突在统计学定量意义上的显著相关关系。参见 James Kai – sing Kung & Chicheng Ma, *Can Cultural Norms Reduce Conflicts?: Confucianism and Peasant Rebellion in Qing China*, Journal of Development Economics, Vol. 111, p. 132 – 149(2014)。这是一个以儒家思想与冲突控制关系为主题具有经典意义的定量研究作品。

③ 例如,在分析文化差异的时候,詹姆斯·克利福德(James Clifford)就提醒我们,考虑到世界流动性的急速扩展和现代产品、传媒与权力对人的影响,文化不可能是一个稳固而一成不变的概念。参见 James Clifford, *The Predicament of Culture: Twentieth – Century Ethnography, Literature, and Art*, Harvard University Press, 1988, p. 13 – 14。

在面对新中国成立以来的调解现象和制度问题时。[①] 故而，对儒家文化如何造就了中国人的调解偏好这一问题有必要作更为细致的文化解释与理论分梳，从而如本书在导论所建议的，将国人对某种纠纷或冲突化解方式的偏好，理解为一种具有观念学（意识形态）的基础的认知与心智模式。

二、儒家与中国文化精神

如果西方人细读《论语》，一个最初的同时也是最显著的障碍是孔子对概念的定义随景而变、意宏言简，以及上下文之间似无逻辑关联。[②] 例如，对于“仁”这一儒家思想的最核心概念，孔子几乎是在不同场合给出不同的界定：“樊迟问仁，子曰：‘爱人’”、“克己复礼为仁。一日克己复礼，天下归仁焉”和“夫仁者，己欲立而立人，己欲达而达人”等不一而足。[③] 作为儒家思想最为核心的概念，“仁”似乎在《论语》中并没有获得作为概念的确定性。虽然如此，但这并不意味着我们无法把握“仁”的含义，只是在把握方法上应该和西学哲学的路数相别。我们不妨细读《论语》中的另一则记述：

---

① 参见徐昕主编：《调解：中国与世界》，中国政法大学出版社 2013 年版，第 5 页。

② 参见冯友兰：《中国哲学简史：英汉对照》，赵复三译，天津社会科学院出版社 2007 年版，第 19 页。

③ 不同的学者基于不同的阐释系统，也会对何为“仁”做出不同的解释。在训诂的意义上，汉代许慎在《说文解字》中将“仁”界定为“仁从人从二，于义训亲”，再证以孟子所谓“亲亲，仁也”（《孟子·尽心上》），“仁之实，事亲是也”（《孟子·离娄上》）的论述，认为仁的基础含义应该包含有呵护血缘温情之意。而到了近代，牟宗三先生认为仁是需要用生命来表现的内容真理（intensional truth）；傅佩荣先生认为需要重视仁的理念用意，“就是要启发每一个人觉察自己内心有‘自我要求’的力量”；杜维明先生根据四川出土的竹简，认为仁实际上是身心二元和谐的意象；美学家蒋勋先生认为，仁便是果仁、杏仁之仁，意指生命得以孕育勃发，同时又最为温润柔软的部分。按照李泽厚先生的概括，仁学结构包含四个因素，分别是：（1）血缘基础；（2）心理原则；（3）人道主义；（4）个体人格四个面向，最终“构成一个颇具特色的思想模式和文化心理结构”，这个概括体现了仁的多元意义面向和立体关怀。但无论如何定义，总结起来，仁是以一个亲缘为起点，以温润为色调，以感性知觉为中心，以自我觉醒为愿景的中国观念，是一个与生命体验——无论是亲情还是自我认知，无论是身体还是性灵——密切关联的感性的观念。通过它，可以达致基于感性又超越感性的真理状态。

“宰我问：‘三年之丧，期已久矣。君子三年不为礼，礼必坏；三年不为乐，乐必崩。旧谷既没，新谷既升，钻燧改火，期可已矣。’子曰：‘食夫稻，衣夫锦，于女安乎？’曰：‘安。’‘女安则为之。夫君子之居丧，食旨不甘，闻乐不乐，居处不安，故不为也。今女安，则为之！’宰我出，子曰：‘予之不仁也！子生三年，然后免于父母之怀，夫三年之丧，天下之通丧也。予也有三年之爱于其父母乎？’”（《论语·阳货》）

大多数人读罢此篇，多是囿于对周礼三年之丧的研讨或对宰我施予悖仁之责，却忘记体悟该文本中所体现的中国人“待人接物”之心智模式。周礼之规范是一种抽象教条，然对这种教条之循、废、顺、逆之根本依据乃是源自本心“汝心何安”的感知。良心得以踏实安顿而无有愧疚，这便是“仁”；相反，则为不仁。显然，“汝心何安”不是一种逻辑演绎或概念推理，乃是一种设身处地、感性具身的知觉状态，是细腻的、经验的、情境性的。所以安与不安，是儒家贤哲最深刻的人性追执，也是人道与兽性两分的质感界限。而这一点，其实贯穿了孔子在不同场合中对“仁”的理解，这是一种不同于训诂、不同于考据的对“仁”的理解，是一种在认知方法上对感性直感的诉诸。也正是由于“仁”不是一个超验概念而是一种感性直感，所以一旦对象不同、情景不同、问题不同，对仁的理解便会产生差异。在对比中西方哲学的差异时，牟宗三先生便提及这点。牟先生言道：

“西方从苏格拉底以来一向是以这种态度来了解德性，也就是从概念思考的态度来给它一个定义。这种了解虽然好像和我们了解生物学、了解物理学不很相同，但是从概念思考这个地方讲，是相同的。这还是知识的态度。这个态度是中国文化里面所不取的，以这种态度来了解道德是不恰当的。假如你拿什么是公道这个问题来问孔子，他不会用苏格拉底这种态度来答复你。比如说问仁，孔子并不把仁当作一个概念来下定义，也不是从文字上来训诂，他是从你的生活来指点，当下从心之安不安来指点仁。这就不是用知识的态度来讲仁。所以孔子的话大家很容易了解，他的话具体、亲切、真切。比如说宰予说父母死了为什么要三年丧呢？三年的时间太久了，短一点行不行呢？一年行不行呢？这个行不行没有科学根据呀，也没有逻辑的证明的。这是良心的问题，你良心有没有感觉的问题。"①

进一步言之，中国人是在感性的直觉、切实的经验中捕捉概念的。② 为什么会如此？依照费孝通先生的观点，这是因为小农经济是一个稳定而熟悉的生活环境，人们只需要知道特定关系之间的手段与目的的关联，不需要将问题之解决诉诸抽象原则，亦不需要寻求普世真理。③ 在一种感性的具体关系中拿捏分寸、确认习常、找到规范、定位价值——"处处从直悟的生命感受出发，从具体的生命情感中阐发出普遍的真理。中国人所讲的真理，无论是孔子讲的伦理，还是庄子讲的个人在天地之间得生命之自由自在的境界，都内在于人的生命情感之中。人的生命实践是感性而具体的，因此，道并不超然于感性具体的社会存在之外"④，这是中国人的认知传统和心智模式。中国人不是依凭抽象法则、逻辑推演，相反地，中国人强调设身处地、具体而微、交互通感，以及感性的直接"在场"。将

---

① 牟宗三：《中国哲学十九讲》，上海古籍出版社 1997 年版，第 46 页。对阳货篇中的这一段落，李泽厚先生作出过类似的解读："孔子把'三年之丧'的传统礼制，直接归结为亲子之爱的生活情理，把'礼'的基础直接诉之于心理依靠。这样，既把整套礼的血缘实质规定为'孝悌'，又把'孝悌'建筑在日常亲子之爱上，这就把'礼'以及'仪'从外在规范约束解说成人心的内在要求，把原来僵硬的强制规定，提升为生活的自觉理念，把一种宗教神秘主义的东西变而成为人情日用之常，从而使伦理规范与心理欲求融为一体。"参见李泽厚：《中国古代思想史论》，人民出版社 1986 年版，第 20 页。

② 参见牟宗三：《中国哲学十九讲》，上海古籍出版社 1997 年版，第 39—40 页。

③ See FEI Xiaotong, translated by Gary G. Hamilton & WANG Zheng, *From the Soil: The Foundations of Chinese Society*, University of California Press, 1992, p. 43 – 44.

④ 王德峰：《简论中国文化精神及其在当代复兴的可能性》，载《哲学研究》2005 年第 5 期。

抽象规则拉回到直观的感性现场,这便是中国人的文化精神与思维模式。不妨再看看王德峰教授对此所作的进一步解释:

> “(西方人将)理念与感性事物判然划分,使超越感性的理性得以独占对社会存在的解释。亚里士多德主张……人是理性的动物……人的社会存在根源于理性。社会关系以源自理性的知识为基础、为准绳。这是中、西思想在最初阶段上的差别。这一差别若简要述之,就是中国文化精神是感性生命的精神,西方文化精神是理性规范的精神。这一差别非同小可,是对道的不同的领会,规定了后来中、西文化精神发展之不同的原则与路向。”①

这里不是纯粹玄理的讨论,而是对扎根于我们日用习常之经验事实的提炼和反照。例如,我们在日常话语中使用“心安理得”这一成语——“心安”其实与“理得”高度关联甚至逻辑同构,但“心安”是一个感性体验,而“理得”是一个理性过程,抽象的“理”并不会和具体的心对立,反倒需要一个感性的“心”为其参照,成其依托。再如,我们使用“国家”这一概念和英语“state”不同,它并不仅仅是一个超验的政治实体范畴“国”,还包含了“家”的观念。在这个意义上,国家这个中国概念“表达了国家与百姓之间之超越单纯契约理性的一种感性的伦理关联”②。又如,现代观众在欣赏《白蛇传》时,对法海这一尊崇规则、贯彻法律而践踏人间感情的莽撞执法者仍旧会感到厌恶与不安。如果我们搁置传统戏剧中对法海主观动机的渲染,仅从客观行动角度出发,法海无非是一个抽象规

---

① 王德峰:《简论中国文化精神及其在当代复兴的可能性》,载《哲学研究》2005年第5期。中西方的两种认知态度或曰两种真理观被牟宗三先生概括为所谓“外延真理”(extensional truth)和“内容真理”(intensional truth)。外延真理都是可以量化与客观化的,并可由此而被客观地肯断。而内容真理则不同,它和生命主体的实践、参与、奋斗都息息相关,故有各种分际的差别,但差别中又体现普遍。详细和进一步的讨论可以参见牟宗三著、罗义俊编:《中西哲学之会通十四讲》,上海古籍出版社2008年版,第5页。

② 王德峰:《简论中国文化精神及其在当代复兴的可能性》,载《哲学研究》2005年第5期。

范——天条的捍卫者，然而这种抽象规范在与感性的“人情世故”“常理常情”相遇时，就会砰然崩塌。因此，许烺光教授才说中国人的心智模式乃是“情境中心”的，或者是“情境主义”的，这与西方人“个人中心”的心理存在明显的不同。[①]

关于中国人用具体、感性和情境性而非抽象、逻辑、概念化的方式理解日常世界的一个具有学术意义的旁证来自哈佛大学裴宜理教授（Elizabeth Perry）的研究。裴宜理在分析中国人的社会抗争运动时发现，中国人的权利观念不是那种源自天赋或自然获得的抽象精神，而是与其具体的现实需求密切相关的。中国人的认知不是先验地确认一种“权利”或“规则”，然后发现现实与这些先验概念存在落差，于是改造现实，让现实与这些先验概念所构造的秩序系统吻合。相反地，抗争中的中国人的诉求依然深深地扎根在感性的现实中。她引用抗议者的原话：“我们要的是工资和福利，不是权力和政治。”[②]裴宜理进一步说：

> “毫无疑问，‘权利’与‘公民’的概念充斥在当代中国的官方与民间话语中。然而，那些声称作为‘公民’他们‘有权’要求有饭吃的工人们似乎更多是循着孟子和毛泽东（国家有责任提供）道义经济的路子，而非洛克或杰弗逊自由主义的传统。”[③]

不离日用习常，将真理以及具有权威的规则放置具体的生命情感中予以阐发，这一感性生命的精神是中国人理解世界与体悟真理的文化态度和基本路向，这种趋向即使在超验的宗教和灵魂生活领

---

① 参见许烺光：《美国人与中国人》，沈彩艺译，浙江人民出版社2017年版，第14—16页。

② Elizabeth J. Perry, *Chinese Conceptions of "Rights": From Mencius to Mao—and Now*, Perspectives on Politics, Vol. 6, p. 37 – 50(2008).

③ Elizabeth J. Perry, *Chinese Conceptions of "Rights": From Mencius to Mao—and Now*, Perspectives on Politics, Vol. 6, p. 45, 47(2008).

域都无法完全去除。[①] 由是，中国人仍在继承着孔子所阐发的“道”——并非仅以知识的、逻辑的态度看问题、作判断，而是将问题场景化、具体化、伦理化，这是中国人自觉或不自觉都在保有与实践的在感性的现实情境中思考与判断，而不是建构一个先验的理念世界，用理念反照现实并改造现实的思维习惯和认知方式。它深深地蛰伏在古老农业文明与熟人社会的根部，成为一种集体心理意义上的“认知机模”。在这个意义上，以儒家为代表的国人的思维习惯与思考方式，不是一个认识论或方法论的问题，而是本体论的问题，是中国人的存在方式。在古典社会，儒家对文化的阐发和对相关教义的宣扬最终凝结在古典社会的社会结构中，而社会结构最终沉淀为人格结构，这种人格结构落实为国人看待问题的心智模式。到今天，即使儒家在国家意识形态叙述层面上已经不再普遍有效，但其对人格结构的关键形塑依旧深深影响着国人的思维模式，它凝结在日常话语中，潜伏于待人接物上，反应在行为方式里。[②]

三、调解与中国文化的感性精神

通过上面的分析，我们能够发现调解与中国文化的契合——不仅仅由于儒家的文本教条，还源自国人感性的、具体的、情境性的心智模式。林语堂先生对中国人的认知方式曾经有一个有趣的记述：

> “中国人的思维方式是综合的，具体的……中国人的逻辑常常与私人关系联系在一起，正如妇女的逻辑一样。一位妇女在介绍一个鱼类学教授时并不说他是鱼类学教授，而说他是在印度去世的哈里森上校的姐夫，她那时正在纽约作阑尾炎手术，主刀的是一位和蔼的老坎伯特大

---

① 例如，中国人对逝去的先辈的祭拜常常是通过焚烧祭品和冥币试图让其在另一个世界中的感性的物欲生活依旧丰满充裕，这体现了即使在灵魂的世界，感性肉体世界的种种亦无法被彻底割离与摆脱。这和西方思想灵肉二分的基督教神学有着明显区别。西方基督教认为灵魂正是被肉休污浊才被欲望牵绊而不得自由，而当生命结束，灵魂飞升至天国，便可以永享自由之灵魂，彻底摆脱现实之欲望而与上帝沉思永在。

② 参见康晓光：《软力量建设与儒家文化复兴》，载《天涯》2007年第1期。

> 夫，他长着漂亮的前额。同样，一位中国法官必不能把法律看作一个抽象体，而一定要把它看作一个可变通的量，应该具体地运用到某一个人身上，如黄上校、李少校等。于是，任何与个人联系不紧密的法律，任何不能视黄上校、李少校具体情况而定的法律都是非人道的法律，所以也不成其为法律。中国的司法是一种艺术，不是科学。”①

其实所谓的“逻辑与私人关系联系在一起”就是将抽象规则放置具体情境中来加以审视。在这里，正义是在具体情境中被建构的，而非作为抽象规则的现实中的被贯彻。中国人的这一认知模式可以用不同的词语加以表述，诸如“人格化诉求”、“与私人关系联系”或“感性生命的精神”，而其实质都与感性的具体情境相关。有学者指出，中国人之所以偏好调解，正是因为人们在纠纷解决中更加关注与人相关的要素，以及在情境中的社会关系，所以排斥在法律层面犀利分明的区分。对于中国人来说，正义在很大程度上并非理念玄思，而是一种可以用常识领会与把握的东西。② 所以在中国法院的调解过程中，正如鲍佳佳（Stephanie Balme）教授在甘肃和陕西这些欠发达地区的法院中观察到的，普通民众会使用一些具有伦理意义的词汇来称呼法官和审判员，例如同志、叔叔、大哥和大姐。③虽然在城市地区这样的用语被使用的范围与此肯定不同，但这其中体现的认知逻辑是相对普遍的，即将抽象的规范性司法活动转化为感性实在的、与情景中的行动者存在关联的伦理现场后，再完成定分止争。

所以我们会看到，“枫桥经验”的调解方法特别强调情景性设计——“对孩子采取训导的方法，对年轻人采取疏导的方法，调解婚

---

① 林语堂：《中国人》，郝志东、沈益洪译，浙江人民出版社1988年版，第62—63页。

② See Poh－Ling Tan，*Asian Legal Systems：Law，Society and Pluralism in East Asia*，Butterworths，1997，p. 16.

③ See Stephanie Balme，*Local Courts in Western China：The Quest for Independence and Dignity*，in Randall Peerenboom ed.，Judicial Independence in China：Lessons for Global Rule of Law Promotion，Cambridge University Press，2010，p. 168.

姻纠纷往往把介绍人请来，也把懂法的亲戚请过来"①。因此，除了"事"维度的客观性历程与规范性准据，"枫桥经验"还会关注"人"维度的社会性脉络与个体性情愫。在此基础上，努力将事实、规则、关系、情绪这四个维度有机结合，使定分止争之事理分辨、爱恨情仇的感性平复、社会关系的有效复原整体完成。而在司法系统内部，也有学者就注意到"由于情理的缺失甚至背离，其结果是，虽然裁判结论在法律的形式逻辑中是自洽的，但却无法让当事人以及社会大众从心理上接受……这就要求法官在裁判案件时不能仅满足于三段论的司法推理模式，禁锢于法律规则体系的内部自洽，而是必须想方设法进入'听众'的生活场域，设身处地地理解'听众'的诉求与苦衷，实现言说者和'听众'顺利对接"②。

不难发现，以现代化为主题的中国法律制度设计与中国人的认知和思维方式之间存在某种张力。虽然中国自身有着悠久的法律传统，但在 19 世纪末欧陆法逐渐被中国移植并在中国本土定型。③大陆法深深地扎根在欧陆哲学的本体论之中，它塑造和建构着人们的价值、观念以及如何思考何为真理、何为真相和何为值得归依的权威来源。根据马克斯·韦伯的观点，"法律的理性结构和运作，毫无疑问，是社会秩序最为核心的要素"④。马克斯·韦伯说：

> "今天的法律科学，至少是对于那些在方法论及逻辑意义上已臻完备之理性，例如学说汇编之大陆法，应兼具以下之基本条件：第一，法律判决乃是将抽象的法律规则应用于具体的事实情境；第二，每一具体案件必须可以通

---

① 汪世荣、褚宸舸：《"枫桥经验"：基层社会治理体系和能力现代化实证研究》，法律出版社 2018 年版，第 364 页。

② 李拥军、郭晓燕：《情理法则在裁判说理中的功能与应用》，载《河南大学学报（社会科学版）》2022 年第 3 期。

③ See Jianfu Chen, *From Administrative Authorization to Private Law: A Comparative Perspective of the Developing Civil Law in the People's Republic of China*, Martinus Nijhoff Publishers, 1995, p. 1.

④ Max Weber, translated by Stephen Kalberg, *The Protestant Ethic and the Spirit of Capitalism*, Taylor & Francis, 2001, p. 159.

> 过法律逻辑溯源自抽象的法律规范；第三，法律必须事实上或实质上为一个天衣无缝之系统；第四，若不能被以法律范畴加以理性地解释则为法律上之无关；以及第五，任何人类之社会行为应该总能被具化为对法律的适用或者履行，或者违法，因为天衣无缝的法律系统必然导致所有社会生活皆在此天衣无缝的法律秩序之中。”①

可见，在大陆法看来，现代法律的理想范型应该是正式的、价值无涉的(value – free)以及非人格化的，它抽象而普遍(general)，②是感性的生命实践需要去臣服于这套纯粹理性的规则，而不是相反或相互调和。一般而言，大陆法传统倾向于使用抽象、纯粹概念化的和结构对称的概念思考，③通过逻辑扩展，(大陆法)在抽象中推演到更高一层的抽象和原则，④这的确是和中国人的心智模式有所间隙的一种思维模式。这也许能部分地解释为什么中国文本中的法律(law in book)和实践中的法律(law in action)始终存在差距。而在具体情境中，直觉、具体、感性的建构正义的思维方式这一对中国文化精神的判断，在法律域内，作为一种文化解释，可以不仅解释为什么调解的生命力是如此顽强，同时也能解释为什么路人常常不遵守交通规则、⑤知识产权保护不利，⑥以及更为宏大的，现代用公理

---

① Max Weber, *Economy and Society: An Outline of Interpretative Sociology*, trans. by Ephraim Fischoff et al., Guenther Roth and Claus Wittich eds., Bedminster Press, 1968, p. 657 – 658.

② See Richard M. Coughlin, *Morality, Rationality and Efficiency: New Perspective on Socio – economics*, M. E. Sharpe, 1991, p. 159.

③ See Peter de Cruz, *Comparative Law in a Changing World*, Cavendish, 2nd ed., 1999, p. 38.

④ See Kathy Laster, *Law as Culture*, The Federation Press Pty Ltd, 2nd ed., 2001, p. 205.

⑤ 因为具体情境可以使交通规则的权威弱化。例如，赶时间、没看见、没有车、别人也闯红灯等。

⑥ 知识产权在最开始被称为“不可见财产权”，对其在感性世界不可见但依旧具备的财产属性之确认，在文化上需要有一种类似康德哲学的超验精神来予以支撑，由此我们才有可能领会在经验的感性世界并不存在的所谓的“知识产权”应该具有在实体上被保护和被尊重的价值，而这和中国文化精神是不同的。

替代私情的法治路径为什么在中国大陆和台湾地区依旧会遇到各种问题。[1]

四、小结

第一,从上面的分析我们可以了解中国文化感性、生动、具体而情境性的精神特质。在中国人的认知模式里,感性的确具有超脱于理性的独立价值,这既是儒家的思维轴心也是中国人文化生命的重要特征。在场景中确认法度,在语境内构建合理,在对话时明晰价值,相信个体感性、短暂、细碎、个别的生命体验乃是一种可以具有普遍性的超越性价值,是一种真理得以陈明的形式,并具有一种终极实在的意义——之所谓"人同此心,心同此理"——而这里的"心"并不是也不依赖一个和现实相脱离的理性规范原则,而是一种扎根生命质感的整体关怀。在这个意义上,我们能够理解调解与中国文化精神的某种同构性的关联,也就不难理解为何在移植西方法律的整体背景下,调解在当代中国依然具有生命力,因为其具有"文化合法性"[2]。

第二,考虑到中国移植大陆法国家法律的整体背景,[3]调解对于缓解"制度法"与国人认知模式之间的张力具有重要的建设性作用。调解可以尽可能地将抽象的法律规则通过交谈和对话转换入具体的情境中予以领会。在这样的情境中,正义可以被当事人感

---

① 一个典型的例子是我国台湾地区立法机构原领导人王金平涉嫌的"司法官说"案件。

② 理论上说,"文化合法性"理论认为,在一个特定的文化传统内部,如果某种人类的价值或需要被每一受众认为是根本的和自愿尊崇的,那么这样一种价值即具有文化合法性。在这个意义上,文化合法性的基源性特征即在于,我们对某种价值的权威和尊严是来自人民内部对其有效性的认同和满足。相关讨论参见 Abdullahi Ahmed An – Na ' im, *Problems of Universal Cultural Legitimacy for Human Rights*, in Abdullahi Ahmed An – Naim and Francis M. Deng eds. , Human Rights in Africa: Cross – Cultural Perspectives, The Brookings Institution, 1990, p. 333, 336。

③ 中国现代法律传统是一个比较复杂的问题,除了欧陆的传统,还有马克思主义法学,改革开放以来受英美法的影响也越来越大。同时,考虑到中国覆盖的不同法域——大陆、台湾地区、香港特别行政区、澳门特别行政区,中国的法律传统亦是一个多元、开放、需要对话的复杂体系。

知，而不是仅仅被规训地、自上而下地获得。

第三，如果我们以调解为立足点，在整体上批判地把握中国法律现代化过程，很明显，中国法治曾过分地强调了“唯理主义”的路子，即“驱逐私情以合公理”。然而，正如王德峰教授指出的，重新重视私情，将“私情”渡向“公情”，依“公情”而树“公理”，所谓“活生生的生命情感并且能够展开道德上的感性实践的‘性灵人格’”①，将公情从私人互动的具体感应中重新发掘与开展出来，这大概是中国法治在整体气象与实现策略上应该重新反省并加以重视的新方向。当然，这是另外一篇更宏伟同时也是更困难的大文章了。

第四，作为方法，本文采用的是人文主义而非实证（经验）主义。其有效性在于提供一种理论想象的巧思而获致对人心的开示与启发，不是循着科学主义的路子，强调用一种规律性的科学模式普范地、无差异地落实为现实中的种种个案。这里没有否定实证主义的任何意思，只是说人文主义的阐释方法也可以为我们理解一些经典的“老问题”提供新的视域和启发。

值得进一步研读的文献

冯友兰：《中国哲学简史：英汉对照》，赵复三译，天津社会科学院出版社2007 年版。

侯欣一：《清代江南地区民间的健讼问题——以地方志为中心的考察》，载《法学研究》2006 年第 4 期。

蒋勋：《艺术概论》，生活 · 读书 · 新知三联书店 2000 年版。

李泽厚：《中国古代思想史论》，人民出版社 1986 年版。

梁治平编：《法律的文化解释》，三联书店 1994 年版。

---

① 王德峰：《论中国文化精神与西方资本原则之间的张力》，载《上海师范大学学报（哲学社会科学版）》2005 年第 6 期。其中王德峰教授还提道：“我们必须高度重视陆王心学的思想努力，因为它试图在中国精神道统内部开启能养成独立人格的新道统，它坚持‘感性生命的精神’。这样的新道统不是对中国文化精神的彻底否定，而是返本开新。它与近代西方的笛卡尔、康德的启蒙哲学在根基上不同。王阳明心学所期待的‘满街圣人’，绝非西方式的抽象的‘理性人格’，而是充满活生生的生命情感并且能够展开道德上的感性实践的‘性灵人格’。”

牟宗三著、罗义俊编:《中西哲学之会通十四讲》,上海古籍出版社 2008 年版。

苏力:《窦娥的悲剧——传统司法中的证据问题》,载《中国社会科学》2005 年第 2 期。

王德峰:《简论中国文化精神及其在当代复兴的可能性》,载《哲学研究》2005 年第 5 期。

Abdullahi Ahmed An - Na'im, *Problems of Universal Cultural Legitimacy for Human Rights*, in Abdullahi Ahmed An - Naim, Francis M. Deng eds., Human Rights in Africa: Cross - Cultural Perspectives, The Brookings Institution, 1990.

Elizabeth J. Perry, *Chinese Conceptions of "Rights": From Mencius to Mao—and Now*, Perspectives on Politics, Vol. 6, p. 37 - 50(2008).

Poh - Ling Tan, *Asian Legal Systems: Law, Society and Pluralism in East Asia*, Butterworths, 1997.

第二章　ADR 作为一种意识形态:西方现代 ADR 意识形态的生成

一、引言

在上一章中,我们着重讨论了以调解为代表的非诉解纷机制与中国语境的契合性。对于国人对 ADR 的偏好,我们当然可以从多个维度进行分析。功能主义维度揭示了调解在中国基层治理中的有效作用与独特价值,而观念论、文化论或意识形态视角,则让我们看到当文化传统沉淀为社会的集体人格与心智模式后,对国人解纷之行为偏好的影响和塑造。

由于"只知其一,一无所知(缪勒语)",我们在本章便把研究视野投向美国,即现代非诉讼纠纷解决思想与制度的源生之地。值得一提的是,本章对域外 ADR 发展的研究并非为了实现制度借鉴与规范移植这一目标,而是为了实现理解。具体而言,对美国 ADR 发展之社会史与思想史的回溯,是希望建立对现代 ADR 发生、发展的具有思想纵深的语境性理解,从而在建立中西之辨的立体认知框架的同时,尽可能摆脱那种肤浅的、扁平化的 ADR 理论表达或制度移植叙事。笔者高度认同皮埃尔·勒格朗(Pierre Legrand)教授的说法,如果不试图对一种制度、规范进行语境性理解与脉络性还原,这种浅层的比较法最终只会让我们得到"一小块钢"(small piece of steel),而不是"作为塔的一部分的一小块钢"(small piece of steel as part of a tower)或"作为桥的一部分的一小块钢"(small piece of steel as part of a bridge)。[①]

二、ADR 的社会史维度

法律史的研究证明,用非对抗性的方式解决纠纷是所有古典社会都具有的特质。在不同的宗教与族群内部,诸如基督宗教、犹太法典、穆斯林教义、清教徒、贵格会教徒及中国古代华夏族群,以对话的方式处理冲突都受到肯定与推崇。[②] 一个可以证明非诉讼纠纷解决的久远历史的直接例子是罗马法。在古代罗马的《十二铜表法》中,就已经存在了调解的有关规定。[③] 而更为广泛的法律人类学研究也确认,非诉讼形态的纠纷解决机制在一些规模很小尚缺乏国家组织形态与正式法律成文规则的初民社会,也是其社会结构的重要组成部分。[④] 正如杰瑞德·阿尔伯赦(Jerold S. Auerbach)所言,"在所有社会中都存在广泛的解决个人纠纷的替代性选项(alternatives)。诉讼只是从回避到暴力的多种纠纷解决可能性中

---

① Pierre Legrand,"How to Compare Now"(1996) 16 (2) Legal Studies 233, 236.

② 在这些人类轴心文明时代发轫的重要古代经典中,几乎都保留了对中立第三方以协助性的方式帮助纠纷者处理他们之间的矛盾与争端的记录。参见 Menkel - Meadow Carrie J. et al. eds., *Dispute Resolution: Beyond the Adversarial Model*, Aspen Publishers, 2005。我们都比较熟悉中国古代儒家经典对调解的强调,而在西方古代经典中对调解强调的例子,如《圣经》"马太福音"第 18 章第 15—17 节,其中描述了争议解决非诉机制的大致顺序:"倘若你的弟兄得罪你,你就去趁着只有他和你在一处的时候,指出他的错来。他若听你,你便得了你的弟兄。他若不听,你就另外带一两个人同去,要凭两三个人的口作见证,句句都可定准。若是不听他们,就告诉教会。若是不听教会,就看他像外邦人和税吏一样。"

③ See Peter Stein, *Roman Law in European History*, Cambridge University Press, 1999, p.4 - 5.

④ See Sally Engle Merry, *Anthropology and the Study of Alternative Dispute Resolution*, Journal of Legal Education, Vol. 34, p. 277 - 283(1984).

的其中一种"[①]。我们在一开始就指出例如调解这样的纠纷解决机制的源远流长的历史非常重要,这不仅仅意味着非正式的纠纷解决制度在所有人类生存方式下都存在,更重要的是点出一个常常被我们忽略的事实,即"如果能够将时间的范围拉伸得足够宽广,我们就会发现,即使在普通法国家,国家主导的司法裁判也属于新鲜事物。例如,在英格兰,直到12世纪,皇室法院才开始真正出现"[②]。换言之,以调解为代表的非诉解纷机制之生命力比我们想象的要长久,而诉讼的诞生则比我们想象的要晚近的多。将诉讼认为是一种亘古的、最优的乃至需要去信仰的解纷方式,这是一种法律神学。

(一)美国早期的解纷实践

历史地看,ADR并不仅仅是美国社会的当代特征,在欧洲移民发现美洲新大陆之前,北美大陆的原住民就有他们自己存续了数个世纪的非诉讼争端解决方案。[③] 例如,夏威夷岛民,他们就是用自己传统的、被称为"*ho' oponopono*"的制度——这个制度让家庭成员相聚,在一个领导者的带领下,讨论他们人际之间的矛盾分歧,并解决问题。[④] 根据杰瑞德的概括,这反映了"在没有正式法律时的一种(建诸)协商对话的正义观念,以及基于共同体成员的参与和信任(而建构)的合理程序(equitable process)。它使土著原始的社区形式具有了旺盛的生命力"[⑤]。

到了大约17世纪早期,更多的殖民者开始陆续抵达美洲。然而在殖民时代,对类似调解的非诉解纷偏好依旧持续:

---

① Jerold S. Auerbach, *Justice without Law: Resolving Dispute Without lawyers*, Oxford University Press, 1983.

② [英]西蒙·罗伯茨、[英]彭文浩:《纠纷解决过程:ADR与形成决定的主要形式》,刘哲玮等译,北京大学出版社2011年版,第15页。

③ See Philmer Bluehouse & James W. Zion, *Hozhooji Naat' aanii: the Navajo Justice and Harmony Ceremony*, Mediation, Vol. 10, p. 327 – 337(1993).

④ See Jerome T. Barrett, *A History of Alternative Dispute Resolution: The Story of a Political, Cultural, and Social Movement*, Jossey – Bass, 2004, p. 3.

⑤ See Jerome T. Barrett, *A History of Alternative Dispute Resolution: The Story of a Political, Cultural, and Social Movement*, Jossey – Bass, 2004, p. 4.

"非法制化的纠纷解决反映了强烈的公有制社群的脉动力量……人们之间的关系越紧密，他们就越不需要律师或法庭。殖民者拒斥法律实际上是做出了一个自觉的决定……作为基督徒、空想主义者，在新阿姆斯特丹的荷兰定居者或者商人，他们愿意生活在一个公共社群的框架之中，（这种生活秩序）使正式的法律制度显得多余甚至危险。对于他们而言，法律是一种必要的恶，或者是最后的（不得已）手段，而不是优先的选择。"①

（二）美国解纷方式的现代嬗变

这样一种非诉讼纠纷解决传统在相当长的历史时期中存在，成为一种稳定的司法文化。然而，在美国革命战争的后期（17 世纪末期和 18 世纪初期），这种对非司法裁判式的纠纷解决机制的偏好逐渐开始消退。当论及这种转变时，库林 · 汉伊斯（Colleen M. Hanycz）总结道："如果殖民时代被打上了同质化、清教徒和平与和谐的宗教与社区观念的印记，那么在后革命时代的十九世纪则只能被视作对这种过去传统的急剧背离。"②从知识社会学的基本立场出发，美国纠纷解决观念的变化至少是基于以下两个原因：首先，工业的发展，特别是美国全国铁路系统在 19 世纪四五十年代的大建设，导致了劳动力迁移和社会结构的剧变，这使得使用正式法律解纷的需求明显增加。正如苏珊 · 多纳根（Susan L. Donegan）概括的，"工业与商业的快速发展使得复杂交易和商法成形，（而这些复杂的人类交往形态和社会组织结构）需要法律的解释"③。其次，这种急剧增加的社会流动性使得传统社会制度，诸如教堂和家庭组

---

① See Jerome T. Barrett, *A History of Alternative Dispute Resolution: The Story of a Political, Cultural, and Social Movement*, Jossey - Bass, 2004, p. 19 - 20.

② Colleen M. Hanycz, *Whither Community Justice? The Rise of Court - Connected Mediation in the United States*, Windsor Yearbook of Access to Justice, Vol. 25, Iss. 1, p. 167 - 210(2007).

③ Susan L. Donegan, *ADR in Colonial American: A Covenant for Survival*, Arbitration Journal, Vol. 48, No. 2, p. 14 - 22(1993).

织,在这个历史阶段开始消弭和溃散。那种传统紧密社区中存在的“好邻居”型的人际关系开始瓦解,传统互帮互助的公共社区无法继续存活。[①] 传统解纷方式的失灵进一步使人们在遇到纠纷时不可避免地需要依赖法庭这种新的理性权威以定分止争。[②] 在一个不断碎片化、分散化、陌生化、多元化的现实世界中,法律扮演了“最大公约数”以及“公共理性”的角色,以平衡各种利益、价值的冲突,维系基本的社会秩序。所以在这个历史阶段,“法庭数量变多,(对民众而言法院)可以接近(accessible),职业化的律师阶层开始为急切的当事人提供法律服务”[③]。于是在这个时期,“(美国的)所有州和领地,法院被建立,建制化的诉讼快速地成为各种纠纷解决机制中的主导力量”[④]。

(三)美国解纷方式的当代转向

从19世纪晚期开始,美国迎来了又一波规模巨大的新移民。“从1890年到1920年,有超过一千八百万新移民进入美国,几乎是1860—1890年移民期人数的两倍,是1830—1860年移民期人数的四倍”[⑤]。在这个阶段抵达美国的新定居者倾向于彼此互助,以本族群的、根植于源生地域社群传统的方式解决纠纷。[⑥] 这再次导致了纠纷解决文化的变迁。Jerold S. Auerbach 总结道:

---

① Colleen M. Hanycz, *Whither Community Justice? The Rise of Court - Connected Mediation in the United States*, Windsor Yearbook of Access to Justice, Vol. 25, Iss. 1, p. 167 - 210(2007).

② Colleen M. Hanycz, *Whither Community Justice? The Rise of Court - Connected Mediation in the United States*, Windsor Yearbook of Access to Justice, Vol. 25, Iss. 1, p. 167 - 210(2007).

③ Jerold S. Auerbach, *Justice without Law: Resolving Dispute Without lawyers*, Oxford University Press, 1983, p. 46.

④ Colleen M. Hanycz, *Whither Community Justice? The Rise of Court - Connected Mediation in the United States*, Windsor Yearbook of Access to Justice, Vol. 25, Iss. 1, p. 167 - 210(2007).

⑤ Peter H. Schuck, *Diversity in American: Keeping Government at a Safe Distance*, The Belknap Press of Harvard University Press, 2003, p. 82.

⑥ Colleen M. Hanycz, *Whither Community Justice? The Rise of Court - Connected Mediation in the United States*, Windsor Yearbook of Access to Justice, Vol. 25, Iss. 1, p. 167 - 210(2007).

"新移民有很好的理由,至少在一定时间内,去抵触诉讼和正式诉法程序。他们通常生活在人际关系稠密而持久的社区,而不是依托非人格化的契约与短时间的文化。他们没有共享美国人关于法官、对抗制诉讼和盎格鲁—撒克逊的法律程序,并认为是这些保障了正义。"[①]

新移民另类的纠纷解决文化偏好仅仅提供了 ADR 得以重生的历史可能,在美国司法制度与司法文化的历史流变过程中,又一次试图唤醒非诉讼纠纷解决的尘封记忆。然而,这至多是低声的喃喃,而非震耳的交响,从 20 世纪开始的大规模社会危机才真正给 ADR 提供了重返法律的主流叙事的契机。从 20 世纪早期开始,高通胀和美国大公司的反工会政策导致了前所未有的罢工潮。[②] 由铁路工会所领导,大量雇佣劳动者不断参与抗争,争取着他们的利益和对话场域。正如有论者注意到的,最初的现代化 ADR 是在劳工关系的领域滥觞的。[③] 随后,第一个中立的主席裁定机制(impartial chairman system)在 1911 年的芝加哥工厂中被建立,由此专门的委员会被建立起来以处理工厂中劳工们的不满情绪。[④] 劳资双方都愿意使用这种非诉讼的纠纷解决途径去解决他们之间的争议,因为这种纠纷解决方式使得所有人都更自由。而在此之后,即 1926 年,美国仲裁协会(American Arbitration Association)成立,这使工商业的实用主义逻辑加入了纠纷解决领域中,并成为一种现实的制度安

---

① Jerold S. Auerbach, *Justice without Law: Resolving Dispute Without lawyers*, Oxford University Press, 1983, p. 69 – 70.

② Jerome T. Barrett, *A History of Alternative Dispute Resolution: The Story of a Political, Cultural, and Social Movement*, Jossey – Bass, 2004, p. 111.

③ See Peter S. Adler, *The Future of Alternative Dispute Resolution: Reflections on ADR as a Social Movement*, in Sally Engle Merry and Neal Milner eds., The Possibility of Popular Justice: A Case Study of Community Mediation in the United States, The University of Michigan Press, 1993, p. 70.

④ Colleen M. Hanycz, *Whither Community Justice? The Rise of Court – Connected Mediation in the United States*, Windsor Yearbook of Access to Justice, Vol. 25, Iss. 1, p. 167 – 210(2007).

排。该协会的成立使非诉讼纠纷解决机制得到大力地推广。[①] 到1935年,美国《国家劳动关系法》(National Labor Relations Act)被通过,其后这部法律被联邦最高法院裁定为合宪。这个法案规定"雇员有自行组织的权利,可以组建、参与或协助劳工组织,以通过代表参与集体谈判决定他们的选择,或参与到其他协商活动中,以争取集体谈判或其他互助与保障"[②]。这部法律在美国法制史上被认为具有里程碑式的意义,除了它的左翼立场,它将ADR放置在非常突出的历史位置,从而真正推开了ADR在当代社会重生的大门。[③]

进入20世纪60年代,ADR运动成为美国一连串社会变革的法律回声。[④] 包括民权运动(civil right movement)在内的一系列左翼运动,为ADR制度注入了新的精神能量。按照白瑞特(Barrett)的理解,"如果没有20世纪60年代(美国)经济、社会和政治的对抗,更确切地说,如果没有1964年的民权法案(Civil Rights Act),调解争端的理念将不可能发生"[⑤]。耶鲁大学法学院的彼得·夏克(Peter H. Shuck)教授也持有类似的观点,他认为所谓的民权运动,就其精神本质而言,乃是旨在通过建构一系列新的制度,包括纠纷解决制度,以发展社区的内聚力量,培育自助(self - help)的意识及

---

① [美]詹姆斯·E.麦奎尔等:《和为贵:美国调解与替代诉讼纠纷解决方案》,法律出版社2011年版,第9页。

② National Labor Relations Act,载维基百科,http://en.wikipedia.org/wiki/National_Labor_Relations_Act,最后访问日期:2014年11月20日。亦见Jerome T. Barrett,Jerome T. Barrett, *A History of Alternative Dispute Resolution: The Story of a Political, Cultural, and Social Movement*, Jossey - Bass, 2004, p. 118 - 119。

③ National Labor Relations Act,载维基百科,http://en.wikipedia.org/wiki/National_Labor_Relations_Act,最后访问日期:2014年11月20日。

④ Peter S. Adler, *The Future of Alternative Dispute Resolution: Reflections on ADR as a Social Movement*, in Sally Engle Merry and Neal Milner eds., The Possibility of Popular Justice: A Case Study of Community Mediation in the United States, The University of Michigan Press, 1993, p. 76.

⑤ Colleen M. Hanycz, *Whither Community Justice? The Rise of Court - Connected Mediation in the United States*, Windsor Yearbook of Access to Justice, Vol. 25, Iss. 1, p. 167 - 210(2007).

族群认同。[①] 所有这些,都可以被理解为一种源生于草根的,旨在争取权利、强调群体价值与社区自治,强调自我认同与自我解放的自决能力,并最终要求重新分配社会权利的社会现象。理解这个,我们就不难从中发现这些社会运动与 ADR 的内在精神之间的高度同构——因为 ADR 就是试图通过各种制度之外的机制与方法,以赋权(empower)给纠纷当事人,强化他们自己对社会生活的自控、自治与自决。比如在民权运动中诞生的联邦调解组织,社区关系服务(community relations service)的建立就是为了帮助社区、学校、个人以及其他社会主体能在种族与族群张力中友善地解决冲突。[②] 在这样一个社会大氛围下,最早的专门化 ADR 机构,"加利福尼亚州调解法庭会议"(conference of california conciliation courts)在 1963 年成立,之后这个组织改名为"家庭、法庭与社区职业者协会"。[③] 1966 年,威斯康星大学成立了最早的、学术建制意义下的调解研究中心,其目的在于研究和决定是否"调解在劳工领域被证明为有用的这些技术……能否在其他领域被同样成功地使用"[④]。

到了 20 世纪 60 年代后期及 70 年代,美国迎来了更为强烈的社会动荡,这其中最著名的历史事件就是越战。美国社会在越战中潜伏已久的焦躁夹杂着 20 世纪 60 年代民权运动所召唤而醒的革命意识,邂逅了在婴儿潮时代出生的美国年轻一代放肆的荷尔蒙,开始了他们对主流中产阶级意识形态的抗议与反动。这种历史的潮水已经超出了美国的国别范畴,戴锦华教授说:

---

① See Peter H. Schuck, *Diversity in American: Keeping Government at a Safe Distance*, The Belknap Press of Harvard University Press, 2003, p. 52.

② Peter S. Adler, *The Future of Alternative Dispute Resolution: Reflections on ADR as a Social Movement*, in Sally Engle Merry and Neal Milner eds., The Possibility of Popular Justice: A Case Study of Community Mediation in the United States, The University of Michigan Press, 1993, p. 71.

③ Colleen M. Hanycz, *Whither Community Justice? The Rise of Court - Connected Mediation in the United States*, Windsor Yearbook of Access to Justice, Vol. 25, Iss. 1, p. 167 - 210(2007).

④ Colleen M. Hanycz, *Whither Community Justice? The Rise of Court - Connected Mediation in the United States*, Windsor Yearbook of Access to Justice, Vol. 25, Iss. 1, p. 167 - 210(2007).

> “20 世纪 60 年代在视野描述当中可以说是一个全球动荡、全球劫难的年代。从另一个角度说,那也是一个全球火红的年代,是理想主义处在最高峰和最强音的时代,是世界最优秀的人集中在反叛的旗帜下相信世界必须被改造、能够被改造,而每一个人都可以参与到创造新世界的过程当中去的一个年代。20 世纪 60 年代是一个暴力事件频繁发生的年代,也是伟大的和平斗士、伟大的个人主义英雄用他们的身躯和生命去实践理想的年代。”①

在这个特殊的历史阶段,欧洲爆发了“五月风暴”,这是一场在太平盛世下被理论唤醒的用玫瑰抵抗枪炮的革命。在亚洲,“文化大革命”在中国燎原,莎莉・梅丽(Sally Merry)认为这场在中国涌动的政治与社会运动,变成了一个改写正义观念的符号。② 我们当然必须否定“文化大革命”,但我们也需要看到“文化大革命”外溢出国土的传播效用,这种力量传递到美国,变成一种号角,一个重要的彼岸想象对象,成了 20 世纪 60—70 年代推动世界革命重要的象征资源和思想动力。③ 它冲击着既有的司法知识秩序与权威叙事,使大众正义的观念逐渐产生。④ 所以从这一时代以后,ADR 除了强调社区自治的底层精神,还开始携带具有左翼色彩的革命力量,使得传统司法成为一个意识形态的崇高客体,一个与大众区割的技术官僚体系,这些认知使 ADR 的左翼立场越发明显和锐利。

如果上述论述过于抽象、理论,我们可以用来自美国生活世界

① 戴锦华:《做现实主义者,求不可能之事——重访六十年代》,载观察者,http://www.guancha.cn/DaiJinHua/2013_01_06_118495.shtml。

② Sally Engle Merry, *Sorting out Popular Justice*, in Sally Engle Merry and Neal Milner(eds.),The Possibility of Popular Justice:A Case Study of Community Mediation in the United States,The University of Michigan Press,1993,p. 38 – 49.

③ 参见戴锦华:《做现实主义者,求不可能之事——重访六十年代》,载观察者,http://www.guancha.cn/DaiJinHua/2013_01_06_118495.shtml。

④ See Sally Engle Merry, *Sorting out Popular Justice*, in Sally Engle Merry and Neal Milner eds.,The Possibility of Popular Justice:A Case Study of Community Mediation in the United States,The University of Michigan Press,1993,p. 38 – 49.

的一个例子来帮助我们理解 ADR 所携带的那种草根的、左翼的革命性思潮——这个例子就是摇滚乐。作为美国 20 世纪六七十年代的时代背景音,"摇滚音乐的重要意义在于他唤醒了非理性的激情……摇滚音乐具有一种只对性欲——不是爱情,不是爱欲——的吸引力,也就是野蛮的吸引力;但是性欲是未发达的、野蛮的"[①]。这种对欲望之直接追求的背后,蕴含着对清教徒式的传统核心家庭价值观的反抗,对家长权威的反抗。

> "围绕着音乐,通过音乐,内在于音乐,外化出了一种新的意识形态,一种新的生活方式。初期是对西方基本价值观念的控诉和判决。金钱崇拜、人成为生产的工具、精神与肉体的重重污染、战争、资本主义也像共产主义一样,凡此种种都一概被全盘唾弃。陈旧的现代社会不让人有可能成为创造者,不让人有可能在他的精神氛围内成长,不让人在非暴力与爱中顺利实现其成就。一种社会运动就在这样的基础上,以对应而又寄生的方式发生了,它主张革命,不单单是政治的革命,而且要在人人自我内心进行革命。"[②]

是的,从 20 世纪 60 年代开始,美国人经历了这一场深重的精神危机,"越战、检查制度的泛滥、政治及司法系统的贪污,促成一股强烈的反制度心态和社会不安"[③],美国人需要在陈腐的主流秩序之外寻求慰藉,需要在苍白的现实中让想象力突围。我们再回到非诉讼纠纷解决的含义,非诉讼纠纷解决的英文是 alternative dispute resolution,我们需要留意第一个字,alternative。按照权威英文释义,所谓 alternative 是指另类选项(unconventional choices),是一种可能

---

① [美]艾伦·布鲁姆:《走向封闭的美国精神》,缪青等译,中国社会科学出版社 1994 年版,第 80 页。

② [法]亨利·斯科夫·托尔格:《我知道什么?——流行音乐》,管震湖译,商务印书馆 1997 年版,第 22 页。

③ [法] Alain Dister:《摇滚年代》,黄伯逸译,上海译文出版社 2002 年版,第 71 页。

性的许诺(allowing a choice)。太有趣了,在非诉讼纠纷解决的称谓中就包含了20世纪70年代革命的精神脉络,它就是法律世界的摇滚。[①] 所以,ADR的核心特征确实存在"与一般程序之间的某种对立,因为法律概念的要旨就是规范的概念"[②]。是的,ADR是那个时代之反叛精神的法律镜像。[③]

1976年,这种法律世界的摇滚开始在美国进入体制化的快车道。一个具有里程碑意义的事件是著名的"庞德会议"。为了纪念哈佛大学法学院的前院长庞德,这个由数百名法学专家、法官、律师参与,由美国联邦最高法院首席大法官沃伦·伯格(Warren Burger)主持的,旨在探究为什么公众对司法体制不满的重要会议确定了两点共识:"一是加强法院管理,扩充法官权限,倡导法官对诉讼的管理义务;二是鼓励法院进行ADR实验。"[④]在这次会议上,哈佛大学法学院的弗兰克·桑德尔教授号召把现在的法院建设成为"多门法

---

① 因为与传统诉讼程序相比,ADR具有非司法性质。这主要表现在以下三个方面:其一,对于传统的审判程序而言,法官必须严格按照实体法和程序法认定事实,作出裁判。而ADR从本质上说属于合意解决纠纷的机制,不必然要遵从法律规范。其二,主持传统审判程序的是法官或陪审团。在法院附设ADR的程序中,促进双方和解的中立人和"法官"通常都是来自法院之外的律师、退休法官、相关行业专家或法院的辅助人员,而且法官通常不直接介入双方交涉的过程。其三,传统审判程序的判决裁定生效后具有终局性。但通过司法ADR程序获得的调解结果、仲裁裁决通常是非约束性的,当事人可以拒绝接受并要求法院重新审理。参见章武生:《司法ADR之研究》,载《法学评论》2003年第2期。

② Lon. L Fuller, *Mediation - Its Forms and Functions*, in Kenneth I. Winston ed., The Principle of Social Order, Duke University Press, 1981, p. 146.

③ ADR是历史的副产品,而我们后面要提到的那些催生ADR意识形态的动力也是。我们可以从一个学人对自己学术的回眸中看到这种影响。"在反越战运动如火如荼的日子里,我们中许多人开始批评对美国社会的前提假定推而广之,对我们中国学领域中占统治地位的范式,尤其是'现代化'范式和'西方冲击范式'进行了前提下质疑。一股强大的力量把我们的注意力吸引到了另一套理论概念上来,大多数人尤其被吸引到马克思主义的观点和理论上来,吸引到社会革命和反对帝国主义的民族解放这些相反的范式上来。"参见黄宗智:《经验与理论:中国社会、经济与法律的实践历史研究》,中国人民大学出版社2007年版,第180—181页。

④ 赵旭东主编:《如何打破僵局?:替代性纠纷解决方式(ADR)的研习与实践》,陕西人民出版社2010年版,第67页。

院”，以多种渠道分流各种不同性质、类型的纠纷。[①] 在“庞德会议”中，主流的法律职业阶层的人参与到了 ADR 的建构过程中，整体而系统地对纠纷进行管理成为一种法律界的新共识。“庞德会议”之后，ADR 机制开始不断被立法与司法机关接受，从一种游历在体制外的批判力量，到逐渐被主流体制吸纳，成为国家纠纷解决制度性供给的一个部分。当时的美国司法部部长吉瑞福·贝尔（Griffin Bell）采纳了很多“庞德会议”的成果，并在“法律执行援助体制”（law enforcement assistance administration）下，主导推进了第一轮和第二轮分别在亚特兰大、洛杉矶、堪萨斯城和檀香山、达拉斯的制度实验。[②] 在这些实验之后，ADR 开始被国家立法更大程度地吸收，“国会分别于 1978 年和 1980 年通过《公务员制度改革法》（Civil Service Reform Act of 1978）和《纠纷解决法》（Dispute Resolution Act of 1980），鼓励联邦政府和州的各级政府使用调解、仲裁等 ADR 手段解决其与职员之间的劳动纠纷”[③]。

到了 20 世纪 80 年代，ADR 在美国扎根，并开始迅速地覆盖不同类型的纠纷。由于其适应性与灵活性，ADR 制度“可以适应不同情势的需要，可以配适实践的不同维度，可与在地的条件相适应”[④]，制度的发展推动了行业的建构。“商业和法律界开始运用从早期 ADR 实验中吸取的经验来解决商业纠纷。大公司和律师事务所成立了一个组织，我们今天称其为争端解决 CPR 国际协会……调解成为被认可的职业，一些人成了全职的中立（调解）者。”[⑤]

---

① 参见迈克尔·利斯：《ADR：2020 年的全球发展趋势》，龙飞译，载《人民法院报》2013 年 3 月 22 日，第 6 版。

② See Peter S. Adler, *The Future of Alternative Dispute Resolution: Reflections on ADR as a Social Movement*, in Sally Engle Merry and Neal Milner eds., The Possibility of Popular Justice: A Case Study of Community Mediation in the United States, The University of Michigan Press, 1993, p. 73.

③ 赵旭东主编：《如何打破僵局?：替代性纠纷解决方式（ADR）的研习与实践》，陕西人民出版社 2010 年版，第 67 页。

④ Henry Brown & Arthur L. Marriott, *ADR Principles and Practice*, Sweet & Maxwell, 1993, p. 17.

⑤ ［美］詹姆斯·E. 麦奎尔等：《和为贵：美国调解与替代诉讼纠纷解决方案》，法律出版社 2011 年版，第 12 页。

从20世纪80年代到90年代，ADR发展已经是世界性的了，我们看到ADR的触须已经延伸到各种多样的、复杂的、新型的纠纷领域，甚至在一些大的工程项目[①]和与公共利益有关的纠纷中也能发现ADR的身影。[②] 不难得出这样的结论，即ADR重构了美国的司法文化，并已成为美国人司法生活中在解决纠纷时的一个重要选项。基于ADR在美国的成功经验，它开始了在全球范围内的制度传播与观念旅行。但在ADR的全球传播过程中，全球化的自由主义逻辑改写了ADR的意义本体，使它成为一个功利的实用主义造物，对ADR的正当化论证开始导向它所拥有的实用价值。ADR身上带有左翼性的抗议精神、反叛主张、自我认同与革命话语被主流的20世纪末的资本主义叙事逻辑清洗干净，我们看不到ADR扎根在20世纪40年代至70年代的历史背景，有的只是"诉讼爆炸"后，[③]为了提升司法效能、优化营商环境、强化解纷触达、提升公共服务等现实的工具理性说辞。

三、ADR的思想史维度

首先需要说明，在思想史的意义上介入ADR的历史历程是必须的，也是常常被忽略的。在很多研究中，对ADR历史过程的回溯会让人产生一种错觉，即这些历史事件的简单拼凑自然催生了ADR机制。这样的历史叙述显然是缺乏理论质感的，是没有对历

---

① See David L. Sandborg, *Multistep ADR Gets Creative at Hong Kong's New Airport*, Alternatives to the High Cost of Litigation, Vol. 17, No. 3, p. 41 - 61(1999).

② See John Forester, *Dealing with Differences: Dramas of Mediating Public Disputes*, Oxford University Press, 2009.

③ 我们应该看到，在民权运动之后，美国人的权利意识确实被唤醒，因此诉讼的数量出现了激增。例如根据波斯纳的研究，1960年前的诉讼数量变化不大，但从1960年开始，案件受理数量就开始激增。例如，在1960年后的20多年，地区法院的案件受理数量就增加了3倍以上。参见[美]理查德·A.波斯纳：《联邦法院：挑战与改革》，邓海平译，中国政法大学出版社2002年版，第59—60页。当然，关于美国是否真的出现了所谓的"诉讼爆炸"，或者在多大程度上出现的诉讼爆炸有学者持有相反的看法，参见Marc Galanter, *Reading the Landscape of Disputes: What We Know and Don't Know (and Think We Know) about Our Allegedly Contentious and Litigious Society*, UCLA Law Review, Vol. 31, Iss. 1, p. 4 - 71(1983)。

史的精神机理予以说明的。ADR 作为一种制度实践,而不是一种自然造物,它的发生需要物质基础与上层建筑之间的某种复杂的契合、浇灌与熔铸。历史为 ADR 准备了物质的材料,而思想史使得我们获得了建构 ADR 这座大厦真正的观念水泥。我们今天所理解的司法制度是以判例与成文法为依据,以司法诉讼为呈现方式,以判决及其暴力执行机构为结果与现代性思想相互构造的。诚然,所谓的 ADR 是一种典章秩序的制度安排,是一种沉淀久远的文化惯性,是一种具体而微的实践技艺;但同时,它也是一种与人类历史相互共振、彼此砥砺的思想印记,一种强大的意识形态在司法领域的聚散凝合。所以,想要理解所谓的 ADR,就需要理解法律的现代性语境及其不断自否、不断他否的历史跌宕过程,将历史的现实与思想史的大脉交相参照,在一个更加辽阔也更加开放的整体视域中理解 ADR 的缘起与建树。

ADR 的发生脉络直到 20 世纪 80 年代前期都还深深地潜入在左翼批判理论的脉络中,虽然在之后发生了变化。我们先确定一个传统的美国司法体制的核心意象,什么是美国司法的传统形象——一个中产阶级的美国白人男性法官/律师。前面我们提到,ADR 的核心词是 alternative,“另类和可能性”,所以对 ADR 机制的思想酝酿就是对另类想象的持守,就构成了对固有想象的批判。以思想的角度介入 ADR,我们便从上面这个美国经典司法的核心意象——一个中产阶级的美国白人男性法官/律师的拆分入手,这个偏正结构的短语包含了几个重要的独立标志:第一,中产阶级;第二,美国;第三,白人;第四,男性。所以现代 ADR 制度的思想脉络就逐渐清晰了,对 ADR 的思想酝酿就是否定中产阶级、否定美国、否定白人和否定男人的意识形态——这个由否定性话语所构成、整合的理论群落便构成了 ADR 运动的三大意识形态动力,或者智识基础——大众正义、反殖民话语、女权主义,虽然在 20 世纪 80 年代后期的 ADR 叙事将这种意识形态动力在很大程度上转换为了商业逻辑。

（一）质疑统治阶级——底层政治的反主流论述

在马克思的经典理论中，法律具有清晰的阶级属性。[①] 这种属性在20世纪的西方马克思与批判理论中被进一步发扬光大——葛兰西的霸权理论、路易·阿尔都塞的意识形态国家机器、福柯对知识与权力之媾和关系的揭露……我们应该看到在历史的维度，美国的自由与权力是一个在历史的脉络中变化与不断展开的过程，例如妇女、黑人的政治权力被真正实现的时间距离今天其实并不十分遥远。如果我们观察今天的成文立法，法律的阶级属性确实在文本的意义上越来越模糊——"法律面前人人平等"——我们很难明白这样一种源自自然法精神的正义宣誓的背后到底存在什么明确的阶级立场。但是，如果我们是在庞德的意义上定义法律，即法律不仅仅是规范体，而且是秩序与行为过程，那么美国经典意义上的司法体制的阶级属性，或者对无产者，或者对庶民的结构性不公正就可以被凸显出来。正如福柯所指出的：

"法庭的空间布局涉及的不仅是'形式'，而是隐含着一个意识形态（an ideology）……'法庭'必有一张桌子，桌子的前面是原告与被告，后面乃第三方，即法官。法官的位置首先意味着对于诉讼双方他们是中立的；其次他们的决定并非事先已经做出，而是经过对诉讼双方进行口头盘问之后才得出来的，而且是以某种关于真相的概念以及一定数量的有关正义与非正义的观念为基础。最后，他们有权力去实现他们的决定……所有这些都远离以及与大众正义的观念不相关……在法庭的形式下，要保证公正，司法程序就必须在一个知识分子的引导下进行，他一方面保持中立，同时又是观念领域的专家。一旦进入调停阶段，

---

① 在马恩经典作家眼里，法律是统治阶级意志的体现。"你们的观念本身是资产阶级的生产关系和所有制关系的产物，正如你们的法不过是被奉为法律的你们这个阶级的意志，而这种意志的内容是由你们这个阶级的物质生活条件来决定的"。参见[德]马克思、恩格斯：《马克思恩格斯选集》（第一卷），中共中央马克思恩格斯列宁斯大林著作编译局编译，人民出版社1995年版，第289页。

‘人民法庭’便被知识分子组织和驾驭,他们一面听取工人的陈述,一面听取老板的陈述,然后宣布谁清白,谁有罪。这样整个司法程序都浸润在观念主义(idealism)之中。”①

福柯的分析特别令人想起在法律正统中柯克大法官对英王詹姆斯六世的经典论述,这个论述强调了法律的垄断、独特和非平民书写。在柯克看来,法律是一种人造的理性,它需要经过长期的学习和经验洗练才能掌握,在达致这一水平以前,任何人都不能从事审判工作。② 但对于庶民而言,这便意味着纠纷解决具有某种封闭性,某种精英主义的浓郁氛围,充满了难以理解的生僻修辞和令人生畏的秩序压抑。大众不期望这样,大众期望纠纷解决应该是平和的、开放的、通俗的,人情与世俗可以在其中往来的生命场。这种迥异的划分,在马克思主义与批判理论的意义上是一种阶级压迫与驯化的暴力结构,这一点在西蒙·罗伯茨和彭文浩所概括的正式与非正式司法的理想图景中被勾勒的颇为真切。非正式的司法具有异常清晰的庶民质感——“结构上非官僚化,社会相关性高……更多地使用当地的民间方言,而不是专业的官方话语;普通人易于使用,不依赖专业人士‘昂贵’的服务……不以制定法作为依据,而是侧重当地的行为标准和通常思维”③。而与之形成鲜明对照的是所谓集权式的正式司法制度,在这种制度中,存在“与社会生活有着高度分离的专门的官僚机构,确保这些机构可以做出优秀的、独立的、技术化的正确决定;具有专门知识和能力的专业人士,可以适用和执行法律;一套公正的可以公开适用的官方法律……”④。很显然,后者对于很多庶民而言很可能将构成一种障碍,或者大大地提高获得

① 曹清华:《左翼福柯眼中的民众》,载《书城》2009 年第 2 期。

② See Edward Coke, *Prohibitions Del Roy*, in Steven Sheppard ed., The Selected Writings and Speeches of Sir Edward Coke, Liberty Fund, 2003, p. 481.

③ [英]西蒙·罗伯茨、[英]彭文浩:《纠纷解决过程:ADR 与形成决定的主要形式》,刘哲玮等译,北京大学出版社 2011 年版,第 15 页。

④ [英]西蒙·罗伯茨、[英]彭文浩:《纠纷解决过程:ADR 与形成决定的主要形式》,刘哲玮等译,北京大学出版社 2011 年版,第 15 页。

司法救济的成本。[①] 我们仅以专业术语这一个要素为例,有研究就指出,技术化的、书面的以及附着权力属性的法律术语对于非法律职业人士而言是非常大的障碍,而这种障碍对于弱势群体,例如文盲或操持方言的人而言更加困难,这会使他们参与法律程序的能力受到限制。[②] 在美国,传统壁垒森严的法庭确实让很多底层民众望而却步。由于费用的高昂与审理时间的推延,人们进入法庭进行民事诉讼的通路被显著地限制了,这使得司法程序的公平性面临挑战。[③]

与此同时,20 世纪中叶在社会主义国家广泛进行制度实践试图改造资产阶级的法权构造,从而让法律代表人民的意志,这种观念在法律领域被概括为所谓的"大众正义"(popular justice)。根据莎莉·梅丽等学者的界定,大众正义是一种"被本地人所控制、非职业化的、在程序上非正式的正义观,它复兴着社区,并在决策时根据社区的价值规则(做出决定)……它提供一种更具有共识性和非暴力的程序以解决纠纷"[④]。显而易见,这样的观念与 ADR 的精神与逻辑同构,所以正如我们在前文中所提到的,莎莉·梅丽认为大众正义是 ADR 的精神渊源之一。也正是基于这样的理念,在传统自由主义脉络中的"法律形式主义"(legal formalism)思想受到了批判,一些更为广泛的带有实质正义色彩、同情底层的权利意识被要求纳入作为主体的权利叙事中。在这个基础上,"接近正义"(access to justice)的理念开始兴起,人们开始接受"参与法律程序

---

① 典型的例子是秋菊的困惑,参见苏力:《秋菊的困惑和山杠爷的悲剧》,载苏力:《法治及其本土资源》,中国政法大学出版社 1996 年版,第 23—40 页。

② See John Gibbons, *Language and the Law*, Annual Review of Applied Linguistics, Vol. 19, p. 156 – 173 (1999).

③ See Joseph R Biden, *Equality, Accessible, Affordable Justice under Law: The Civil Justice Reform Act of* 1990, Cornell Journal of Law and Public Policy, Vol. 1, Iss. 1, p. 1 – 24 (1992).

④ Sally Engle Merry & Neal Milner, *Introduction*, in Sally Engle Merry and Neal Milner eds., The Possibility of Popular Justice: A Case Study of Community Mediation in the United States, The University of Michigan Press, 1993, p. 3.

的权利是公正社会的基础”[①]。为了保障公民的这项权利,“法律程序和支持结构应该被设计的能够让人们最大限度地自己去陈述他们的法律问题,而无须花费昂贵的职业人士的咨询费用”[②]。这样一些不同的对传统司法的质疑和批判在理论上都可以被ADR所蕴含的对统治阶级的质疑所吸收,并成为以调解为代表的ADR制度之道义与法律上的正当性的一部分来源。所以在阶级的意义上,“美国中产阶级白人男性”这个法律意象的一个局部受到质疑、动摇和批判,并成为支撑ADR的精神资源之一。

(二)否定美国——反殖民主义携带的非西方论述

我们在前面回溯美国历史中的ADR运动时已经提到,在西方建制下的诉讼体制的历史其实并不源远流长,相反地,在所有文明脉络中,非诉讼的纠纷解决都亘古存在。在西方征服世界的殖民历史中,这些各个非西方社会中存在的传统纠纷解决机制被理解为某种落后社会的制度胎记。而在20世纪出现的民族独立和反殖民运动,则构成了对摩尔根所谓“蒙昧—野蛮—文明”西方主导的社会进化大脉络的反击。不难发现,西方殖民的思想叙述之中生着一个对异族、异类、异文化的支配欲念,[③]它要求非西方服从西方、地方性服从普适性、他族服从我族、个别服从整体普泛。知识的思维路径与西方几百年征服殖民和政治压迫的权力实践高度同构、一体两面——对西方进步的膜拜与欢呼包裹着对被支配角色的认同与接收。将西方现代性知识当作元叙事去迷信,便自然忽视了这种元叙事“控制他者”的企图心。这种西方白人中心主义的叙述被生动地表述为:

---

① Austin Sarat, *The Litigation Explosion, Access to Justice, and Court Reform: Examining the Critical Assumptions*, Rutgers Law Review, Vol. 37, p. 319 - 336 (1984 - 1985).

② Deborah L. Rhode, *Access to Justice*, Fordham Law Review, Vol. 69, p. 1785 - 1819 (2001).

③ 参见[英]齐格蒙·鲍曼:《现代性与大屠杀》,杨渝东、史建华译,译林出版社2011年版,第82—83页。

> "我们有科学家,而他们有巫术;我们有历史,而他们有神话;我们有高科技的农业,他们则是现弄经济;我们有牧师,他们有萨满;或者我们有科学,他们有萨满;我们有哲学,他们有信仰;我们有文字,他们则是口头传承;我们有剧场,他们有仪式;我们有政府,他们有长者;我们有理性,他们有前逻辑;我们是个人主义的,他们则是社区的——如此等等,西方思想在历史上正是通过无数这般的文化特点来暗示'简单'技术等同于'简单'思维。"①

而20世纪的世界大战、"重新发现原始人"而至的人类学转向,以及广泛的民族独立运动,催生和酝酿出的文化相对主义使无法被近代西方经验所消化的"别样存在"也应该具有独立自主的品格。是的,反殖民的实践催生了反殖民的思想,这种思想要求行动者重新体认广大非西方世界之文化传统与本土资源的重要价值,而反对以进步为修辞的殖民暴力。"历史、传统、既存有其历史正当性与合理性"的肯认成为反殖民叙述的一个基本立场,至于这种立场被描述为什么——"自发秩序"、"文化根性"、"文化认可"(cultural recognition)、"地方性知识"(local knowledge)、"活法"(living law)、"本土资源"倒是无所谓的。② 我们在中国论证调解的正当性时也会常常借助这种话语系统,即所谓的东方经验、所谓的扎根本土。

所以,这种反对诉讼而强调调解的叙述,携带着反西方现代性叙述的面向,是一个反对将美国生活方式与制度安排凭空移植到其他法域的新的文化与政治主体意识。文化相对主义的代表人物美国人类学之父博厄斯就认为文化是在特定的时空中存在并体现其意义的,不存在放之四海而皆准的普世规律。基于这种立场,"博厄斯严厉批评了当时欧洲中心主义者大肆鼓吹的所谓'北欧人优越

---

① [英]奈杰尔·拉波特、[英]乔安娜·奥弗林:《社会文化人类学的关键概念》(第2版),鲍雯妍、张亚辉译,华夏出版社2013年版,第95页。

② 参见熊浩:《本土资源理论儒家的实证困境》,载《学园》2008年第4期。

论’，他不无幽默地指出：如果考虑到古代希腊、罗马文化，尤其是古埃及与中国所取得的伟大成就以及出现过的无数杰出人才，那么当时的北欧人相形之下便属于典型的‘劣等民族’了”①。在这种批判话语的基础上更进一步，就催生了所谓“多元现代性”——特别是基于东亚的经验，学者开始重新启动一种多中心的现代性叙述方式——依循不同的政治体制、不同的文化背景、不同的社会脉络、不同的经济结构，异于西方的民族以通过与西方现代性传统并不完全相同的方式实现了现代化，当然，这种建筑在本土资源意义上的现代化也展现出与西方现代化不同的最终风貌。所以，回归自身的主体性逻辑，将西方仅仅作为一种借鉴或参照，不仅是一种革命的民族主义修辞，同样也是一种尊重自发秩序的实事求是。到了 20 世纪后期，那些非西方国家的崛起在事实的意义上进一步反衬出西方的现代化不过是一种在殖民历史中被掩饰、被包装的他们的地方性知识。由是，在非西方世界，文化保守主义抬头——印度教与伊斯兰教世界传统文化出现普遍复兴；②“亚洲标准”被提出并成为国际人权对话中的一个新兴的非西方范畴和理论武器；“文化相对主义”在非西方国家大放异彩——诸如在中国人文社会科学领域，包括法学，对吉尔茨“地方性知识”观点的重视和强调就可见一斑。叶舒宪教授就曾言：“文化相对主义是人类学给我们最重要的思想献礼”③；以及更为直接的，中国官方推出的“和谐社会”“文化自信”等相关论述，中国民间本土文化在多层次上出现复兴迹象等。④ 而一旦回到本体叙述和自有传统，ADR 是所有非西方文明，乃至所有初民社会的共有选项了。故此，反殖民、去西方化，以及作为结果的文化相对主义和文化多元主义成了 ADR 理论的第二个重要的精神资源。概括而言，诉讼的危机是作为西方现代性话语危机的一种表现形态。现代性是一个发轫于欧洲文明，最终散播于世界的具有大

① 和少英：《社会文化人类学初探》，云南大学出版社 2007 年版，第 34 页。

② 参见赵林：《赵林谈文明冲突与文化演进》，东方出版社 2006 年版，第 217—231 页。

③ 叶舒宪等：《人类学关键词》，广西师范大学出版社 2004 年版，第 5 页。

④ 参见康晓光：《软力量建设与儒家文化复兴》，载《天涯》2007 年第 1 期。

约300年历史的文明传统，这个文明传统在全球化语境下支配世界的同时，也在20世纪遭遇世界的反叛。这种反叛凸显着回归自我的身份认同，检视着西方启蒙文明的瑕疵与问题，而依附于西方现代性文明的诉讼自然也会领受一份相应的反弹与解构。

（三）反对男人——反对男性霸权的女性主义论述

在女性主义脉络中，ADR的核心制度类型调解被认为与女性有着深刻的精神关联。无论我们对调解如何定义，它的本质都是一个有某种程度的第三方协助的自愿性、对话性的纠纷解决机制。[①] 调解与诉讼有诸多不同，但其中一个最为显著的差异在于调解不仅仅处理事实与规则，它还更广泛地关怀当事人的误会、情绪并试图为冲突解决开放更多的可能性。[②] 对于很多理论家而言，这种差异不仅仅是不同的纠纷处置程序，更是不同的正义观——一种源于性别秩序而产生的不同的正义观。[③] 说到男性与女性的观念差别，有心理学家就指出两个明显的差异点：

> "首先，女生或女性倾向于寻求'更多信息'，也就是说她们本能地倾向于关注实际具体情境中的现实情况，而不会满意于将假设性的方案作为道德思虑的充分依据。其次，女性在回应道德思虑中的假设性问题时，会以不太

---

① See James A. Wall Jr. et al., *Mediation: A Current Review and Theory Development*, The Journal of Conflict Resolution, Vol. 45, No. 3, p. 370 – 391(2001).

② Russell M. Coombs, *Noncourt – Connected Mediation and Counseling in Child – Custody Disputes*, Family Law Quarterly, Vol. 17, p. 469 – 495(1984). 这种类似的过程和技巧也能在中国的法院调解中找到。经验研究就指出法院调解提供给了当事人相当范围的灵活性，也使得当事人有可能互诉衷肠、发泄情绪。"这个过程能在心理的意义上帮助纠纷当事人很大程度地舒缓他们的愤怒与不满。法院调解在此时已经不仅仅是一个制度化的纠纷解决机制，而是一个协助当事人广泛地进行心理重建和情绪舒缓的渠道或场域。"参见 Xiong Hao, *The Feasibility of Court Mediation in the Grassroots Southwest Grassroots Society of Southwest China: A Case Study from Yunnan*, Hong Kong Law Journal, Vol. 44, p. 277 – 302(2014)。

③ See Michal Alberstein, *The Jurisprudence of Mediation: Between Formalism, Feminism and Identity Conversations*, Cardozo Journal of Conflict Resolution, Vol. 11, Iss. 1, p. 1 – 28(2009).

在意传统的'逻辑的答案'而是会聚焦于实际关怀的复杂性(对于人和涉及其中的关系,等等)而不是仰赖逻辑思维去认定'对的','善的'和'恰当的'行为。"①

在这个理论脉络中做出重要贡献的是纽约大学教授、著名女权主义理论家卡罗尔·吉利根(Carol Gilligan)。在卡罗尔·吉利根看来,女性的声音构成了一个新的道德范式,它可以帮助女性和其他社会弱势群体获得尊重。卡罗尔·吉利根拒绝接受绝对的集体与个体两分的二元论,而是认为一种"关怀的伦理"(ethic of care)应该成为人际互动中的共享价值。② 在她的著作 *In a Different Voice:Psychological Theory and Women's Development* 中,卡罗尔·吉利根记录了一段对哈佛法学院的女性学生的访谈,以展示所谓的"关怀的伦理":

"不,我不认为每一个人的观点都是一样正确的。我认为在某些情况下,也许存在一些同样有理据的观念,并且有意识地选择诸多行动路径中的一条去行动。然而,也有一些其他的情况我认为在其中存在对的与错的答案,这些对错扎根于人的存在本质,对于这里提到的所有人,他们都需要并存的生活。我们需要相互依赖,希望这种相互依赖不仅仅是为了满足生理需要,也是为了满足精神价值的需要,即每一个人的生活都因为与别人的合作以及和谐共融的努力而丰富。只有在这个意义上,有所谓的对错,有的事情促进了这一和睦的目标实现,而有的事情则使我们远离这个愿景。依循此道,我们也有可能在不同的道路上做出某些选择,并理解这是促进了还是妨害了我们目标

---

① Alessandra Gillis, *Lonergan's Ethics and Feminist Ethics:Exploring the Meaning of Care*, Journal of Macrodynamic Analysis, Vol. 7, p. 27 – 43(2012).

② Michal Alberstein, *The Jurisprudence of Mediation: Between Formalism, Feminism and Identity Conversations*, Cardozo Journal of Conflict Resolution, Vol. 11, Iss. 1, p. 1 – 28(2009).

的实现。"[①]

可见,女性细腻温婉的思维路径被生动地展示了出来,女性会更多地考虑可能的情景对人际互动的影响,而不是简单地付诸抽象规则。[②] 这样一种理解,很显然与 ADR 的基本调性相契,ADR 就是一个强调情景、弱化形式理性的纠纷解决制度安排。因此很多理论家都认为,"如果说法庭与男性的价值观相连,那调解就与女性的价值观相契"[③],所以在女性主义的理论与实践脉络里,ADR 就是女性主义的一种现实形态。不仅仅在理论的意义上,而且在实证的意义上,很多证据都证明了女性与调解的同构关系。例如,有研究指出有女性的介入使得北爱尔兰、危地马拉等地区和国家的和平调停更有效。[④] 同样地,女性处理具有拘束力的调解会比男性更起作用,[⑤] 此外,女性的参与也更有利于加强调解决议的持久性。[⑥] Carrie Menkel - Meadow 曾对此提供过一个概括性的结论,即"女性声音在法律职业内的增强有可能使对抗制诉讼变得更具合作性,减少当事人之间的剑拔弩张,纠纷的过程应该是双方共同认可而非被局外人支配,使成果被赢家拿下,而代价则强制给失败一方。一些变化

---

① Carol Gilligan, *In a Different Voice: Psychological Theory and Women's Development*, Harvard University Press, 1993, p. 20 - 21.

② See Judith G. Greenberg's Introduction in Mary Joe Frug, *Postmodern Legal Feminism*, Routledge, 1992, p. 8.

③ Linda Mulcahy & Sally Wheeler, *Feminist Perspectives on Contract Law*, Glass House Press, 2005, p. 146.

④ See Jana Krause, Werner Krause & Piia Bränfors, *Women's Participation in Peace Negotiations and the Durability of Peace*, International interactions, Vol. 44, No. 6, p. 985 - 1016(2018).

⑤ See David Maxwell, *Gender Differences in Mediation Style and Their Impact on Mediator Effectiveness*, Conflict Resolution Quarterly, Vol. 9, No. 4, p. 353 - 364 (Summer 1992).

⑥ See International Peace Institute, *Women in Conflict Mediation: Why it Matters* (Sept., 2013), available at http://www.ipinst.org/media/pdf/publications/ipi_e_pub_women_in_conflict_med.pdf.

的种子应该已经在现有的非诉讼解决方案中被发现了，例如，调解”[①]。总之一句话，性别秩序又是批判理论中最为重要的内容之一，对国家诉讼体制的批判自然会获得女性主义的加持。正是在这个意义上，女性主义成为推动 ADR 发展的又一个意识形态动力。

在思想史的关照下，一种思潮可以被看成撕开了资本主义、自由主义纠纷解决叙事的宏大衣装的利刃，或者揭露了一个深藏在暗角的一束光。[②] 在批判既存的、形式主义与自由主义的诉讼中心传统时，各个本来并不直接相关的思想资源——阶级、文化与性别构成了一种合力。

(四)商业逻辑的转向——省钱、省时、高效率、呵护关系

支撑 ADR 运动的思想资源在 20 世纪 90 年代初发生了明显的转向，从左翼的带有抗议精神的自主、自治、自觉运动，变成一场华丽的全球资本主义的脚注。这样一些资本主义的叙述系统中论证 ADR 的合理性理由包括法院系统太过昂贵、[③]缺乏灵活性、不能适应新型及复杂纠纷的处理、诉讼解决纠纷时的低效率、不能真正解决纠纷、[④]缺乏参与性等。正如哈利 · 沃尔夫(Harry Wool)勋爵在评论英国的诉讼制度时所指出的，“(英国的诉讼体制的)结果是花费经常巨大、不合比例或者难以预测；推迟延误时常发生的不可理喻……毫无疑问，诉讼的花费是民事司法体系所面对的最根本的问

---

① Carrie Menkel - Meadow, *Portia in a Different Voice: Speculations on a Women's Lawyering Process*, Berkeley Women's Law Journal, Vol. 1, p. 39 - 63(1985).

② 有学者将种族批判法学与女权主义法学相结合并称地讨论所谓“后批判法学”。参见朱景文主编：《对西方法律传统的挑战——美国批判法律研究运动》，广西师范大学出版社 2004 年版，第 275 页。另外一个例子也许更直接，Sally Moore 教授在回忆她年轻时候在法学院的学习时说到“在陈述案件时，班级所有学生都会被称为‘某先生’(Mr.)。如果一个女人站起来，大家都会笑出声”。参见萨利 · 法尔克 · 摩尔：《求知的一生》，熊浩译，载舒国滢主编：《法理——法哲学、法学方法论与人工智能》2022 年第 1 辑(总第 11 辑)，商务印书馆 2022 年版，第 9 页。

③ See Joseph R. Biden, *Equality, Accessible, Affordable Justice under Law: The Civil Justice Reform Act of* 1990, Cornell Journal of Law and Public Policy, Vol. 1, Iss. 1, p. 1 - 24 (1992).

④ See Carrie Menkel - Meadow, *Toward another View of Legal Negotiation: The Structure of Problem Solving*, UCLA Law Review, Vol. 31, p. 754 - 842(1983 - 1984).

题之一”①。不是说经济考虑和功利盘算在之前支持 ADR 的论述中不存在，而是说这种论述逐渐从“之一”变成了主流。

我国香港特区的民事司法改革可以为这种有趣的转向提供又一个生动的示例。从 2007 年开始，香港特区行政长官连续几年在施政报告中强调要全面发展调解制度，而从 2009 年开始，民事司法改革全面启动，其中将调解设定为具有准强制性的司法前置程序。有趣的是，在 2007 年推进调解制度在香港的发展时，特区政府是将这个政策动议放在“十大建设，繁荣经济”的纲目下，对 ADR 的推进是放在“建设国际金融中心”的子标题下予以讨论的。在 2007 年的行政长官施政报告中指出：

> “完备的司法系统和解决纠纷的法律服务，是国际金融中心必须具备的。我们一直努力促进香港成为亚太区内的仲裁中心。现时对解决香港及亚太区内纠纷的仲裁服务需求殷切，而香港处理的仲裁案件数目正在不断上升。本港土生土长的仲裁机构及其成员的地位已经确立，并尽心尽力在亚太区内外推动仲裁服务的发展。优化及提升仲裁环境，有助特区的仲裁服务进一步发展。我们正加强与国际仲裁机构的联系，以强化香港作为国际仲裁中心的优势。此外，更新我们的法律机制可以增加在香港进行仲裁的吸引力。我们将会就新的《仲裁条例草案》咨询公众。该草案将会统一规管本地仲裁及国际仲裁的法律，以及使法例和程序更切合用家的需要。”②

很显然，这其中，施政者是在更好地融入资本主义世界秩序和更好地服务客户的商业逻辑中阐述调解的重要性的。注意，笔者并不认为这种叙述是不合理的，并愿意承认有利商务流转贯通这确实

---

① Lord Harry Woolf, *Civil Justice in United Kingdom*, The American Journal of Comparative Law, Vol. 45, Iss. 4, p. 709 – 736(1997).

② 《香港特区政府施政报告 2007—2008》，载香港特别行政区政府网，http://www.policyaddress.gov.hk/07 – 08/sim/p25.html，最后访问日期：2023 年 4 月 18 日。

是 ADR 的一大优点,只是想指出这种叙述方式的转换非常有趣,它标记出人类的叙事逻辑与现实情境的关系。注意到这种转向是非常有必要的,这意味在西方国家及地区乃至全球范围内,法律的功利主义叙述成功地吸纳了 ADR 的理论与实践,这种吸纳最终将原本蕴含于 ADR 中的反对力量迅速驯化。从全球范围内看,这意味着资本主义的逻辑成为 20 世纪 80 年代到 90 年代世界的元叙事框架,我们必须要借助这种框架才能让有效的、有意义的论述发生——说到底,20 世纪 80 年代末"冷战"结束后,实行资本主义的美国重新获得了全球霸权地位,胜利者携带的叙述逻辑成了全球的逻辑而喧嚣于世界。西方资本主义的滥觞,携带着诸如"华盛顿共识"改写着 ADR 背后的逻辑和推进 ADR 的现实原因。[①] ADR 的左翼背景开始消退,现实证成的理据遭遇重写,这反映着这个制度在人类历史大脉络中的动态变迁,以及政治的暴力和历史中个人的健忘——那个擎着火炬的在旷野上奔跑的少年,那个不满在诉讼的压抑中仅仅沦为客体的理想主义者,最终,被效能原则,放逐。

四、小结

本章细致地回溯了 ADR 运动在美国发生、发展到最终被全球资本主义背书的历史大脉。在进入结论之前,有必要再做两点说明:第一,历史永远比学者的描述更加精微细致,再温润的目光都会有所遗漏。历史在更大的程度上如同指间沙,想要完全攥住是一种妄念。第二,历史是被建构的,笔者所陈述的历史并不在自己的生命体验之内,只是跨国 ADR 阅历的一种主观筛选。但本章的学术目的依旧是诚恳的,笔者试图通过对历史的阅读和对思想史的梳理,让我们看到制度变迁与思想革命之间相互映照的关联,看到大脉络中的叙述逻辑的转换,看到 ADR 作为一种实操技术的历史变迁与思想之根。对 ADR 进行知识社会学意义上的考察和理解,可以让我们理解为什么 ADR 会在近代的美国重生,它被哪些重要的

---

① 参见[美]弗朗西斯·福山:《历史的终结及最后之人》,黄胜强、许铭原译,中国社会科学出版社 2003 年版。

思想资源所支撑,这些思想资源和当时的社会语境是什么关系,以及在更为晚近的当代ADR话语为什么发生了重要的变奏。笔者试图用更为细腻的笔触来勾勒这些重要的理论问题,试图呈现一个对ADR非概念化,而是历时性、语境性的理解。

在更开阔的法律史的意义上,本章可以帮助我们更为清晰地"看见"美国法。我们应该意识到,动态地、历时性地理解美国法对于中国学术界非常重要,因为那种极为典型的、本质主义的关于美国法的静态表述依旧很有市场。例如,"由于社会契约的观念深刻地影响着美国人,是美国人源源不竭的权利之根本,所以在美国人的心目中,法律代表着共同的价值,诉讼被视为保护权利的最有效手段"①——如果站在社会科学的立场去评价,这样一个判断暴露出两个社会科学基本思维变量在论述中的不在场,即时间与空间。我们在前文中对ADR在美国不同历史阶段的存废消长的叙述,就是为了展示美国人不是从来就争胜好诉,美国人不是从来就契约优先,美国人不是从来都诉讼主宰,当下的美国司法文化是一系列社会实践的暂时后果,并且这种后果还依然在变化与发展中。所谓的"社会契约的观念"并不是与生俱来的,并不是催生这一切变化的原因,相反地,这种观念的创设与建立应该是一系列社会转型的精神后果。在这个意义上,本章也许对那些并不研究ADR的读者也会有启示意义,因为本章在更广泛的意义上澄清了一些关于"美国法"想象的本质主义的误会,使我们在比较法研究中每每做出斩钉截铁的判断时,变得更加小心、谦卑、审慎。这样的思维方式也可以帮助我们建立一个更为全面的审视中国法律变革的角度及态度,并将中国司法改革过程中不同面向与侧重的选择视为一个社会与政治形塑的最终结果,它是一个社会机制复杂作用的结晶,而不仅仅是简单的立场选择和政策分野。对这种形塑的机制还原和细读,会使我们更具体地理解中国司法政策,而不是把大多数精力耗散在抽象的争论中。

与此同时,本章也试图澄清一个我们在纠纷解决领域经常出现

---

① 徐昕主编:《调解:中国与世界》,中国政法大学出版社2013年版,第189页。

的误会。必须承认,当我们回溯 ADR 在美国的制度变迁历史时,我们可以清楚地看到社会结构复杂程度的增加使得纠纷解决形态产生了变化,我们似乎可以建立一个对应性的序列关系,即"简单社会——调解(ADR);复杂社会——法庭诉讼"。这种关系也曾经被诺斯注意到,他说在缺乏社会流动性、由大量熟人所构成的社区中,非正式的纠纷解决机制,例如调解会很好地运作。[①] 然而对于一个由大多数陌生人组成的城市,制度化的、正式的纠纷解决机制例如诉讼,将会成为主导性的解决纠纷的方法。[②] 这样一个理论似乎预设了社会的复杂程度与纠纷解决模式之间的必然关系。换言之,对于简单的社区,调解能够适用;而到了复杂的城市情境,调解的适用性将会受到明显的限制。中国的一些调解研究者也认为调解主要适用于那些发生在特定社区或者特定群体内部的纠纷,在很多情况下,纠纷的解决接近于某种程度的道德判断。然而,在这样一个带有明显社会达尔文主义色彩的分析框架中理解 ADR 有可能导致严重的误会。例如,有中国学者就认为,"调解是欠发达社会的产物,是落伍的法文化"[③]。但如果我们了解 ADR 的制度发生大脉以及当代现实,就会发现这种对 ADR 的理解也许过于粗放了,它与世界不同地区、高度发达的现代法域都强调调解的事实直接冲突。[④] 这

① See Douglass C. North, *Institutions*, Journal of Economic Perspectives, Vol. 5, Iss. 1, p. 99 - 112(1991).

② See Douglass C. North, *Institutions*, Journal of Economic Perspectives, Vol. 5, Iss. 1, p. 104(1991).

③ 周永坤:《论强制性调解对法治和公平的冲击》,载《法律科学(西北政法学院学报)》2007 年第 3 期。

④ 例如,在我国法治昌明、商业化氛围浓郁、具有高度现代化都会精神的香港地区,从 21 世纪开始就全面进行民事司法制度改革,这其中强调调解的作用,甚至将之设定为一项带有强制性的法律程序,是这项改革的核心内容之一。参见徐昕主编:《调解:中国与世界》,中国政法大学出版社 2013 年版,第 170—187 页。

种判断无法有效地解释当下的现实,①是一种类似“历史终结”的宿命论论述,并将理想的解纷制度单一化地设定为诉讼程序。与此同时,这种结论也无法解释为什么现代 ADR 制度会在法治高度发达的美国当代重生。例如,支撑现代 ADR 制度的重要的现实考虑之一是现代社会纠纷的多样性,而多样的纠纷类型需要有多样的纠纷解决制度供给予以匹配。一些典型的例子,例如涉及知识产权的纠纷,有着特殊的保密要求;股权争议的纠纷,会涉及公司机密的披露和高昂的诉讼成本;家事纠纷中不是家庭暴力的部分,需要保护家庭成员的友善关系;在工程建设中产生的冲突,则要使纠纷解决程序与工程建设分治而不会彼此干扰;在高科技或者涉及专业技术判断的领域,法官也许并不内行;族群矛盾涉及价值观的高度对峙形态,重要的是重新书写共同价值和增加体谅,而不可能简单断定对错;在商事领域,为了纠纷解决更有效率从而更好地管控被纠纷解决过程所耗散的机会成本和制造的不确定性……如果没有违反强行法,或者当事人依法享有自主选择纠纷解决机制的权利,调解的适用是非常恰当的。但毫无疑问,上述这些纠纷不是日常伦理问题,而是现代社会的复杂造物,在处理上述这样一些现代新型纠纷时,司法裁判并不是总能提供优于 ADR 的问题解决方案。

事实上,调解制度在跨民族、跨地域的初民或古典社会中存在的“胎记”并非落后制度的标记,相反,是证明了这样一种制度与人类基本存在方式的高度相契,及其在历史中闪耀的卓越的制度活力,甚至借用保罗·蒂利希的概念,ADR 是人类的一种与“历史范畴”不同的“存在性范畴”。我们能够理解,由于中国法治发展的阶段性特征,在这个特殊当口过分强调带有反本质色调、解构主义立场,后现代气质的 ADR 是否妥当是一个可以有争议也应当有争议

① 毫不夸张地说,当代世界在不同的法域,例如美国、澳大利亚、英国、日本在反省现代司法制度弊端的同时,全面推进 ADR 改革基本是一个世界性的共识。参见 Wong Yan Lung, *The Benefits of Mediation*, Asian Dispute Review, Vol. 7, p. 100 - 102(2006)。同时,非诉讼纠纷解决的领域迅速扩大,不断覆盖诸如证券、高科技、知识产权、金融、破产、产品质量、工程建设、体育、保险、房地产等新兴领域。参见 Xu Xiaobing, *Mediation in China and The United States: Towards Common Outcome*, Unpublished JSD dissertation, Stanford University, School of Law, 2003, p. 190 - 191。

的大问题。但无论是支持调解或是反对,正反双方若要得证,都需要细腻的学术分析与大量的经验证据予以支撑,将调解或 ADR 制度粗暴的去除或者意识形态化,是一种极大的误解,是一种逻辑的错误,甚至是一种思想上的懒惰。我们可以承认诺斯从社会结构、流动性等角度对纠纷解决制度的影响作用,我们可以认同这种理论判断所具有的洞见性,但这不是"大理论"而仅仅是一种具有局部解释力的理论,因为它无法解释我们眼前正在发生的现实。

在思想史的意义上,ADR 的精神底色深深地嵌入在后现代思潮的大脉络中。所谓的"后现代"根据伊格尔顿的说法:

> "后现代性是一种思想风格,它怀疑关于真理、理性、同一性和客观性的经典概念,怀疑关于普遍进步和解放的观念,怀疑单一体系、宏大叙事或者解释的最终根据。与这些启蒙主义规范相对立,它把世界看作偶然的、没有根据的、多样的、易变的和不确定的,是一系列分离的文化或者释义,这些文化和释义孕育了对于真理、历史和规范的客观性,天性的规定性和身份的一致性的一定程度的怀疑。"①

故此,"思维方式上坚持一种流浪者的思维,一种专事摧毁的否定性思维,坚持对以划一思维和二元对立思维为特征的思维方式的否定,是所有后现代哲学思潮所共同具有的特征。至于否定、摧毁的对象,每个思潮则各有专攻"②。所以我们看到了各种社会运动在 20 世纪中叶的合流,在散碎的意义上他们各自成就了自己的小主张——女性、黑人、反殖,批判理论为这些意识的碎片提供了得以整合的润滑,而到这些看似各自为政的"认同政治"的主张将目光投向司法时,一个公敌的形象呼之欲出。美国既往的司法传统被塑

① [英]特里·伊格尔顿:《后现代主义的幻象》,华明译,商务印书馆 2000 年版。转引自韩震:《关于现代性与后现代性的争论》,载《新视野》2002 年第 1 期。

② 王治河:《后现代哲学思潮研究》(增订本),北京大学出版社 2006 年版,第 2 页。

造为一个整体意象——中产阶级的美国白人男性，于是，这个意象提供了所有理论得以狂轰滥炸的真实目标——女性主义批判“男人”（性别），民权运动批判“白色”（种族）；弱势阶层批判中产（阶级）；而反殖民的外域叙述则打击着“美国”（西方叙事）。在批判美国主流司法制度时，所有左翼的意识形态都找到了自己的假想敌，批判话语的合流，智识资源的共振，使 ADR 在社会运动中被思想重新孕育，从而在高度复杂的现代社会涅槃而生。很明显，上面这些批判中产阶级美国白人男性的理论话语都是后现代精神的某种局部表意。而 20 世纪 90 年代初期，由于资本主义不战而胜的历史拐点重树了世界历史之格局，这重历史的逻辑也在完成着自我改写，左翼的背书被刷洗干净、被重新抹平。ADR 携带着商业与效率的实用主义价值观继续在全球不同法域自在旅行。

在方法论的意义上，本章探索将社会史与思想史作为互文对读。这是典型的知识社会学的基本方法。透过社会史与思想史的互文阅读，我们对 ADR 的理解可以被扩张——在中国对 ADR，例如调解的研究中，大多数人把它视为一种机制，一种制度安排。当然这是可以的，但恐怕 ADR 的面向不仅仅是如此。ADR 是历史纵深中的一种意识形态和智识经验；ADR 是规制纠纷时的一种制度选择和策略选项；ADR 是一种精微的技艺，在举手、投足、凝神、倾诉与疗愈中的细微干预；ADR 是一种另类的法学方法论范式，一种以过程为中心而非规范为中心的存在主义认识论。以上种种，都是 ADR——这种对制度的价值、源流和本体的综合理解，使我们有可能清楚地看到制度的里面、外面、上面、下面、左面、右面，使制度研究具有比较维度、历史纵深、智识高度，使制度研究与社会、文化、政治、经济相交织，成为一种交叉学科的合纵连横般的突围。

值得进一步延伸阅读的文献

[美]艾伦·布鲁姆：《走向封闭的美国精神》，缪青等译，中国社会科学出版社 1994 年版。

和少英：《社会文化人类学初探》（第 3 版），云南大学出版社 2007 年版。

黄宗智：《经验与理论：中国社会、经济与法律的实践历史研究》，中国人民大学出版社 2007 年版。

王治河:《后现代哲学思潮研究》(增订本),北京大学出版社 2006 年版。

[英]西蒙·罗伯茨、[英]彭文浩:《纠纷解决过程:ADR 与形成决定的主要形式》,刘哲玮等译,北京大学出版社 2011 年版。

叶舒宪等:《人类学关键词》,广西师范大学出版社 2004 年版。

章武生:《司法 ADR 之研究》,载《法学评论》2003 年第 2 期。

Austin Sarat, *The Litigation Explosion, Access to Justice, and Court Reform: Examining the Critical Assumptions*, Rutgers Law Review, Vol. 37, p. 319 – 336 (1984 – 1985).

Carol Gilligan, *In a Different Voice: Psychological Theory and Women's Development*, Harvard University Press, 1993.

Carrie Menkel – Meadow, *Toward another View of Legal Negotiation: The Structure of Problem Solving*, UCLA Law Review, Vol. 31, p. 754 – 842 (1983 – 1984).

Colleen M. Hanycz, *Whither Community Justice? The Rise of Court – Connected Mediation in the United States*, Windsor Yearbook of Access to Justice, Vol. 25, Iss. 1, p. 167 – 210 (2007).

David L. Sandborg, *Multistep ADR Gets Creative at Hong Kong's New Airport*, Alternatives to the High Cost of Litigation, Vol. 17, No. 3, p. 41 – 61 (1999).

David Maxwell, *Gender Differences in Mediation Style and Their Impact on Mediator Effectiveness*, Conflict Resolution Quarterly, Vol. 9, No. 4, p. 353 – 364 (1992).

Jerold S. Auerbach, *Justice without Law: Resolving Dispute without lawyers*, Oxford University Press, 1983.

Jerome T. Barrett, *A History of Alternative Dispute Resolution: The Story of a Political, Cultural, and Social Movement*, Jossey – Bass, 2004.

Lon. L Fuller, *Mediation – Its Forms and Functions*, in Kenneth I. Winston ed., The Principle of Social Order, Duke University Press, 1981.

Marc Galanter, *Reading the Landscape of Disputes: What We Know and Don't Know (and Think We Know) about Our Allegedly Contentious and Litigious Society*, UCLA Law Review, Vol. 31, Iss. 1, p. 4 – 71 (1983).

Peter S. Adler, *The Future of Alternative Dispute Resolution: Reflections on ADR as a Social Movement*, in Sally Engle Merry and Neal Milner eds., The

Possibility of Popular Justice: A Case Study of Community Mediation in the United States, The University of Michigan Press, 1993.

Sally Engle Merry, *Anthropology and the Study of Alternative Dispute Resolution*, Journal of Legal Education Vol. 34, p. 277 - 283 (1984).

Sally Engle Merry, *Sorting out Popular Justice*, in Sally Engle Merry and Neal Milner eds., The Possibility of Popular Justice: A Case Study of Community Mediation in the United States, The University of Michigan Press, 1993, p. 38 - 49.

第三章 ADR 作为一种实践技艺:纠纷的介入与管理技术*

一、引言

对于经典的“规范法学”或者“法律教义学”(black - letter approach)①而言,他们往往将纠纷解

---

* 本章内容来自笔者自学生阶段所收获的交叉学科阅历,以及自博士班开始展开的对纠纷过程的社会科学研究。对此,笔者要特别感谢帮助和提携笔者在 ADR 领域不断精进和成长的三位师长,他们分别是:圣地亚哥大学的艾伦·斯奈德(Allen Snyder)教授。他是笔者在墨尔本大学硕士阶段的老师,是笔者 ADR 领域的入门导师,不仅帮助笔者理解,还体验、感受、看见了 ADR 那种生动、具身、在场的技艺面向。第二位老师是台湾辅仁大学的夏林青教授。夏林青教授作为华人世界研究群体咨商的奠基性学者,带领笔者在冲突化解的经验现场理解理论进入实践,并把实践淬炼为理论的真切过程与严谨方法。第三位是香港大学的赵云教授。赵云教授是笔者的博士导师,在笔者博士论文和之后的研究中不断给予提点、照拂与指引。赵云教授以开阔的学术视野,带领笔者将经验问题、过程问题、技术问题与法律的规范问题有机融合、恰切连贯,并指引笔者进入了 ADR 独立研究的长期道路。三位师长代表了 ADR 交叉学科知识结构生成的三种重要力量,即体验的力量、实践的力量和法学交叉学科研究的力量。

① 规范法学是将法律很大程度上理解为立法机关通过的成文规则,并认为法律规则是一个内部自洽的规范系统,故而对法律的了解只需阅读判例或成文立法,无须涉及规范以外的社会世界。对规范法学的一般性讨论可以参见 Mike McCoville & Wing Hong Chui, *Introduction and Overview*, in Mike McCoville and Wing Hong Chui eds., Research Methods for Law, Edinburgh University Press, 2007。

决仅仅理解为一个法律规制或法律适用问题。这种学术取向深深影响着中国当代法律学术对 ADR 的教学研究取向——中国法律学术似乎更关心 ADR 的理论及其制度面向,如 ADR 的概念、本质、类型,ADR 的正当性基础,ADR 与法治的关系、历史源流,ADR 的模式构造、程序设计、规范凝练等。基于规范视角,我们便会倾向于认为纠纷解决问题在本质上是一个规范构造或制度设计问题,只要规范设计科学,调解员遵守程序、依凭法律、道德律己,其作用就可以在解纷过程中被发挥,从而成功地化解当事人之间的争端。如果调解实践出现问题,这种问题的根源主要需要通过制度规范或政策内容的优化而实现。然而,如果我们真的参与观察过纠纷解决的历时性过程,就会发现这个判断是偏颇的。纠纷化解的成功,很大程度上是一个人即调解员的成功,这有赖于调解员所具有的综合的胜任力水平。例如,调解员在刚刚进入冲突场域时,能否对"团体动能"进行有效的识别、理解、管理、引导乃至驾驭,这是一个调解是否能获得成功的关键。[①]

我们不能将冲突解决专家的行动过程想象为规范程序的木偶,然后认为只要存在一个清晰的,甚至是细致的制度框架与流程安排,理想的解纷结果就自然达成。真实的情况是:理想的调解结果是调解员在与当事人互动过程中主动建构与技术干预的能动性结果。在这里,笔者无意否定或低估制度与规则在解纷过程中的意义,而是想强调,制度与规范仅仅是影响纠纷能否顺利化解的要素之一,甚至在很多情况下,他们并不是影响纠纷化解的最为关键的要素——不妨想一想我们自己日常生活中的人际摩擦是如何处理

---

① 团体动能是一个比较微妙的概念,它可以从以下五个维度去理解:第一,指一个团体交流过程和互动模式;第二,指人际吸引力和凝聚;第三,社会性融合及其影响;第四,权力与控制;第五,文化。参见 Ronald W. Toseland, Lani V. Jones & Zvi D. Gellis, *Group Dynamics*, in Charles D. Garvin, Lorraine M. Gutiérrez and Maeda J. Galinsky eds., Handbook of Social Work with Groups, Guilford Press, 2004, p. 13 – 41。

的。[①] 正因如此,笔者才认为除了意识形态与规范设计,ADR 的知识类型中还需要包含实践技艺。正因实践技艺对于 ADR 的绝对价值,ADR 的研究就必然呈现出交叉学科的特征。ADR 的交叉学科属性不是刻意追求的结果,而是当我们将当事人的困境看成一个"问题",把调解员看作一个训练有素的"问题解决者"时,我们自然而然地就需要解释、应对和驾驭溢出到法律规范外部的操作中的现实内容,而这些溢出法律规范的部分对于几乎所有纠纷解决过程而言,都是必然的、自然的。是的,多种法律与非法律的因素,诸如调解员的技巧与能力、当事人的情绪与权利、纠纷解决的议程设定、团体生成的情境与氛围、规范纠纷解决的制度框架、社会与文化语境、外部的政治气候等都会对纠纷解决的过程与结果产生影响,而这其中很多都来自非法学的知识与训练。当 ADR 被理解为实践技艺,我们就会发现我们分析纠纷的中心视域会开始从规范、制度、思想、历史和意识形态开始挪移向过程,挪移向由人的互动所构成的微妙而生动的人际过程,这意味着我们深刻地认识到了纠纷解决中的相当一部分问题(在笔者看来是大部分问题)其实是人际互动问题。[②] 这一视域的变化使 ADR 自然而然地成了一个与社会科学,特别是心理学、社会学、人类学相互交叉的领域。

在教学维度,按照主动学习理论,实践性技艺很难通过讲授的方式习得,而是需要通过具身体验。所以与传统规范法学的课堂构造不同,纠纷解决不可或缺的技艺面向便要求其教学需要花时间与精力让学生模拟各种不同的纠纷解决场景,尝试扮演纠纷处置中的不同角色,在不同的体验与反思中提炼出与自己相适应的"经验性洞察",并保持着自身经验与规范和理论的对话。因此,ADR 的课堂也是需要超越法律的,需要提供给学习者与问题直接相遇的丰盛

---

① 在著名的"原则谈判"理论框架中,规范仅仅是四个核心要素之一(利益、标准、选项和替代方案)即标准的构成部分之一,甚至在真实的解纷过程中,并不是最重要的标准。例如,在商业世界,惯例的作用往往会具有超越法律,形成对当事人的规范性影响。参见[美]罗杰·费希尔等:《谈判力:新版》,王燕、罗昕译,中信出版社 2012 年版。

② See David A. Hoffman & Richard N. Wolman, *The Psychology of Mediation*, Cardozo Journal of Conflict Resolution, Vol. 14, p. 759 – 806(2013).

界面，需要拆解其中复杂而绵密的种种问题，需要设计案例体验式学习，重视具有具身意义的学习体悟与内在反思，需要在问题的实践情景中而不是黑板上展现理论的解释力与穿透力。[①] 所以，ADR课程如果作为一门独立的课程建构，一定需要包含“实践中学”（learning by doing）或法律诊所教育的体验性学习，否则这门课在知识谱系上将是不完整的，甚至是不具有独立价值的。一旦ADR、调解及谈判课程丢弃了实践技艺面向，那这门课完全可以被诉讼法理或司法制度研究的相关课程与理论学习吸收。

本章旨在揭示调解过程中一些最为重要的互动技艺和行为是如何对当事人产生影响的，从而让一般的学习者和已经有经验的专业调解员理解在纠纷解决的过程中形成敏觉的过程意识与自觉的理论反思。通过掌握纠纷解决中建构和引导团体动能的技术，最终创造人事两安、案结事了的双赢局面。本章所谓的过程技艺，意味着很多方法将不仅适用于特定的调解阶段，而且可以贯通在调解的全过程。与此同时，我们也希望超越传统人际沟通作品在这些问题上采用场景性、套路性、教条性的解释，能建构整体性、机制性、理论性的理解，从而让大家感受“事不同而理同”之“一以贯之”的智识愉悦感。本章介绍的很多实践技艺会关涉社会心理学或其他学科的相关研究，由于篇幅限制，诸多详尽细节本章无法全面展开，故在章节最后的“值得进一步阅读的文献”部分，笔者会提示与这些方法相关的学术著作，有兴趣的读者不妨找来细读。本章中涉及的问题可以适用于双方当事人的调解，也可适用于多方当事人的调解，乃至可以适用于谈判和仲裁等不同类型的非诉讼纠纷解决机制，因为如前所陈，“事不同而理同”。

二、认识结构

对结构的认识是深度理解解纷过程的关键。但要注意的是，结构并不容易理解，因为它在现实中并不容易被我们直接感知到。而结构这一观念工具是我们理解人际影响的理论基础与观念前提，因

---

① 这一部分我们在本书的最后一章进行介绍。

此理解“结构”这个概念非常重要。

何为结构？我们是在结构主义的意义上定义这个词语的。结构就是主体行动所嵌入的情景，某种源于自然条件、文化惯习、传统、规训体系、既有制度框架、微观情景而形成的对人的主体行动之牵引、限制与塑造。简单来说，结构是那些外在于行动主体，但却影响着主体行动的外部力量。① 在解纷情景下，结构即为所有对纠纷参与人的互动产生影响的外部因素。在结构主义的框架下，这些外在于主体的力量被认为是左右人们选择和行为自由的原因，②所以在结构主义者看来，人不是绝对自主、自为、自由的。人的主体性是一个被某种结构书写的后果，是一种被动语态。后现代理论家关于主体——subject/subject to 之名词用法（主体性）与动词用法（臣服于）的具有高度洞见性的“文字游戏”，提示我们主体不是一种天然自主的自由，而是一种后天“他赋”的社会造就。结构主义路径也被一些社会科学家表述为社会化范式，该范式在本体论上认为人的行为在根本上受社会系统（特别是制度与文化）的支配，同时人也塑造了顺服社会系统的个体内驱。从孔德—斯宾塞—涂尔干—默顿的结构功能主义，便可以被视作这一范式在社会科学理论中的具体表现。③ 到了更为晚近的时期，格兰诺维特（Granovetter）在结构主义的脉络中发展出了“嵌入性”这个概念（embedment）用以解释了主体与社会结构之间的互动逻辑——“行为主体的举止和决定并非如同一个外在于社会环境中的原子一般，也不会盲目地依附于他们恰好所处的社会类型给予他们的脚本。反之，他们对于目的性行为的尝试是嵌入在具体的、持续的社会关

① 如果对这个概念的理解还有难度，可以参见笔者在一场辩论赛“宿命论是否可悲”中的发言，载哔哩哔哩 2022 年 12 月 10 日，https://www. bilibili. com/video/BV1HW411a76f? p = 2&vd_source = b66ea6efedc0ed03b77de0c1f3714db2。

② 参见［英］安东尼·吉登斯、［英］菲利普·萨顿：《社会学基本概念》（第 2 版），王修晓译，北京大学出版社 2019 年版，第 33 页。

③ See Shiping Tang, *Foundational Paradigms of Social Sciences*, Philosophy of the Social Sciences, Vol. 41, No. 2, p. 211 – 249(2011).

系系统之中"①。

在纠纷解决中，涉及的结构大致包括以下几个方面，我们用图示说明：

如图3－1所示，我们可以看到，影响纠纷解决过程的结构性因素非常复杂，从最外延一层的文化传统、社会结构到最内层的当事人与调解员的特质和互动关系都会对纠纷解决发生影响。从外到内并不意味着重要性和影响力的减弱，只是标示出影响纠纷解决从最直接到相对间接的不同层次。

我们按照图3－1对结构进行拆解，影响解纷的结构性要素包括：第一，文化。在描述、比较和衡量国家文化问题上，荷兰著名心理学家霍夫斯泰德的文化维度理论（Hofstede's cultural dimensions theory）做出了重要贡献。根据霍夫斯泰德的定义，所谓文化是指"一种环境中人民的共同心理程序。文化不是个人的特征，而是包括由相同教育和生活经历造就的一群人的特征"②。霍夫斯泰德及其合作者通过对文化的六个维度进行划分，从而将国家文化进行量化分析，使得文化研究具有当代向度与科学意义。这六个维度分别是：（1）权力距离（权力距离是指接受等级制度的程度；此项得分较

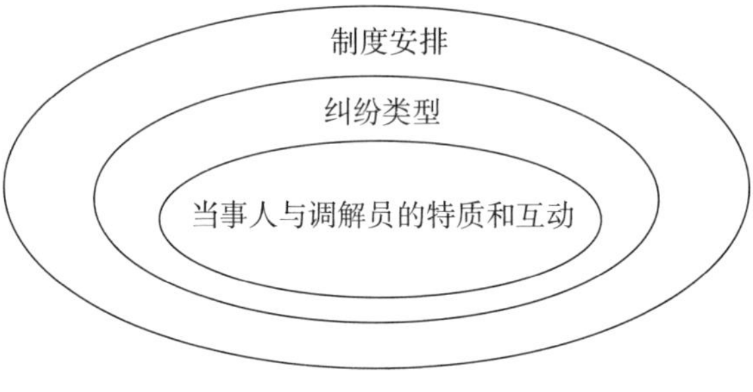

图3－1　结构示意

① Mark Granovetter, *Economic Action and Social Structure: The Problem of Embeddedness*, American Journal of Sociology, Vol. 91, No. 3, p. 481－510(1985).

② ［荷兰］海尔特·霍夫斯泰德：《美国的动机、领导和组织的管理理论适用于国外吗?》，载［美］史蒂夫·莫滕森编选：《跨文化传播学：东方的视角》，关世杰、胡兴译，中国社会科学出版社1999年版，第2页。

低的文化意味着受这些文化影响的人们较能接纳等级制度的存在,较为体认社会等级在社会管理和权力运行中的功能);(2)个人主义与集体主义;(3)男性气质与女性气质(这一概念与生理性别无关,男性气质代表坚韧、自信和追求成就感,而女性气质则代表谦和、温润、关心生活质量和追求幸福感);(4)对不确定性的态度;(5)长期性的时间观念;(6)对放纵与享乐的认知。[①] 通过这六个重要维度,霍夫斯泰德实际上将抽象、悬空的文化转化为人的心智模式与行为偏好,使得“人”成为文化的现实载体。而从“霍夫斯泰德洞察”(Hofstede insights)动态积累的中国数据情况看,在权力距离向度下,科层的权力等级秩序是被中国人接受的,个体也更容易认受权威的影响;在个人主义与集体主义向度下,中国是一个集体主义氛围非常浓郁的国家,国人更愿意从“我们”,也就是群体的视角建立归属感与认知框架;在男子气概向度下,相较于幸福感与舒适感,中国人更重视成就感,人们孜孜不倦地工作以换得更多的收益而非更多的闲暇时间;在避免不确定性向度下,中国人认为规则可以是弹性的,并在生活中信奉实用主义;在长期取向向度下,中国人相信何谓真理需要在特定的时空情景下予以讨论,愿意为未来做出筹谋乃至牺牲,以更好地达致目标;在放纵与享乐这一维度下,中国是一个欲望节制的社会,个体行为受到较为明显的社会规训。[②] 如果我们将上述维度纳入国际比较,中国的语境性特征则会体现得更为明显。从图 3－2 的数据比较中我们不难发现,中国相较于巴西、德国和美国,在五个维度都有明显区别。我们最能接受权威、最为强调集体、最能适应弹性、最趋向于长期主义、最易受到社会规训的影响而自我节制。由于在霍夫斯泰德的理论框架下,文化被更为细致地切分为了六个维度,因此,中国当代的语境性特征并不容易用一个单独概念加以完整涵摄。但基于上述分析,我们并不难发现当

---

① 参见［比］让－皮埃尔·科恩、［比］马克·雅各布斯:《跨国谈判本土化战略:跨越文化差异,增加跨国谈判成功率的 7 种思维模式》,复旦大学出版社 2019 年版,第 122 页。

② See *China*, Hofstede Insights (Nov. 11, 2021), https://www.hofstede－insights.com/country/china/.

代中国的社会、文化语境依然显示出了清晰的“权威信赖”偏好与“社会依赖”倾向。① 从结构视角理解这些基本的文化倾向，我们也就能理解文化是国人青睐非诉解纷的其中一个重要的原因了。

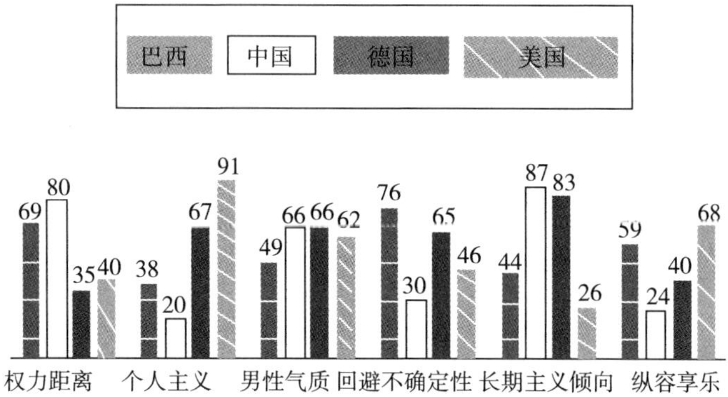

图 3－2　巴西、中国、德国和美国的霍夫斯泰德文化维度比较

注：原图为彩色版本，为了便于印刷，笔者将其改为黑白颜色和更容易辨识的各种体例并将英文翻译为中文，数据部分与原图一致。

资料来源：*Country Comparison*, *Hofstede Insights*, https://www.hofstede-insights. com/country－comparison/brazil, china, germany, the－usa/，最后访问日期：2021 年 6 月 21 日。

文化作为一种影响行为风格的结构性力量，还会导致不同文化场域中的当事人的行为逻辑、思维方式、价值认同会有明显不同，这会影响他们对纠纷的认知以及在解纷过程中的行动方式。② 有的研究者甚至概括了不同国家一些常见的谈判模式，例如：③

---

① 参见熊浩：《语境论视野下的〈新加坡调解公约〉与中国商事调解立法：以调解模式为中心》，载《法学家》2022 年第 6 期。

② See Glen Fisher, *International Negotiation: A Cross－Cultural Perspective*, Intercultural Press, 1980; Brian J. Hurn & Barry Tomalin, *Cross－Cultural Communication: Theory and Practice*, Palgrave Macmillan, 2013.

③ 参见［美］理查德·D. 路易斯：《全球谈判/对抗指南》，载 http://www. 360doc. com/content/14/0401/15/156610_365480652. shtml，最后访问日期：2023 年 4 月 19 日。

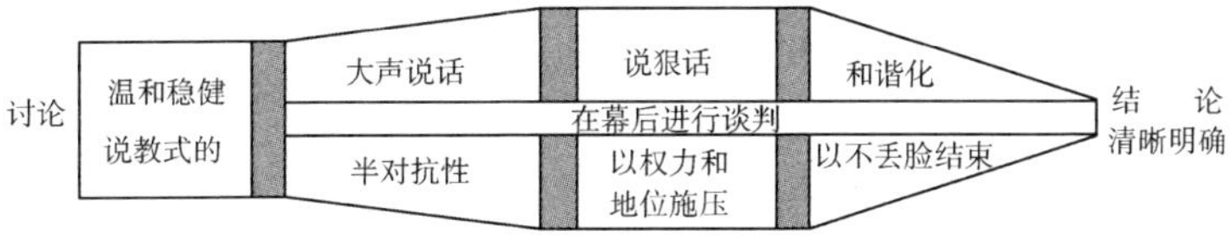

（a）中国式谈判

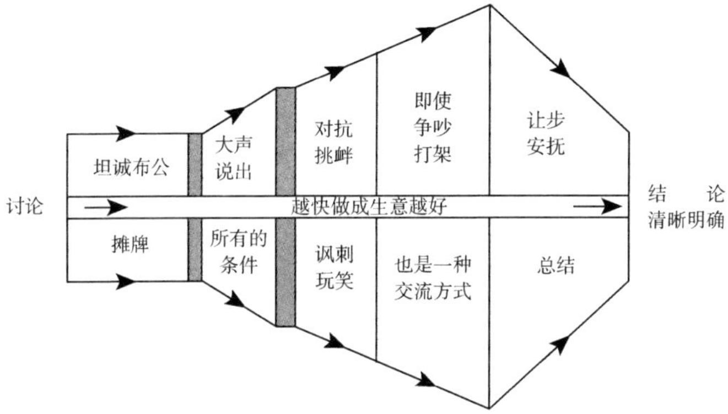

（b）美国式谈判

图 3-3　中国与美国的谈判风格

从图 3-3 的比较我们可以发现,美国人的谈判模式较为直接,他们会在谈判的早些时候就表明立场,表达他们的条件和需求,并遵循一种线性化的逻辑讨论问题,更多以事理为中心。与美国人不同,中国人的谈判方式要迂回得多。中国人谈判会花相当多的时间来理解“人”,从而逐渐建立对谈判对象的信任。这一过程会让谈判的初期进展较为缓慢,而一旦信任建立成功,谈判和决策的速度就会变得非常迅速。① 正因文化会深刻地影响行为人的行为方式与解纷偏好,纠纷解决专家才需要不断训练自己对文化的敏觉能力。例如,罗杰 · 费希尔就提醒谈判者当面对文化等方面的差异时,应

---

① 谈判的文化差异仅仅是一种客观陈述,笔者并不认为能简单判断何者更优。但有趣的是,一些美国学者会认为中国的谈判风格更为合理。笔者在和哈佛大学教授、哈佛国际谈判项目主任 Daniel Shapiro 研讨中美谈判风格差异时,Daniel Shapiro 教授认为中国的模式更为合理。他认同对人的理解应该放置在解决问题之前,这种谈判的风格虽然看上去进展较为迟缓,但却可以避免谈判后期的诸多麻烦。

该入乡随俗，并随时调整自己的行为。你需要关注到谈判的速度是快是慢，谈判的规格是高是低，身体的距离是近是远，口头和书面协议何者更为清楚全面并具有约束力，交流方式应该直接还是间接，时间跨度应该是长期还是短期，需要处理的关系范围是否还涉及商业事项以外，会谈地点是私下还是公开，谈判人的选择是否要考虑地位的匹配性，承诺是要严格兑现还是可以变通等受到文化和地域差异影响的要素。① 类似地，格兰德·卢姆也提示谈判者应该“将所有谈判都当成跨文化活动”②。具体而言，格兰德·卢姆说：

> “不要臆测或者预测别人，跟对方讲讲你的背景，也听对方讲讲他们的背景。每个人的言行举止都与其背景相关，要学会提问，以增进了解。同时，也让对方了解你的背景，让对方知道什么对你而言很重要，你又如何变成这样一个谈判者的。彼此了解的行为往往发生在谈判桌外的非正式场合，但不要低估这一行为的价值……一个人往往意识不到自己的文化背景，这些特质在别人眼中却显而易见。跟一个与自己完全不同的人打交道时，切实了解他们看待你的方式，你将意识到一些从未了解的问题。自我认知能力越强，就越有可能看清别人眼中的自己。花时间了解别的文化时，你就有机会看到一般意义之外的东西，体验那种文化的错综复杂，这有助于你重新认识自己的文化。美国人经常说，没有什么时候比居住在国外更能意识到自己的‘美式’，同时，他们也会更敏感地看出美国文化

① 参见[美]罗杰·费希尔等：《谈判力：新版》，王燕、罗昕译，中信出版社 2012 年版，第 160—161 页。值得一提的是在“入乡随俗”问题上，密歇根大学教授乔治·西德尔(George Siedel)有不同的建议。George Siedel 认为理解了世界上有不同的解纷文化，并不是意味着在具体的解纷情景中一定需要模仿对方“入乡随俗”。这主要是因为拙劣的模仿往往暴露出当事人对文化的偏狭理解，并会在沟通中让对方产生误会。具体可以参见 Successful Negotiation：Essentical Strategies and Skills，载网易 2023 年 10 月 5 日，https://open.163.com/newview/movie/free？pid = MFI8VOFKF&mid = MFI94R8MC。

② [美]格兰德·卢姆：《没什么谈不了：谈判实战指南》，姜丽丽等译，世界图书出版公司 2012 年版，第 66 页。

和其他文化的相似之处。”①

此外,如果我们把性别看成一种社会文化后果,那性别也会对纠纷解决产生结构性影响。有研究表明,女性在对抗或者冲突情境中会显示出完全不同的哲学和价值偏好,例如“女性更为关心解决问题时的各种解决方案,而男性则会诉诸抽象的规范”②。女性会以一种独特的方式言说,她们在表示确定时也会增加反义疑问句和修正。男性更多地依赖线性的思维,通过合法化和非人格化的方式进行沟通,而女性则会在讨论中展现出更多的开放和灵活。③ 在更为具体的谈判情境中,研究也发现例如在薪资谈判中,女性往往比男性开价更低。④ 对女性在谈判中的特质,《实验社会心理学杂志》(*Journal of Experimental Social Psychology*)曾作出过原因的分析,即“男性不惜一切代价求胜的意愿似乎比女性更强烈,哪怕在这一过程中要放弃道德标准”。加州大学伯克利分校的劳拉·卡瑞(Laura Kray)和威斯康星大学密尔沃基分校的迈克尔·海斯霍恩(Michael Haselhuhn)发现,“男性在给自己的行为寻找道德理由时比女性更实际,在应用道德标准时更通融,更容易在道德上表现得伪善”⑤。

第二,纠纷的性质。我们要注意,纠纷的性质同样会影响解纷的过程。宾夕法尼亚大学教授 G. 理查德·谢尔根据各方对利益冲

---

① See David A. Hoffman & Richard N. Wolman, *The Psychology of Mediation*, Cardozo Journal of Conflict Resolution, Vol. 14, p. 140 – 142(2013).

② Judith G. Greenberg’s Introduction in Mary Joe Frug, *Postmodern Legal Feminism*, Routledge, 1992, p. 13.

③ Judith G. Greenberg’s Introduction in Mary Joe Frug, *Postmodern Legal Feminism*, Routledge, 1992, p. 13.

④ See Deborah M. Kolb & Gloria G. Coolidge, *Her Place at the Table: A Consideration of Gender Issues in Negotiation*, in William Breslin and Jeffrey Z. Rubin eds., Negotiation Theory and Practice, The Harvard Program on Negotiation Books, 1991, p. 262 – 264.

⑤ 谭慧编著:《哈佛商学院必修课——培养改变世界的商业领袖:谈判·营销》,电子工业出版社 2014 年版,第 74 页。关于男女心理差异的一般讨论,可以参见劳拉·卡瑞、迈克尔·海斯霍恩:《脑科学揭露女人思考的秘密》,载网易视频,https://open.163.com/newview/movie/free? pid = MBF9HU0U6&mid = MBF9I667O,最后访问日期:2023 年 4 月 19 日。

突的认识，以及各方对未来关系重要性的认识两个要素，将纠纷的性质分为了四种，可以用四个象限予以表示（见图3－4）：[①]

Ⅰ．平衡考虑（商业伙伴，合资公司或合并） 最优策略：解决问题或妥协	Ⅱ．关系（婚姻、朋友关系或工作团队） 最优策略：迁就、解决问题或妥协
Ⅲ．交易（离婚、售房或市场交易） 最优策略：竞争、解决问题或妥协	Ⅳ．默认协作（公路十字路口或飞机座位） 最优策略：回避、迁就或妥协

图3－4　纠纷类型象限

在这四个象限中，我们看到了不同的纠纷解决性质需要以不同的策略和风格与之相匹配。如果在解纷中纠纷涉及合作性的利益和共生性的关系，妥协性的策略应该被采用；如果是以竞争性的关系为主导，例如一次性的交易行为，则更加紧逼和压制性的策略可能被采用。所以在冲突解决领域，纠纷或冲突本身的性质也会对纠纷解决的成败造成影响，这是影响纠纷解决的另外一个重要变量，对冲突采取了不恰当的应对策略将使得冲突解决的过程失效，对不同的冲突应该尽可能配置与之相适应的冲突解决机制。类似地，著名的托马斯·凯尔曼冲突风格模型也是通过一个清晰、简练的类型学框架帮助我们理解不同的纠纷需要不同的冲突应对方式。在20世纪70年代，肯尼斯·托马斯（Kenneth W. Thomas）和拉尔夫·凯尔曼（Ralph H. Kilmann）在前人冲突风格理论的基础上进一步细化，根据两个维度，即对利益的在乎（果断性）和对关系的在意（合作性）将人和纠纷均分为五种类型，分别是强调实质利益获取的竞争型（competition）、强调呵护长期关系的退让型（accommodation）、在利益与关系之间找平衡的妥协型（compromise）、不介入冲突的回避型（avoidance）（见图3－5），以及期望在利益和关系维度都维持较高收益水平的合作性（collaboration）。由此可以根据具体纠纷的

① 参见［美］G. 理查德·谢尔：《沃顿商学院最实用的谈判课》，林民旺、李翠英译，机械工业出版社2013年版，第132页。

特征选择与之相配适的纠纷应对策略,[①]例如,如果纠纷中的当事人非常在意利益,而不怎么在意关系(不存在长期合作关系),那诉讼可能是较好的解纷方式(竞争型);但如果当事人之间的关系非常重要(如邻里、家族),利益在一定程度上可以再讨论,那相对弹性的、非对抗性的解纷机制就更为合适(妥协型和退让型)。[②]

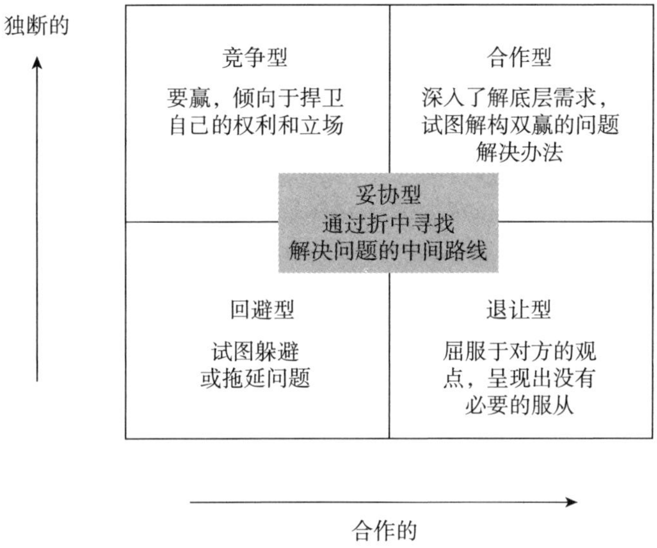

图 3－5　托马斯—凯尔曼冲突风格模型

注:笔者翻译为中文。

资料来源:https://communicationinparamedicine 35/773898. wordpress. com/conflict－resolution/,最后访问日期:2023 年 4 月 21 日。

理解纠纷与解纷机制的配适关系是非常重要的。这种配适关系的建构使我们能够理解解纷机制有其运作的适当边界。例如,我们有必要强调虽然调解能够处理类型多样的各类传统和现代纠纷,

---

① See Ralph H. Kilmann & Kenneth W. Thomas, *Developing a Forced－Choice Measure of Conflict－Handling Behavior*: *The "MODE" Instrument*, Educational and Psychological Measurement, Vol. 37, p. 309－325(1977).

② 参见熊浩:《熊浩的冲突解决课:谈判》,法律出版社 2017 年版,第 165—169 页。

但这并不意味着所有纠纷都适合用调解来加以处置。① 不恰当的使用调解，将本来不适合用调解处理的案件导向非诉解纷程序，这将造成解纷体系结构功能的紊乱，使调解员对纠纷解决的控制更加困难，更难实现定分止争。对于此，在《最高人民法院印发〈关于进一步贯彻“调解优先、调判结合”工作原则的若干意见〉的通知》中第17条有明确的“排除规则”，清晰地罗列了不适合调解的纠纷清单：

> “科学把握当判则判的时机。要在加强调解的同时，切实维护当事人合法权益，注意防止不当调解和片面追求调解率的倾向，不得以牺牲当事人合法权益为代价进行调解。对当事人虚假诉讼或者假借调解拖延诉讼的，应依法及时制止并做出裁判；对一方当事人提出的方案显失公平，勉强调解会纵容违法者、违约方，且使守法者、守约方的合法权益受损的，应依法及时裁判；对调解需要花费的时间精力、投入的成本与解决效果不成正比的，应依法及时裁判；对涉及国家利益或者社会公共利益的案件，具有法律适用指导意义的案件，或者对形成社会规则意识有积极意义的案件，应注意依法及时裁判结案，充分发挥裁判在明辨是非、规范行为、惩恶扬善中的积极作用。”

最高人民法院的意见为纠纷性质与解纷机制之间的匹配关系提供了一个规范指引。在此，我们需要再次提醒纠纷解决专家和制度设计者，在解纷过程中需要考虑到纠纷性质与解纷机制的配适性。作为一个结构性变量，纠纷的类型和特征应该在纠纷解决机制设计与制度建构时被纳入考量。②

诚然，当事人的主体特征，诸如性格也会对纠纷解决产生重要

---

① See Genevieve A. Chornenki & Christine E. Hart, *Bypass Court: A Dispute Resolution Handbook*, Markham, Ont.: LexisNexis, 2011, p. 110.

② 关于纠纷解决的制度安排我们在后面有专章进行讨论。

影响，但社会心理学的研究表明，社会结构情境对人的行为影响更为显著。① 其中一个论据来自心理学家罗丝（Ross）和塞缪尔斯（Samuels）所做的著名实验。该实验首先是测试所有参与大学生的个性特质，依据测试结果，所有参与人可以被分为"竞争型"与"合作型"两类人。② 然后将他们重新打乱，随机分为两组，分别去完成名为"社区建设"和"华尔街战役"两个小组游戏。事实上，这两个小组游戏除了名称不同，在内容、流程、规则、要求上均完全相同，但两组成员在参与实验时并不知情。小组项目开始后，心理学家记录和观察两个小组组内成员的表现，并对他们是否更具"竞争性"或"合作性"进行行为观测。在逻辑上，如果一个人的先天特质对他们在团体中的行为和心态影响更大，那么他们在小组任务中的表现应该与他的个性相一致，即我们应该发现在实验前被科学地甄别为

---

① 当事人基本行为风格的识别对成功的调解是有意义的。劳伦斯·萨斯坎德和哈勒姆·莫维斯在《谈判长赢》一书中提出了一个"风格与行为"对照表（见表 A）。调解员或冲突解决专家可以通过对当事人行为特征的观察而对当事人的风格类型进行判断。例如，如果在解纷交谈中，调解员注意到当事人很少提问、关注收益超过公平、会对对方进行要挟，你就能判断这是一个较为强硬的当事人，在这种情况下，调解员需要对结构影响力的使用更为娴熟而耐心。

表 A　风格与行为

行为/风格	强硬	软弱	共赢
提出和对方有关的问题	较少提问	较少提问或是间接提问	大量提问了解利益、假设、优先级
提供信息	提供少量信息	提供全部信息	提供有关利益的信息但不是泄露底线
交易/妥协	不想妥协	在妥协中自愿放弃过多	为了得到更加重要的东西而放弃不重要的东西
使用公平的标准	关注收益超过公平	想要公平但是没有提出要求	坚持公平而且需找对各方都合理的标准
维持关系	不考虑关系	为了关系牺牲自身利益	实现自身利益的同时维系良好关系
使用操纵力	表现出敌意或是没感情，威胁、批评和欺压对方	善解人意；可能分享自己易受攻击的感觉，表现出焦躁或对愤怒的担忧	善解人意，分享担忧，保持情感沉着，稍微提及操纵力但不使用它

② 诸如前文谈到过的由 Kenneth W. Thomas 和 Ralph H. Kilmann 设计的 TKI 量表就可以对人的冲突应对风格进行测量和评估。

“合作型”的人在小组项目中应该表现出更多的合作性；同理，在实验前被科学地甄别为“竞争型”的人在小组项目中应该表现出更多的竞争性。然而实验的结果却并非如此：

在图3-6显示的结果中，左侧的柱状图是参与“社区建设游戏”（Community Game）中采取合作性的互动方式的百分比，而右边则是显示了在“华尔街”（Wall Street Game）中人们的表现。很显然，影响人们采用合作策略（Cooperative Strategy）的原因不是人们的个人性格，而更多是环境脉络的建构力量，即无论个性偏向竞争还是合作，进入“社区建设”游戏的人都更多地表现出合作，而进入“华尔街”游戏的人则更多地表现出竞争。所以，是游戏项目的名称导致人们采取了完全不同的互动策略。这并不是一个孤例，在汤普森（Thompson）与德哈波特（DeHarpport）两位心理学家1998年的研究中，也发现将谈判过程标记为“解决问题”（Problem Solving）情境与“对价博弈”（Bargaining）情境得到的结果与上面那个实验非常相似，即不同的情境设定将会建构当事人完全不同的认知框架，而这个认知框架将明显地影响他们在团体互动的表现和互动选择。[①] 这里并不是说当事人的性格对于纠纷解决不会产生影响，而是说调解员主动建构和掌控的氛围、节奏和程序会对调解是否能够最终达成产生重要的影响。让当事人进入一个“合作型的游戏”，一个“解决问题”的氛围，是调解员应该努力营造的，这对达成有效的调解合意具有重要的积极作用。至于这种情景的作用机制，主要是因为具有共同目标和角色预设的团体成员组合而成一种新的团体动能，这种动能有效地重新形塑乃至规定了团体内部成员的行为方式和互动逻辑。

① See Michele J. Gelfand & Jeanne M. Brett, *The Handbook of Negotiation and Culture*, Stanford Business Books, 2004, p. 15 - 16.

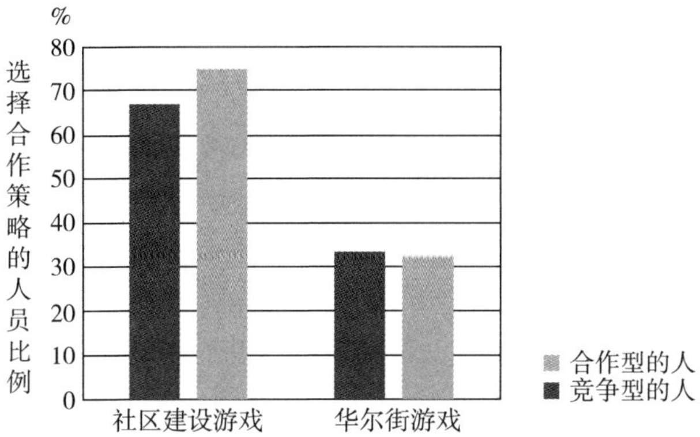

图3-6　影响人们合作策略因素的实验结果

(Ross & Samuels,1993)

注:该图截取自 Elliot Aronson, Timothy D. Wilson & Robin M. Akert, *Social Psychology*, Prentice Hall, 4th ed. ,2002, p. 15。

总结起来,多种结构性力量会影响纠纷解决的过程。这其中包括文化的影响——例如处在不同文化场域中的当事人,他们的行为逻辑、思维方式、价值认同会有明显不同,甚至是作为潜意识影响他们对纠纷的认知以及在纠纷解决过程中的行动方式;[①]制度安排与政策偏好也是影响法院及当事人纠纷解决偏好的重要因素,例如在我国前些年的"大调解"政策对调解的适用便产生明显的促进作用。[②] 这一点我们在后面的章节中还会专门阐述。此外,纠纷类型以及调解员与当事人互动的微观结构也会显著地影响解纷的过程与结果。因为本部分内容讨论的是调解的实践技艺,所以调解员通过对当事人施加结构影响力,而引导当事人定分止争的微观技艺是我们讨论的重点。值得一提的是,与传统的法学观念不同,调解与后现代理论关系紧密。总的来讲,ADR的技艺不是一种本质主义的知识论。所谓本质主义,就是相信事物有常一不变的本体,认为

---

① 一些相关的研究例如 Siew Fang Law, *Culturally Sensitive Mediation: the Importance of Culture in Mediation Accreditation*, Australasian Dispute Resolution Journal, Vol. 20, Iss. 3, p. 162 - 171(2009)。

② 参见潘剑锋、刘哲玮:《论法院调解与纠纷解决之关系——从构建和谐社会的角度展开》,载《比较法研究》2010年第4期。

理解和探究这一本体构成了知识的核心内容。在这样的框架中,容易产生规格化或"固体化"的知识,即从对本质的理解演绎延展出一整套严整、细致的系统认知。后现代思想有着反/非本质主义的知识取向,反对在事物中抽象出某种常一不变的质的规定性,而强调事物在流变中变异、生成、调整,并没有恒定、确切的本质,也不需要追问这种唯一的本质。基于这一立场,最佳的纠纷解决方式不是理性先验的本质规定,不是强调某种解纷机制必然的神圣性,相反地,最佳的纠纷解决方式应该在具体的社会结构中,在与当事人充分的互动中,通过相互理解被建构和发掘。纠纷解决中的正义实现不是单一遵循成文法规则的结果,而是将各种更为丰富的要素,例如社会情境、文化偏好、当事人的自主选择、情感表现都纳入纠纷解决框架后获得的一种开放而周全的安排。所以,ADR 的技艺是一种情境性的知识而不是一个机械化的从证据到规范,从规范到判决的逻辑过程。故而,关于调解的知识我们并不能、也不应该提供给读者一个"照方抓药"的固定指南,一个一劳永逸的模式方程;相反地,我们只能提示一些在与当事人互动过程中的基本原理、理论勾勒与互动指引,提供一种必然在实践中需要因地制宜、因人为宜调试的"流体化"的知识。纠纷解决专家们应该对这一点始终保持清醒,即在具体个案中如何使用这些方法是一个实践理性范畴的问题,需要在具体经验中不断打磨、不断反思、不断调适。

三、建构结构与理解结构的实践技艺

(一)建构结构的实践技艺

所谓实践技艺,是指调解员在解纷过程中的种种主动行为,这些行为的目的是使当事人朝着纠纷解决的方向前进。在全世界范围内,自愿是非诉解纷机制的重要原则,因此非诉解纷往往会面对一种窘境,即一方面,他们掌握纠纷解决的知识和经验;但另一方面,法律却在保障当事人的自治性权利,以使解纷过程中的当事人能够维持自愿和自治。按照日本学者棚濑孝雄的观点,纠纷或冲突解决专家对解纷过程的实质性介入蕴含一个结构性的缺陷,"这种缺陷就是在通过第三者的判断解决纠纷时所需要的第三者的主动性与其强制能力之间的不对称”[①]。也就是说,当调解员想要对实体性的纠纷解决过程进行控制时,会发现他并没有被任何机制赋予足够的权力。在司法诉讼结构中,法官之所以具有控制程序和结果的主动性,是因为法庭的权力构造赋予了法官强制力,所以其结果也具有强制性。然而在类似调解的非诉机制中,当事人毕竟是自愿的,这种自愿包括对调解员之控制是否接受的自愿与对调解结论是否接受的自愿。这种“自愿”使调解员事实上是在一个弱权力结构下运作纠纷解决机制,这便使调解员即使具有某种专家优势、经验充足,即使可以发现所谓的正确结果,当他贯彻自己专家意见的做法时,也会在机制上受到当事人“自愿原则”的合理“抵抗”。所以在棚濑孝雄教授看来,在“发现法律上正确的解决”和“自愿选择喜好的解决”这两个维度之间存在一种结构性的紧张。说白了,没有能力自行解决纠纷的当事人有权利,而拥有能力解决纠纷的调解员却权力受限。

所以,纠纷解决的技艺不是一种逻辑推理的能力,不是规范适用的能力,而是塑造或建构解纷过程的能力。通过调解员的种种作为对解纷过程施加一个积极的结构影响力,而不是一种权力支配力或结论裁判力,从而使得当事人的团体动能逐渐向解决问题的方向移动。所以,调解员要对“结构塑造”这个中介来实现对当时的影响,而不能对当事人直接施加命令。从概念上看比较抽象,我们举一个操作层面的具体例子来说明:

> 这位领导者[②]希望让成员们谈谈他们离开这家医院的恐惧,开始时,他看着乔,坐在领导者左侧的一个过分热情的成员。
>
> 领导者:你们所有人可能都有一些与离开医院有关的恐惧。我希望你们中的一些人能谈谈这些恐惧。(现在扫

---

① ［日］棚濑孝雄:《纠纷的解决与审判制度》,王亚新译,中国政法大学出版社2004年版,第55页。

② 在调解情境中,领导者就是调解员。这只是类似类型的职业角色在不同学科中采取的不同的名目方式。

视团体中部的成员）谁愿意和大家谈谈这些恐惧？不论是严重还是轻微的都可以（领导者的目光现在固定在右侧成员们的身上）。①

在这个例子中，领导者是希望团体中部或者右侧的成员会首先发言，通过结束他的问题时让乔完全处于他的视线之外，增加了除乔以外的某成员进入这场讨论的机会。领导者也可以应用他们的目光来帮助他们切断正在发言的成员的讲话，如果一个成员已经讲了一阵子了，那么一种礼貌但有效的打断技巧就是领导者避免和发言者做目光接触。当领导者并不注意他们所说的话时，成员们通常会很快地停下来。

上面这个例子就是建构结构影响力建构之实践技艺的典型做法。调解员并没有对当事人施加显在的、直接的支配性力量，但却在对其发生影响。理解这一点，就能把握为什么我们说“结构”是理解一系列解纷过程的统领性范畴。对“能动—结构”关系敏觉的意识，洞察结构对能动的重要影响，理解结构对纠纷解决过程的心理塑造作用，对于调解员乃至所有对人际敏感度有所要求的职业类型都非常关键。我们无法直接要求或支配当事人并不意味着解纷的过程进入一种自然状态，我们乃是通过对当事人外部结构要素的调整，例如在特定时间点的言说和示范、话语权力的重置、调度；对话房间的颜色、陈设、座次；调解员的开场与衣着；在互动过程中的用词、眼神和人际接触等明显或不明显的结构控制来对当事人施加影响。事实上，每一个“先行行为”都可能对“后续动作”产生规训和限制性的结构影响。所以，调解员应该熟悉这些常见的实践技艺，然后将作为名词的“结构”转化为解纷实践中作为动词的“结构”，由此来驯化当事人的互动过程，然后让整个团体朝着解决纠纷的方向前进。笔者接下来会对一些典型的、常用的结构性工具作出更细致的介绍。我们首先再交代一下调解的一般流程和要求：

---

①　参见［美］Ed E. Jacobos 等：《团体咨询的策略与方法》，洪炜等译，中国轻工业出版社 2000 年版，第 169—170 页。

调解的一般流程[①]

A. 调解程序的导入（开场）。

（a）调解的自愿特征；

（b）调解的过程保密；

（c）调解协议的形式；

（d）基本规则的陈清（如对方讲话不能打断等）。

B. 调解员的工作。

（a）对话和协商过程的协助者；

（b）往往比较消极；

（c）调解员会保持超然中立；

（d）调解员无任何利益牵涉。

C. 调解的过程。

（a）当事人申明；

（b）调解员对当事人申明的确认；

（c）议程设置；

（d）共同讨论；

（e）单独会见；

（f）最后的协商；

（g）总结和定案。

D. 其他。

上述程序是一般调解教科书中对调解流程的介绍。虽然用语和细节有别，但不同调解机构或教科书对调解程序的设计与归纳总体相似。[②] 当然，在真实的解纷实践中，上述清单中的内容不一定会

---

① See Ruth Charlton & Micheline Dewdney, *The Mediator' s Handbook*: *Skills and Strategies for Practitioners*, LBC Information Services, 1995, p. 10 – 12.

② 例如，新加坡国际商事调解中心将调解的流程划分为九个阶段，分别是调解员开场（mediator's opening），一方当事人陈述与总结（party a statement and summary），另一方当事人陈述和总结（party b statement and summary），法律顾问陈述（counsels statement），设置议程（agenda setting），争议事项探究（exploration of issues），单独/共同对话（private/joint sessions），谈判阶段（negotiating phase）以及问题解决（settlement）。

被逐一、全面覆盖，调解员会根据具体情况进行取舍。通过对不同调解流程理论的分梳与比较，笔者认为调解解纷过程（不含调解的准备环节）可以被分为以下五个基本环节，它们分别是：第一，调解开场；第二，间接对话；第三，单独会谈；第四，直接对话；第五，形成可执行的问题解决方案。由于不同调解环节在解纷过程中展开的具体方法与微观技术较为庞杂细密，限于本书的主旨与篇幅笔者无法在本章中全面展开，期待在未来另著专著进行介绍。在本章的后续内容中，笔者将持续聚焦"结构"这个调解中的统领性概念，从不同角度，不断深化对"结构"的运用和辨识，从而用"团体动能结构化"这一理论范畴，帮助读者建构一个对调解流程具有原则高度的统摄性理解。

调解的最开始环节是调解开场。在多数调解的教科书中，开场环节通常会强调调解员需要向当事人介绍和确认参与调解的自愿性，调解的保密性，以及调解中的基础规则（ground rules，例如不要打断别人说话）。但笔者认为，调解过程中调解员对结构影响力的建构与释放绝不仅仅限制在自愿性、保密性和基础规则这三个方面。基于更为细腻、有效的人际互动机理，笔者将介绍一些更为微观的结构性技术。我们先看看下面这个表达，这是一个调解开场的典型模版：

> "今晚我们会面的目的，是讨论你们之间出现的问题，努力制定解决方案。我们希望你们双方都知道，我们非常钦佩你们这样坐下来面对面讨论问题的意愿。首先我们想说明一下今晚的流程，这样你们对接下来的事会有所了解。一开始，我们会要求你们分别发表一下你们对整个事件的看法。这段时间，你们可以分别向我们的调解人陈述自己究竟如何看待这些问题，对方不得干扰。我们也会尽最大努力了解你的立场。听取双方的陈述之后，我们会试着列出双方的分歧，然后我们一起讨论这些分歧，解决这些问题需要双方做出努力，我们也希望听到你们关于最后决议的想法。我们的目标是找到双方都能接受的解决方案。"①

---

① ［美］罗纳德·S. 克雷比尔等：《冲突调解的技巧：调解人手册》（上册），魏可钦、何钢译，南京大学出版社 2011 年版，第 33 页。

一定有人会认为在调解开场的过程中一定要做如此“死板”的开场是没有必要的，直接开始对话就好——这是一种非常普遍的严重错误。这是因为在整个调解过程中，第一个阶段即团体动能结构化，是调解员最完整、最全面、最不受打扰的对团体动能施加结构影响力的阶段，是最重要的形塑对话场域与氛围、建构人际信任关系的阶段，这个阶段如果直接跳过或草草了之，那后面阶段团体动能的不规则运动将无法控制，当事人对调解员的信任关系也将无从谈起。所以，恰当地使用微观影响力，塑造当事人的自治过程，干预团队的互动方式，形成可控的对话结构，完成调解员对自身的赋能，这一切重要的功能性目标都需要在开场过程完成。一句话，开场的言语与行为不是一种教条的例行公事，而是具有真切的、指向定分止争目标的功能性意义。所以有心理学家强调：

> “于团体开始阶段，团体领导者必须决定如何结构化团体（structuring），如依照团体计划及进度，引导团体成员陈清团体目标，达成共识，确定团体进行方式、时间、地点，以及成员与团体的契约或规范，皆为团体之结构化。团体领导者适当的结构团体，可以催化团体，使团体更有效率。”①

1. 邀请肯定回复

举例说明：

调解员：欢迎二位来到我们法院，我们目前正在进行的是法院调解，希望这个部分能有利于你们之间问题的合理解决。我们的调解程序将会持续大概四个小时，我们大概会在今天下午 5 点结束，两位的时间能保证吗？

当事人 A：可以。

调解员：很好，谢谢你的配合。您的时间呢（面向和询

---

① 吴武典、洪有义、张德聪：《团体辅导》，台北，心理出版社股份有限公司 2004 年版，第 183 页。

问另一位当事人)?

当事人B:没有问题,可以保证。

调解员:非常好,也谢谢你。这样我们可以保证在一个相对充裕的时间里共同解决我们需要处理的问题,我们有非常充分的时间来对话、协商、相互理解,然后共同面对未来的生活。另外,因为根据现行《民事诉讼法》第九条、第九十六条、第九十九条之规定,我需要再向你们确认,你们是自愿接受本院调解的吗?

当事人A:我是自愿的。

当事人B:我也是自愿的。

调解员:好的,谢谢你们。

无论是何种类型的纠纷,双方当事人来到法院进入调解程序是由于之前他们之间产生了冲突,冲突会造成双方当事人产生相互敌视的认知,即对方是“坏”的,对方是“错”的,对方是“难缠”的。所以,在纠纷解决最开始的阶段,需要用一种相对隐晦的方式,让当事人重新恢复在对话情景中的肯定性表达,即说“YES”的能力。让他们首先在与调解员的互动中,表达对调解员的肯定和同意。这一技术来自美国圣地亚哥大学法学院的艾伦·斯奈德(Allen Snyder)教授的课堂演示。在课堂演示中,艾伦·斯奈德教授使用的方法是与双方当事人对表,确定自己手表与当事人的时间是否一致(“两位好,和两位确认一下,现在两位手表上的时间都是下午2点15吗?”),这也是一种用隐晦的方式让双方当事人作出肯定表态,而不是始终牵绊在互不认可、相互仇视的否定性情境中。在对话情景中恢复肯定性叙事,这对对话氛围从对抗走向积极是有作用的。对此,威廉·尤里曾精辟地指出:

“一位公众演说家就有效地利用这一技巧来应对听众提出的一些不利的看法。如果有人说:‘你的建议根本就不具有可行性。’他会回应说:‘您是说您看不出我的预算方案如何才能在5年内消除赤字,这是您的意思,对吧?’

听众就会说:‘是的。’而只要听众说出这个回答,演讲者与批评者之间的关系就发生了变化。这个‘是的’就把对抗性的争论转化成了一场理性的对话。从对方口中得到的每一个‘是的’,都会进一步缓解双方的紧张气氛,减轻双方的谈判压力。多说赞同,多表示肯定,即使只是对对方说过的话表示肯定,也会为你营造一种良好的谈判气氛,从而更容易促使对方对实质性的方案表示赞同。”①

这样一个技术在调解运作中应该经常使用,而不是仅仅限制在开场环节。例如,在调解过程中,一方当事人完成表达,调解员可以对他讲述的内容进行概括,然后询问对方:“我概括的正确吗?”通常当事人都会给予一个正面的反馈,如“是的”,这样便在沟通过程中再次提示和强化了一种肯定性的对话结构。又如,在调解开场的时候,我们也可以在宣布和介绍调解的相关规则以及程序要求时,再次询问双方当事人对客观规则和程序是否存在异议或是否理解。例如,调解员可以宣布:

调解员:“在调解过程中双方都有公平、均等的发言机会和时间,我会邀请一方当事人先说话,在你们其中一方当事人说话时,另一方请保持安静,认真聆听,不要打断对方的讲话。如果在聆听对方讲话的过程中你有不一样的认知或者看法,我已经为两位准备好笔和纸张,你可以先记录下来,等轮到你发言时再表达你的看法。这个要求没问题吧?”(面向一方当事人)

甲方:“没问题。”

调解员:“您呢?”(转向另外一位当事人)

乙方:“我也没问题。”

---

① [美]威廉·尤里:《无法说不——从对抗到合作的谈判》,冯学东等译,机械工业出版社 2005 年版,第 65—66 页。

概括起来,所有对客观事实的确认、对规则的宣布、对当事人表达内容的确认性重复或概括性转述,都可以在解纷过程中成为一个对肯定性回复的“邀约”。正如笔者在前文中对结构概念所强调的,互动过程作为一种外部性构造会对当事人产生不侵犯其自愿、自治的真实影响,所以,在互动中如果双方当事人能经常产生“肯定性回复”,这对纠纷解决而言就是一种积极因素的积累。在这里有一个非常细腻的维度值得提醒,即调解员应该注意观察双方当事人“肯定性回复”具体是指向谁。如果这种肯定只能指向中立的第三方(调解员),而无法指向对方——例如,双方在表达对纠纷的见解时经常驳斥对方,经常提出与对方对立的意见,基本不存在对对方意见的认同哪怕是对于一些事实性表述的认同——那么在这种情况下,调解员应该意识到他需要更为明确的作为“对话中介”参与解纷过程,调解在这个阶段还无法从“间接对话”即当事人通过调解员(中介)进行对话,过渡到“直接对话”,即当事人直接就问题和解决方案进行直接沟通的解纷阶段。这也同时意味着调解员需要对当事人的对话构成施加更明确的结构影响。例如,当调解员已经宣布对话的基本规则(如不能打断对方),同时也获得了双方当事人的确认,但如果在后续的对话过程中一方当事人破坏这些规则,那调解员必须立刻指出这种行为是不恰当的,和破坏规则的一方当事人再次确认规则。如果当事人一直保持符合规则的对话,那当事人的举动则需要被赞赏,从而让当事人更直接地感受到纠纷解决过程期待前往的真正方向。

2. 施惠行为

对于施惠行为,我们用媒体报道的全国模范法官陈燕萍处理的一个案件举例说明,这个案例是陈燕萍法官在广西壮族自治区作报告时提到的:

> “曾有两个堂兄弟为一块宅基地发生纠纷,在法庭上二人争得面红耳赤,甚至毫不留情地打了起来。陈燕萍却不着急,**她微笑着给原告倒了一杯水,被告见状把水杯打翻了。她又给被告打了一杯水,结果也被原告打翻了。陈**

燕萍默默地找来拖把,把地上的水污拖干净。看到陈燕萍的举动后,双方的争吵声渐渐平息了下来。这时陈燕萍微笑着问他们:‘你们来法庭是干什么的?’双方都答道:‘当然是来解决问题的。’‘既然知道是解决问题的,那我们来研究一下具体的解决方法吧。’陈燕萍的一席话点醒了双方,他们渐渐回归理性,最后,闹了数年的纠纷竟然在一朝之间通过调解化解了。

双方签下调解书后,书记员不解地问当事人:你们吵了几代人的纠纷,为什么那么容易就听陈法官的话,把问题解决掉了?当事人说:陈法官又是微笑又是倒水,我们再吵就对不起她了。

暖心微笑,耐心倾听,换位思考,这是陈燕萍接待当事人的技巧。她常说,法官不是官,不能摆官样。在她的眼里,是人都有情感,法官必须在情感上与当事人心贴心,尊重当事人,只有这样,当事人才会‘把所有的刺儿收起来’,使案件的处理进入一个良性循环。当事人也会因为心里得到宽慰而渐趋平静,进而理性地接受法官的调解和判决。”①

在这里我们看到了“微笑”与“倒水”的明显作用。当然,考虑到解纷过程的复杂性以及个案之间的差异,我们不能说只要有“微笑”与“倒水”就能处理好纠纷。这里有一个题内的题外话——笔者在参与各种谈判和调解的培训项目时,发现如果邀请一些业界有丰富经验的职业人参与授课,他们往往“就经验谈经验”。分享者和自身经验之间是一种“平视”关系,他们没有对经验进行理论提炼或具有原则高度的抽象萃取。这样与经验平视的分享其核心问题在于纠纷解决是一个高度复杂的情境性知识,调解员乃是作为技能运用的主体介入其中,一些具体的解纷技艺是在“这位”(而不是其他)调解员“上手”后才发生作用的,具体技艺的作用过程与行为

① 孙小娟:《全国模范法官陈燕萍为广西法官“传经”》,载广西新闻网,http://news.gxnews.com.cn/staticpages/20100409/newgx4bbe5f8f-2854526-1.shtml。

主体是粘连的，乃至同一的。在具体的解纷情景中，如果我们换一位调解员去使用相同的干预技术，其效果便可能“南橘北枳”。所以，调解技艺的理论化是使知识获得生命力和解释力的关键，否则一旦丢失了对行为方式之底层机制的理解，技艺和经验便会变成某种“刻舟求剑”式的“诅咒”。

回到陈燕萍的干预技术，她使用“微笑”与“倒水”等方式来和当事人亲切互动。如果我们在机理层面萃取这一经验过程，这事实上构成了典型的施惠。人类是一种社群性动物，因此互惠在社会生活中广泛存在。类似的实验在社会心理学中非常常见，例如电话亭实验、拾金实验等。社会心理学跨文化域的实验研究已经表明，互惠是人类的一种共同的社群性本能，简单而言，一个先前的施惠行为，会更容易导致之后回馈与协助行为的发生。罗伯特·西奥迪尼在讨论到美苏古巴导弹危机时指出：

> “但最近解密的文件提供了一个完全不同的说法。肯尼迪‘获胜’不是由于他固执的谈判姿态，而是因为他愿意从土耳其和意大利撤除美国的木星导弹，以换取赫鲁晓夫从古巴撤除导弹的条件。考虑到自己的政治声望，肯尼迪将导弹交易保密作为最终协议的条件之一，因为他不希望被人看到美国对苏联做了任何让步。具有讽刺意味也令人遗憾的是，哪怕直到多年后的今天，互惠交换（这是‘拯救世界’的真正因素）的力量仍未被认定为化解此次冲突的重要因素，功劳反而落到了另一个很可能毁灭世界的因素上——不愿妥协。”①

用撤除土耳其和意大利的导弹换取古巴导弹的撤除，用“微笑”与“倒水”换取在解纷过程中当事人态度上的配合，“事不同理同”，都是互惠。所以，如果执拗于“微笑”与“倒水”的动作，反而错

---

① ［美］罗伯特·西奥迪尼：《影响力：the Psychology of Persuasion》，闾佳译，北京联合出版公司 2021 年版，第 43 页。

过了互惠的普遍机理，便会陷入“见山是山”的偏狭中。对于互惠现象，一个非常重要的心理学研究在这里必须要被提及。心理学家 Regan 在 1978 年曾完成过一个著名的实验以测试人们产生互助的原因，[①]这个实验是对大学生进行的，每个被测试的大学生对实验的情境和身处实验状态并不知情。参与实验的大学生被分配到的任务是在不同的房间中对一组照片作审美的评定，同时，他们会被分配一位实验协助者（心理学家，了解整个实验的意图）合作完成实验，在工作一段时间后会有短暂的休息。第一种情况是在实验休息过程中，那位实验协助者会暂时离开，然后买回两瓶普通可乐，说：“我问过实验人员能否买杯可乐，他们说没问题，所以我给你也买了一杯”，然后将可乐分享给被测试的大学生。第二种情况是大学生被告知参与实验的人都有可乐提供，所以在休息时可以得到一杯可乐。第三种情况下的大学生则完全没有可乐提供。这个可乐的施惠行为完成后的又一次间歇休息时，参与的大学生被请求帮一个忙，也就是购买实验协助者的彩票，数量可以由大学生自己决定，然后统计在以上三种情况下，愿意购买彩票的助人者的人数。结果如图 3－7 所示。

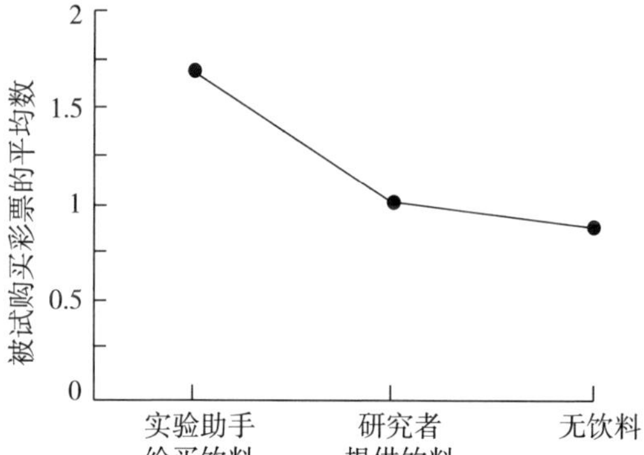

图 3－7 免费可乐对互助行为产生影响的实验结果

（资料来源：［美］S. E. Taylor 等：《社会心理学》（第 11 版），谢晓非等译，北京大学出版社 2004 年版，第 390 页。）

---

① 参见［美］S. E. Taylor 等：《社会心理学》（第 11 版），谢晓非等译，北京大学出版社 2004 年版，第 389 页。

在可乐实验中，存在施惠行为和不存在施惠行为的后果有所差异并不令人奇怪，这一点我们依靠常识就可以体会。但可能被我们忽略的情况是，提供饮料——例如在房间中就有自主的饮料可以取用而非主动购买，这种情况和无饮料差别不大。而事实上，买饮料和提供饮料在本质上是一样的，即都有饮料喝，但产生的施惠后果却明显不同。所以该实验真正有价值的发现是：施惠一定要以主动、明显的形态出现，即需要让当事人明确、直接地感受到调解员的施惠。

由此我们再回到陈燕萍法官的案例叙述中，就会发现陈燕萍法官的施惠行为是主动而明显的，基于这种主动而明显的施惠行为，当事人才会表示"陈法官又是微笑又是倒水，我们再吵就对不起她了"——这里实际上体现了当事人非常明显的回馈意愿。我们必须承认，调解不同于诉讼的一个本质性的区别就在于调解最终合意的达成不是法官单方面可以控制和实现的，一个双方当事人都接受，一个能够真正做到"案结事了"的调解协议的达成，是当事人之间，以及当事人与调解员之间相互配合、共同努力的结果。所以调解员最终对纠纷的成功调解是需要双方当事人在某种意义上的协助的，故而之前的施惠——倒水、微笑（但绝不仅仅限于此，任何能让当事人感到更为舒适和更有信任感的可察觉的安排，都可以构成调解员的一种施惠行为）——实际上，是为纠纷解决缔造的一个施惠——互助——回馈的心理结构，这个结构性的安排最终将提高调解成功的可能性。

3. 保证和体现公正

公正无偏或不偏不倚（impartiality）是对调解员的一个非常重要的要求。具体而言，调解员的公正无偏是指"调解员不应该倾向于争议的任何一方，也不应该对争议任何一方有偏见，或者与争议的任何一方有任何利害关系"①。但从调解员的角度看，要做到公正无偏其实并不容易。社会心理学的研究表明，我们的既往经历会深深地影响着我们对他人的印象和评价，这个就是所谓"刻板印

① 赵云：《调解实务与技能》，清华大学出版社 2011 年版，第 29 页。

象”的问题。事实上,虽然纠纷之间有其相似性,但毕竟每一个纠纷都是相对独立的,都是调解员需要处理的一个新情境。在处理新情况时,调解员实际上会开始“自动的思考”,这种思考往往是不自觉的、没有意图的、毫不费力的。[①] 当自动思考发生时,人们会将自己面对的新情况快速地连接到以往的经验中去,匹配某种过往经验,对身处的现实情境做出假设和判读。[②] 过往的知识、背景、经验、认知其实就是一种我们思维中的大结构,一种被以往经验所建构的认知框架和偏好,是一种看似不在场却又时时在场的思维的路径依赖,这种思维框架被心理学家称为基模(Schema)。[③] 例如,我们在这里列举了一个常见的基模——“上餐厅的基模”:[④]

人物:顾客、带位、侍应、厨师、收银
场景一:进入。
顾客进入餐厅。
顾客找一座位。
他可能自己找。
他可能被带位引领。
他问带位要一张台。
她示意他可以坐哪一张台。
顾客坐下来。
场景二:点菜。
顾客收到一张菜单。

---

① See Elliot Aronson, Timothy D. Wilson & Robin M. Akert, *Social Psychology*, Prentice Hall, 4th ed., 2002, p. 59.

② See Elliot Aronson, Timothy D. Wilson & Robin M. Akert, *Social Psychology*, Prentice Hall, 4th ed., 2002, p. 59.

③ 一些司法心理学的研究发现法官同样会明显地受到基模的影响,当事人的相貌、穿着、态度作为一种先结构,都会对法官最终的判决造成影响。所以在法律现实主义者看来,成文法律与判决、与法官的司法活动是两件事,司法决定甚至会受到法官一顿早餐的影响(What a judge had for breakfast)。参见 Michael Steven Green, *Legal Realism as a Theory of Law*, William and Mary Law Review, Vol. 46, p. 1915 - 2000(2005)。

④ See David E. Rumelhart, *Introduction to Human Information Processing*, Wiley, 1977, p. 166.

顾客阅读菜单。
顾客决定点什么。
侍应落单。
侍应看见顾客。
侍应走向顾客。
顾客点他要的菜。
厨师煮菜。
场景三：进食。
不久，侍应把食物从厨师那里端到顾客的餐桌。
顾客进食。
场景四：离开。
顾客叫侍应结账。
侍应给顾客账单。
顾客留一点小费。
小费的多少视乎服务质量的高低。
顾客到收银处付款。
顾客离开餐厅。

虽然不是每一个细节都相同，但这是我们进入餐厅用餐的大致程式。笔者相信，读者也会认为这就是我们在餐厅中就餐的过程预期，这是对我们既往就餐经验的一份总结。是的，认知基模可以帮助我们提升反应效率，减少大脑耗能，但由我们既往经验构成的这种先结构或者“成见”，也会对我们判断的中立性产生滋扰。[①] 换言之，基模影响着我们在遭遇新情境和新人物时应该如何自处与相处的预期。所以，调解员应该在调解过程中，特别是在与当事人初次见面时，有意识地调整、克制和反思自己对当事人武断地作出负面或正面判断，警惕自己主观认知在既往经验的认知基模作用下对眼前境遇的过分介入，这种介入会以一种非常微妙的、调解员自身都

① 参见熊浩：《“聆听”：作为一种技术方法和哲学范式》，载《复旦大学法律评论》2019 年第 6 辑。

无法觉察的方式消解他的公正无偏。在克服认知基模的影响时，一个比较常用的方法是在聆听当事人叙述的时候记笔记，[①]将那些有可能影响自己不偏不倚处置纠纷的当事人的表现，乃至自己的情绪写在笔记本上。这样一个过程可以让自己的意识被外化，被刻录为可见的文字，从而让隐性的、流动的、微妙的意识流动被固定，使反思和调整更为可能。对照自己书写下的文字，用被固定的文字提醒自己、警醒自己，可以帮助纠纷解决者更好地控制基模对自己的不当影响。

除了上述偏向内在心理的维度，不偏不倚又如何通过行为表现出来呢？我们用一个例子加以说明。如图 3－8、图 3－9、图 3－10 所示：

图 3－8　调解员安排好的初始状况

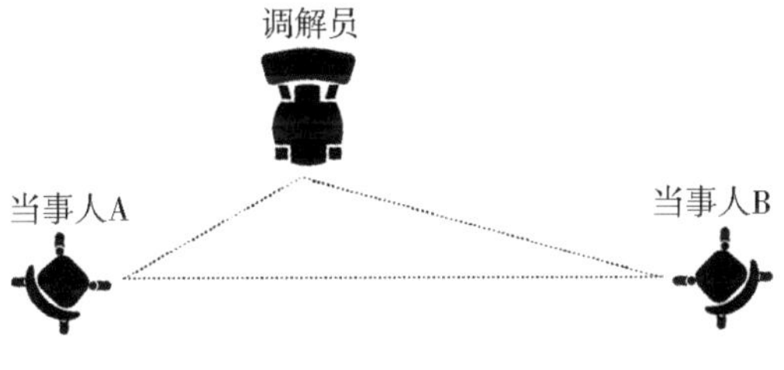

图 3－9　调解员与当事人见面后，一方当事人挪动了他的座位和朝向

① 在化解纠纷的过程中，记笔记是一个非常好的习惯。除了可以让自己对基模反应外化，记笔记还可以让讲述者知道聆听者正在关注着他的叙述内容，正在与他的叙述状态同步。当讲述者感知到自己正在被认真对待、认真聆听时，他会展现出更大的叙述愿望，并建立与聆听者之间的更多信任。参见熊浩：《熊浩的冲突解决课：谈判》，法律出版社 2017 年版，第 94—96 页。

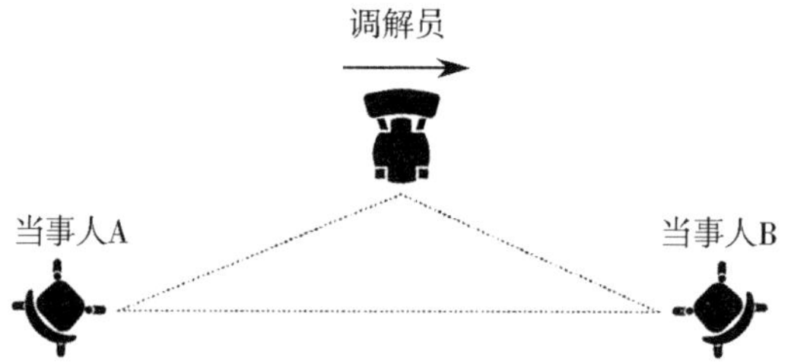

图 3－10　调解员随即移动了他的位置,以保持与各方当事人距离的均等

公正无偏的重点是在调解的过程中,对双方当事人都保持"等距离"(equidistant),[①]这样的等距离应该在话语使用、时间分配,甚至物理空间中都予以体现。我们从图 3－8 至图 3－10 中看到的座次变化,事实上体现了调解员在具体情境中通过自己位置的调适而让双方当事人都尽可能地被给予同等对待。由于双方当事人往往处于相互对峙的状态,要他们面对面就座会遇到困难,当事人为了避免与对方的目光直视,常常会调整自己座位的位置和自己所面对的方向(从图 3－8 向图 3－9 的变化),而座次的调整会改变调解员事先的座次安排。[②] 诸如图 3－9 所示,在移动了自己的座位后,当事人 B 不仅与当事人 A 的距离更加遥远,同时,当事人 B 对自己座位的移动也改变了他与调解员的相对位置,使调解员距离当事人 A 的位置更近,而距离当事人 B 的位置相对较远。调解员应该敏觉地发现这种具体情境的变化,所以在图 3－10 中,调解员主动移动了自己的座位位置,使他与当事人双方的距离都相对一样,以保证在物理环境安排上的公正无偏。除了座位的安排,调解员在开场时的时间安排上也应该注意均等。在向当事人询问问题、获取资讯时,提问的问题语言应该大致类似,分配在双方当事人身上的对话时间应该大致相同,不应该在时间上让一方当事人有被重视或被忽视的感受。当然,这种意识和能力需要经过训练。

我们前面强调了基模对人们心理与行为的影响,联系前文讨论

---

① 参见赵云:《调解实务与技能》,清华大学出版社 2011 年版,第 29 页。

② 如果当事人有能力直视对方,相对理性地进行对话,这意味着他们之间进行"直接对话"的条件已经大致具备。

过的结构问题，基模其实也是一种影响我们认识与行为的“结构”，这些结构在影响着当事人的心理状况。在调解刚刚开始的时候，注意上面这些细节的安排，以期给当事人一个专业公正的第一印象，试图让这种印象成为他们对纠纷解决程序及调解员的基本认识，让这种细节中的公正无偏能够进入当事人的认知结构中，形成他/她对调解认识的心理基模和认知结构，这将有利于纠纷的解决，也有利于调解员获得一个当事人的信赖。由于心证是无法被看到的，所以对于当事人而言，所谓的公平无偏，应该要以直观、具体、可见、可感知的形式来表现，而不能仅仅是依凭法律的规定，或宣称的道德承诺。

4. 语言和会谈环境

我们先看下面这则案例：①

案件发生在一个少数民族村落。两户邻居（甲方与乙方）皆为少数民族。他们房屋之间有一处牛圈，其所有权从过去到现在都并不明晰，但两家人长时间共同使用。后来，甲方要重建自己的住宅，于是在住宅重建过程中占用了部分牛圈的土地，乙方因此出面干涉，两家发生争吵和打斗，后乙方将案件诉到法院，法院判决打伤邻居的甲方赔偿乙方医疗等费用。但此事未了，新建房屋的甲方在结案后发现乙方常常在夜间破坏他家房屋的基建设施，甲方遂向法院提出民事侵权的诉讼，要求乙方赔偿损失。

当地法院在受理该案后，主审法官希望能到纠纷发生地取证，同时使用派出法庭将此案在案件事发地直接审理。该争诉处理的第一阶段是在一个开阔、敞亮的村民委员会会议室中进行的，这个会议室大约有 300 平方米，法官和书记员在主席台居中而坐，指示牌等法院设施均一一布置到位，双方当事人按照庭审安排的要求，分别以原被告身份坐在法官对面的左右两侧。在法庭调查阶段，法官严格遵循法庭程序进行询问。在对话过程中，即使法官明确了解

① See Xiong Hao, *The Feasibility of Court Mediation in the Grassroots Southwest Grassroots Society of Southwest China: A Case Study from Yunnan*, Hong Kong Law Journal, Vol. 44, p. 277 – 302 (2014).

当事人理解法律专业术语有困难，但他仍然在案件调查阶段非常频繁地使用“法言法语”；且对法庭秩序的控制非常严格，在明确原被告之后，禁止任何其他的在场人员，诸如原被告的亲友插话和打断，一旦遇到这样的情况，法官会较为严厉地予以制止；并强调在诉讼程序中，所有当事人必须遵守法庭秩序与程序规范。

在庭审过程大约持续了40分钟后，法官征求双方当事人的意愿，询问是否愿意尝试法院调解。当事人同意，于是纠纷解决进入到争诉处理的第二个阶段即法院调解阶段。在这个阶段，法官的处置策略发生了明显的变化。首先，纠纷解决的地点发生了变化。在法官的引领下，双方当事人及其亲友、村委会领导、其他法院工作人员移步到了位于所在建筑二楼的调解室中，这是一个相对狭小、拥挤的空间，房间里有办公桌、书柜、座椅及沙发等简易的家具陈设。所有显示出司法权力的符号工具，诸如国徽等，都被留在了原先审判程序发生的大会议室中，纠纷调解的氛围显得要轻松很多。法官与当事人的座次比较随意，并没有刻意安排，村干部和法官坐在一起，法官的座位与当事人的座位高度类似，甚至他们可以平视。在纠纷调解的过程中，法官开始抽烟，遇到一些有趣的讨论时放声大笑。其次，调解中所使用的话语也发生了明显的变化。在调解过程中，通俗的日常用语被广泛使用；在对话中，法官不再用原告、被告这样的称谓称呼双方当事人，而是直接称呼他们的姓名；同时，其他在纠纷解决现场的人员，诸如村干部、人民调解员、法警，以及当事人的亲友都被允许发言，整个对话过程较为轻松。

本案发生在我国云南省，就案情来说并不复杂，这样的案件及其处理方法对于城市的法院而言也许并不常见。如果研究者仅仅聚焦于法律规范之维，这样一个纠纷似乎没有太大的意义。但是，我们所关心的并不是案件本身的普遍性或者其中的规则适用——这是“规范法学”关注的问题；我们所关心的是纠纷解决的过程，在这个过程中技艺娴熟的法官有意或无意地调动了控制团体动能各种系统性方法，这些方法非常值得我们学习和提炼。

第一，日常话语（大白话）可以使法官与当事人的关系更加亲近。事实上,在调解中尽量使用浅白通俗的话语是学术界的共识,① 简单而具体的语言能够帮助当事人相对舒适地建立自己与纠纷解决过程的关系。② 2010 年发布的《最高人民法院印发〈关于进一步贯彻"调解优先、调判结合"工作原则的若干意见〉的通知》就曾提出应该针对当事人的文化知识、诉讼能力的不同特点,用通俗易懂的语言,进行释法解疑;最高人民法院也曾在意见中建议法官在适当的时候使用方言。

适用通俗易懂的语言应该是调解中的一般原则。但在调解开场的时候,调解员不妨适当地、不过分地使用一些"法言法语"。笔者在经验研究中发现,法官调解员对法言法语的使用可以强化法官调解员的权威,③ 在前面一节的示例中,我们曾提到这样的一组对话:

> 调解员:非常好,也谢谢你。这样我们可以保证在一个相对充裕的时间里共同解决我们需要处理的问题,我们有非常充分的时间来对话、协商、相互理解,然后共同面对未来更好的生活。另外,因为根据现行《民事诉讼法》第九条、第九十六条、第九十九条之规定,我需要再向你们确认,你们是自愿接受本院调解的吗?
>
> 当事人 A:我是自愿的。
>
> 当事人 B:我也是自愿的。

对法条的援引,使用法律术语都是在调解开场时可以使用的语言技术。在理论上,"复杂和专业的语言会使使用者附有上关于权

---

① See Laurence Boulle, *Mediation: Principles, Process, Practice*, Butterworths, 1996, p. 163.

② See John W. Cooley, *The Mediator's Handbook: Advanced Practice Guide for Civil Litigation*, National Institute for Trial Advocacy, 2nd ed., 2006, p. 131.

③ See XIONG Hao, *The Feasibility of Court Mediation in the Grassroots Southwest Grassroots Society of Southwest China: A Case Study from Yunnan*, Hong Kong Law Journal, Vol. 44, p. 277 - 302(2014).

力与权威的社会信息”①。在某种程度上，“法律的支配性的权力乃是寄生于法律话语的形式之中，法律叙述被认为是最有权威的话语之一”②。开场时对法律术语的使用，对法律知识的调动，有利于调解员在纠纷解决开始时即获得一个令人信任的专业形象，调解员获得权威有利于在将来更主动地对纠纷解决的节奏予以掌控。

第二，在语言使用的部分，开场时调解员应该尽可能避免使用带有张力的冲突性语言。事实上，对当事人使用的语言进行“清洗”是调解员在整个调解过程中都需要完成的工作。一些词汇，如“伤害”、“冲突”、“矛盾”、“敌视”、“麻烦”、“原告”和“被告”等词汇都应该尽可能地少使用；相反地，一些更具有建设性，更加朝向未来和解决问题的中性词汇应该被使用，如“议题”、“问题”、“焦点”、“有沟通的需要”、“释放善意”、“可以克服的”、“邻居”、“朋友”、“伙伴”、“同好”和“熟人”等。我们举例说明：

> 调解员：“谢谢您。刚才我们用人单位已经表达了自己的观点，接下来请王先生发言。王先生你可以首先谈谈用人单位讲的什么地方你无法接受，或者什么地方你认为是错误、不符合实际情况的，然后再系统陈述一下你的意见。在王先生发言过程中，用人单位代表请不要打断。好的，王先生你可以开始了。”

上面这个陈述看似规范，但不少细节仍有进步的空间。因为调解员不是法官，他的责任并不是就是非曲直进行裁判，而是协助当事人更有效地完成纠纷之解决。所以调解员不宜建议当事人“谈谈用人单位讲的什么地方你无法接受，或者什么地方你认为是错误、不符合实际情况的”，而应该邀请当事人陈述不同的认知或表达不同的意见。注意，是“不同”而非“正误”。所以，调解员对语言的中

---

① Roger Cotterrell, *The Sociology of Law: An Introduction*, Butterworths, 2nd ed., 1992, p. 140.

② Rosemary Coombe, *Is there a Cultural Studies of Law?*, in Toby Miller ed., A Companion to Cultural Studies, Wiley Blackwell, 2001, p. 45.

立性,对含有感情色彩或激化冲突激烈程度的语言一定要保持高度的敏感,然后对这些用语进行转化。此外,像上面这则案例中所提到的,直接称呼当事人而不是用原告、被告、甲方、乙方这样的指代用语也是一种常见的方法(例如上面例子中的“王先生”),这样可以让双方当事人在话语层面恢复到正常的生活状态中。[①] 这样的话语暗示当事人将对方看成一个具体、正常的人,而非对立的敌手。

5. 介绍规则及其自我赋能的意义

调解规则是在调解开场时向当事人介绍和解释的,但由于这个部分非常重要,在这里我们单独加以说明。在调解程序的最开始,调解员要注意避免使用开放性的对话结构,即让当事人随意表达,自由发挥,而不给出任何规则框架。这样的自由框架看上去是对当事人的尊重,但实际上有可能大大地增加调解推进的难度。清楚的交代规则,可以使对话过程被结构化,从而也赋能调解员对这一过程进行干预和管理。不同的调解员会对调解的最基础规则有不同的认知。笔者认为,调解中最重要的、需要在调解开场时向当事人明示的规则是如下几个:第一,一方当事人讲话,另一方不能打断;第二,过程保密;第三,所有纠纷解决的参与者相互尊重;[②]第四,调解员的干预性权力。当然,调解中的规则不仅仅包含上述四条,如果详细列举,调解中涉及的规则还包括:[③]

> • 调解过程是自愿的。
>
> • 任何一方当事人可以在参加完调解实质性的第一阶段后,在书面协议达成前,通过书面通知告知调解员和其他当事人退出调解。
>
> • 调解员应该尊重当事人以及他们的顾问;同样的,

---

① See John Michael Haynes, Gretchen L. Haynes & Larry Sun Fong, *Mediation: Positive Conflict Management*, State University of New York Press, 2004, p. 246.

② See Nora Doherty & Marcelas Guyler, *The Essential Guide to Workplace Mediation & Conflict Resolution: Rebuilding Working Relationship*, Kogan Page, 2008, p. 33.

③ See John W. Cooley, *The Mediator's Handbook: Advanced Practice Guide for Civil Litigation*, National Institute for Trial Advocacy, 2000, p. 190 – 192.

当事人及其顾问应该对调解员以礼相待。

• 调解员可以控制调解的程序安排。

• 当事人应该对调解员的工作予以配合。

• 调解员可以自由地单独会见一方当事人并与之交流。也可在当事人同意的情况下，单独会见当事人，或单独会见当事人的顾问。

• 调解员可以决定在什么时间单独或共同会见当事人。调解员可以选定会面的时间、地点，并决定谈话议程。单独会见不能有笔录，一般的证据规则亦不适用。

• 当事人应该出席各个调解环节，可以找一位或多位代理人出席；调解员可以根据具体情形限制代理人出席的人数。

• 调解过程应该高效地进行。

• 当事人与调解员之间没有代理或客户关系，调解员不提供法律意见。当事人在达成调解协议的过程中，可以选择放弃或停止自己的诉求或抗辩，如果他们对此有疑问，可以咨询他们自己的律师。

• 调解员在单独会见当事人时，应该告知当事人哪些声明或文件将会保密，而哪些会分享给其他当事人。

• 调解员不能将在保密情境下获得的一方当事人的信息泄露给其他当事人或任何第三方，除非有发出这个信息的当事人的授权，或者法院要求如此。

• 除非获得同意，当事人不应在调解程序开展时同时开展其他诉讼或行政、司法救济程序。

• 除非当事人和调解员书面同意，调解员或协助调解的其他人员将不能在将来的调查程序中被视为证人、顾问或专家。

• 调解员会用各种他/她认为合适的方法推动和解；调解员应该帮助当事人聚焦他们的根本利益和关切，探索多样化的纠纷解决，发展解决问题的多种选项。

• 当事人应该主动提出或改变当事人关于纠纷解决

的建议;创造性的解决方案应受到鼓励;每方当事人都应该为自己建议的解决方案提供理由说明。

- 如果最终纠纷进入仲裁程序,除非当事人及调解员书面同意,否则调解员不能担任仲裁员。

- 调解员可以基于以下原因,在通过书面形式通知当事人后,在调解过程中的任何时间退出调解程序:(1)个人原因;(2)如果调解员相信一方当事人不诚信;(3)如果调解员发现继续调解将无济于事。如果调解员基于以上第一个或第二个的理由退出调解,他/她无须说明退出的理由。

- 当事人应同意缴纳调解的押金和费用。其他额外的时间,跟进的电话会议,或者其他实质性的与司法或其他程序相关的工作,将会按照比例计费。调解程序在押金缴纳之后才会开始。

由于文化语境和制度环境的不同,上面提到的西方语境下的调解基本规则,中国调解员不可能也不需要照单全收,在这里将其完全罗列,是想让读者从中发现在调解过程中应该留意的问题,以及调解中可能涉及的细微的规范面向。调解中的规则,更多是让调解员向当事人介绍调解运作过程中的程序规范、调解员的工作方法,以及纠纷解决参与人之间的互动模式,并不会直接涉及实体权利、义务的配置问题。

在介绍规则时有一点需要特别留意,那就是需要特别介绍"干预性"规则。所谓的干预性规则就是在何种情况下,调解员会主动介入、影响、管控调解过程的规则。例如,在上面列举的规则中提道:"调解员可以决定在什么时间单独或共同会见当事人。"一般情况下,调解员会在需要提升对话效率时、当事人破坏调解基本规则时,处理调解僵局时、当事人缺乏信任或直接对话能力时,用特殊的技术和安排对调解过程施加不同程度的干预,例如和当事人"背靠背"单独对话。这种干预性的规则应该在规则介绍时清晰交代,并获得当事人口头明示的许可,如"了解了""可以""我明白"。因为这些口头表达事实上构成了当事人对调解员的授权规则，即因为之前的明示许可，调解员获得了对调解过程施加直接干预的权力。如果在开场时缺少必要的交代和解释，调解员突然需要调动干预型的调解技术时，有可能引起当事人对调解员行为动机不必要的猜测，如"是不是法官不接受对我比较有利的情况?""是不是法官会给对方当事人透露什么秘密的消息?""是不是调解员在坚持他自己对纠纷处理的顽固想法?"等。这些猜测会对调解员的干预行为产生合法性挑战，也会破坏当事人对调解员的信任。所以在调解开场时，对"干预性"规则的明示就显得非常重要，否则会使在处理困难情况时，调解员更为被动，因为他主动干预调解过程的合法性并没有在纠纷解决程序开始时交代，也没有双方当事人的授权。另外，单独会面的方法常常在调解进入僵局的时候使用，这一点也不妨碍在介绍规则时向当事人告知，也不至于让当事人觉得调解程序突然出现了新的环节，或不了解的意外状况。

另外，在另一种 ADR 情景即谈判中，明确程序性规则也具有明显的功能性意义。一些重要的谈判往往旷日持久，或者需要经历若干回合才能完成，这个时间周期就酝酿了风险。我们有时会遇到这样的情况，就是对方在谈判过程中采取"灵活战术"，即他们会在后面的谈判中，重新迂回到已经解决了的问题。[①] 这样的做法不仅浪费时间，而且使谈判成果的可预期性大大下降。这种氛围会使谈判者变得焦躁、难受，在这种迂回的情况下，我们有可能进入一种消耗性的对话状态。所以很多有经验的谈判专家都会建议谈判者在谈判的最开始先花时间讨论议程设置，即我们如何开展谈判，以及议题的先后顺序。[②] 例如，双方可以约定，除了能提出具有说服力的理由，我们将不会回旋到已经定案的问题上去。[③] 在这里值得一提的

---

① 参见[美]格兰德·卢姆:《没什么谈不了:谈判实战指南》,姜丽丽等译,世界图文出版公司 2012 年版,第 66 页。

② 参见[美]格兰德·卢姆:《没什么谈不了:谈判实战指南》,姜丽丽等译,世界图文出版公司 2012 年版,第 67 页。

③ 参见[美]格兰德·卢姆:《没什么谈不了:谈判实战指南》,姜丽丽等译,世界图文出版公司 2012 年版,第 67 页。

是,在安排议题顺序时通常是“先易后难”,这样可以使问题的解决形成一种缓和的坡度状态。但值得注意的是,在使用“先易后难”原则对谈判的流程进行安排时,不应该将所有简单的议题在谈判的前半程全部消耗完毕,这样当双方进入困难问题的僵局时,将不再有迂回的空间。

无论是谈判还是调解,作为一种结构性力量,事前明示的议程会增加当事人的服从性,从而强化调解员的控制权。这种对规则的明示和确认也是一种结构性影响,在开局时明示规则和确定议程,可以让双方当事人获得权利、信息、模式、步骤的相关信息,告知他们在何种情势下调解员会主动干预对话之进程。从这个意义上讲,规则使得调解员在冲突解决过程中更为自由。例如,如果设定了关于何时可以回到已经确定之议题进行重新讨论的规则,那么这个规则可以使我们回到原先议题的行为不产生负面氛围的累积,使这种不得已的迂回变得更为自由。基于共识的规则,并在最终规则的基础上推进谈判进程,会使谈判历程减少太多情绪性的麻烦。

到这里为止我们已经介绍了不少调解中的结构化工具和方法了。这里需要特别提示,这些方法不应该被视为教条或套路,而是应该被视为方法与工具。诸多方法的组合,会成为纠纷解决专家的“工具箱”(tool box)。笔者非常喜欢“工具箱”这个观念,这个观念旨在帮助纠纷解决者将零碎的、处理人际冲突的各种经验和工具,用一个高度实用主义的观念将之收敛在一起。在处理“人”和处理“事”(“利益”或“问题”)这两个大的类型划分中,建立属于自己的、个人化的纠纷解决体系。我们应该鼓励纠纷解决专家将自己的“工具箱”与其他专业人士的“工具箱”相互参照、相互砥砺,将学习的过程视为一个对自己“工具箱”的增进与开发的过程,把在实务经验中所积累的新方法放置到“工具箱”的恰当位置予以收纳,这是纠纷或冲突解决专家自身进步的重要阶梯。所以,笔者建议读者可以更加灵活地理解我们上面提到的各种“工具”,同时继续保持思想的开放性,继续学习我们在后面还将向读者介绍的其他“工具”。读者未必要接受笔者“工具箱”里的所有“工具”,更不应该僵化地运用它们,因为包括谈判、调解在内的纠纷解决机制带有很强的个体性与情境性。但是，读者应该接受“结构”这个核心概念，以及“工具箱”这个实践隐喻，从而让各种“工具”获得统一的、简约的理论解释，然后在实践维度让自己的“工具箱”科学配备、不断参照、持续丰满。

（二）理解结构的实践技艺

我们对外部世界是通过概念来进行把握的，所以所有的话语言说都在某种程度上被概念包裹。社会语言学和阐释学都认为概念是模糊的，即使概念的使用者尽力使其细致、精微，也无法完全收缩其多元解释的空间，理论家们讨论的所谓“能指—所指”、“作者已死”、“被抛状态”和“主体视域”都涉及语言及概念的不确定性这个问题。罗素把上述情况概括成哲学中的一个经典命题——“桌子和桌子本身”[①]。假设我们面前有张桌子，我们的感官只能捕捉到它的质感、颜色、体积、硬度以及它的实体存在。但这几个方面一定是在我们脑中经过了某种复杂的资讯整合过程，才被我们指称为了“桌子”，并于其他“非桌子”的事物区别开来。但当我们问“这是什么”的时候（我们用手指指向一个具体的、有着独特色泽与质地的桌子），你会发现仅仅用“这是一张桌子”这样的描述太过模糊，因为一些来源于“这张桌子”之丰富的感性真实与质感细节被“桌子”这个概念基本清洗殆尽，使我们当使用“这是桌子”这一语词对“这张桌子”这一对象进行描述时，终究无法把“此桌”与“彼桌”在表意层面区分开。当笔者用语言描述时，就已经在化约了。我们说这张桌子有多宽、有多高、在哪个具体地点，是不是就可以准确定位它了呢？并非如此，我们在理解这些限制性信息时的多元性，或者误解的发生，还是会对我们真正用语言指涉“这张桌子”构成挑战——这就是罗素所说的观念形成过程中对事实的主观化约，或者用康德哲学“二元论”的观念，即认识和事实之间的鸿沟。

如果我们能够理解并接受其实语言意义高度多样、不稳定的这一事实，在纠纷解决中我们就应该用一些实践技艺保证对话的含义

---

① 罗素的原问题是：（1）到底有没有一个实在的桌子呢？（2）如果有，它可能是个什么样的客体呢？

得到更为清晰的传达。具体言之,在解纷过程中也许会出现以下几种概念模糊的情况。

第一,语词澄清。安杰洛和布莱恩在他们著名的《认识管理》一书中,将语义障碍列为影响有效沟通的三个重要障碍之一。他们举例说道:"当一个监督者告诉你,'我们要立刻将这件事完成。'这是什么意思呢?'我们'仅仅是指你吗?还是指你和你的同事呢?或者你、你的同事和老板呢?'立刻'指的是今天、明天还是下个星期呢?"[①]所以在解纷过程中,纠纷解决者要建立一种本能,一种对概念好奇的本能——"他到底在说什么?他说的这个概念到底是什么意思?"纠纷解决者需要能够洞见语言,或者概念在本体意义上的那种高度的不确定性,努力使得概念尽可能具体,尽可能叙事化,尽可能成为一个"剧本描述",努力使双方对概念的使用最大范围地指向你们想要描述的事情本身。

虽然所有语词都具有意义的不确定性,但在解纷过程中,当事人使用的大量价值判断语词来描述自己的经历、态度、感受和事件,这会使整个对话语言更加模糊。我们看下面一则案例:

> 入职员工:我来到你们这里,就是因为我原先的公司太失败了,真的太失败了!老板是一个完全不可理喻的人,对公司的管理完全没有章法,我们每天都在猜测中探路般地前进。财务也是一团糟……
>
> 人力资源:了解,你说到以往公司在管理上的"失败",能举一些例子告诉我具体是什么情况吗?同时,可否也举一些例子描述一下你所期待的满意的工作管理环境为何?

除了同义转述,邀请对方就模糊的语词进行举例是另外一种处理不清晰概念的方法,对方所举出的具体情况可以让双方就事实问

① [美]安杰洛·基尼齐、[美]布莱恩·威廉姆斯:《认识管理:管什么和怎么管的艺术》,刘平青等译,世界图书出版公司2013年版,第439页。

题形成共识性认知。通过邀请当事人解释、说明、举例，我们可以将当事人在表达时大量使用的价值判断、形容词，转化为具体情景中的遭遇与处境，从而使得价值判断转化为事实描述。很多时候，纠纷当事人并没有提供关于纠纷是什么，怎么发生与如何解决的直接之经验表达，而是表达态度和情绪。例如，“我对他每天扰民非常反感”“他就是有病”“肯定是他，他就是这种人”等。但是通过辨认——请对方说明和举例，我们也许可以发现这些模糊语词的具体含义：

“扰民”——“常常在深夜两三点大声唱歌。”

“反感”——“深夜无法入眠，失眠影响工作和健康。”

“有病”——“是他乱穿马路在先。”

“肯定”——“我在监控录像中看到一个外貌上和他非常近似的人。”

“这种人”——“脾气暴躁，有可能对他人造成伤害。”

将带有感情色彩的概念表述转化为更为具体的经验表达，会使这些事件成为可以被双方辨认的经验材料。是的，这里的动词变成了“辨认”。换言之，情感上的相互对立、仇视是一种不能理性处理的素材，但事实问题是可以的，上面右边的表述都是可以被经验辩证的内容，都可以被证明或证伪：

“常常在深夜两、三点大声唱歌”——“那么事实上是你在深夜大声唱歌吗？”

“是他乱穿马路在先”——“是他乱穿马路吗？如果不是，为什么？”

“脾气暴躁，有可能对他人造成伤害”——“他脾气暴躁有什么具体表现？”

在高度带有感情色彩的表述中，对话的空间被完全挤压，一方的情绪话语只能导致对方的激烈回应，冲突在这个往复的过程中被加剧而非解决。但相反地，诸如“那么事实上是你在深夜大声唱歌吗？”这样的事实问题是可以被讨论的，其中的误会可以被澄清，真实的状况可以被呈现，被举证或者被相反的证据推翻，双方也更容易就事论事。从情绪概念到经验事实，使双方当事人从难以对话先进入冲突程度较低的“辨认”性对话。所以，使用举例，将情绪性的语词转述为对事实的辨认清澄清，这是调解员第一种将模糊概念清晰化的方法。

此外，在处理这种情绪指责时，我们需要更进一步，使用“净语言”（language washing）这种工具。① 所谓的“净语言”即指有利对话情境开展的语言。如果说统一转述是在确定或梳理信息，那“净语言”就是使负面表达在不损害其表意的前提下中立化。在实践中，调解员应该注意“秽语言”，并用意义形塑（reframe）的方式来进行清洗，从而在真实推进当事人沟通的同时控制语言的烈度。② 除了价值判断和形容词表述，容易引发冲突的还有“你”句式。例如，“都是你的错”或“你是……”这样的句式包含明确的指责意味和恶意伤人的成分，并且包含不愿意承担任何责任的意图。③ 调解员应该注意这样的句式，适时地打断，并重新形塑表达者的语言，尽量让当事人从事实观察者的角度陈述事情本身，剔除其情绪性的指责和对人的评断。下面一则例子中我们可以看到在情绪对峙状态中上述几种方法的综合运用：

当事人：“你永远只想着你自己！”

调解员：“我如果没有理解错，你是想说他较少的照顾家庭是吗？”

当事人：“什么家庭，家对他而言根本无所谓！”

调解员：“所以，你是想强调他忽略家庭，对吗？”

---

① ［德］克里斯特尔·弗雷：《化解冲突的黄金法则》，王尚方译，中国铁道出版社2010年版，第47—48页。

② 意义形塑（reframe）的方法的使用，可以参见熊浩：《熊浩的冲突解决课：谈判》，法律出版社2017年版，第112—117页。

③ 参见熊浩：《熊浩的冲突解决课：谈判》，法律出版社2017年版，第112—117页。

当事人："是的。"

调解员："能举个例子说明他忽略家庭吗？"

当事人："他在家的时间都很少，一天到晚在外面。"

调解员（转向另一位当事人）："我们不要陷入相互的指责和情绪化的表达，我们来讨论事实，你是不是花在家里的时间很少？"

第二，冗余信息。概念模糊的另一种原因是信息超载和堆叠。也许简单直接的信息传递是有效的，但当事人将太多背景、思绪、延生性的无关信息也放到了对话情境中，这种话语的冗余会导致对话进入一种无序的意识流状态，从而使解纷过程失焦。在现实生活中，我们也许都有这样的经验，即遇见了特别有说话欲望的交谈者，他们会谈及正题，但在更多的时候他们的发言呈现出高度的发散状态，天南地北的见闻、当下热辣的时政，自己对于这个对话场景的私人见解不一而足。也许这种迂回有时是一种策略，但这种发散式的话语风格使他的交流对象有必要保持对"他说到哪了"的敏感性，并有必要在恰当的时候进行干预，对这些冗长而庞杂的信息进行梳理，使最为关键、重要的内容以某种结构化的方式重新被呈现出来。如果不是聊天而是解纷，那这个整理信息的工作就需要由纠纷解决专家来完成。下面这个对话案例就很好地呈现了这种冗余状态，而调解员则非常准确地切入对方的核心关切，使得真正需要的信息被突出。例如：

当事人：我很享受我的工作，但是我老板在我已经超过工作负荷极限时还让我做越来越多的工作，我对此感到恶心和疲惫。很多工作不是我的义务，我所做的应该被支付双倍的工资。我的妻子和孩子对我从不在家已经忍无可忍。这些工作正在影响我的健康和婚姻，而且无论我怎么和老板说，他对我的工作总是没有任何赞许，也完全不理解我的处境；老板只是告诉我盯紧工作，或者，我们应该共进退。事实并非如此。我被工作搞得如此狼狈是因为老板知道我在乎客户，我需要这份工作，以及我希望能把工作做好，做到极致。而其他同事，你也懂得，如果他们受到像我这样的对待，那么他们一个个转身就走了。是我在客户的抱怨里充当黑脸，结果最后大家还觉得是因为我大家才不能准时下班。

调解员：所以你依旧享受你的主要工作，但在你看来老板没有公平地分配工作量，或者没有对你的健康、家庭和人际关系有所体谅，对吗？①

又如：

员工：我今天非常累，一天的报表，还好在下午能到一楼大厅跑一会儿步。真的，我已经把我的时间完全地用在了工作上，连我的妻子和孩子都已经受不了了，他们昨天还在和我吵闹。但你也知道，我的责任心非常强，每一天都会给自己设定非常详细的目标。上一次人力资源培训的时候，另外一些同事和我在一个组，我们一起学习关于人力资源的一些运作规范，同事们觉得我非常尽职、靠谱。其实我很喜欢我们的企业，只是我想和家人一起吃吃晚饭，多花一些时间陪伴他们。其实我们的企业真的很积极向上，员工之间关系和睦，氛围友善。公司有很多福利，比如一楼大厅中的健身设施就非常人性化，我的很多朋友来到公司看到这些设施都非常羡慕。我知道我们的企业想要创建一个更为舒适的工作环境，让员工更加健康。一些常规化的培训也非常好，我已经感觉在自己的专业领域越来越得心应手。但不知怎的，最近非常累，身体好像有一些跟不上了，也许是缺乏运动的缘故吧……

调解员：所以，你对企业的前景、软环境和自己公司的

---

① See Tony Whatling, *Mediation Skills and Strategies: A Practical Guild*, Jessica Kingsley Publishers, 2012, p. 110 – 111.

运作状况都很满意,你是想和我们谈谈你工作时间的分配以及如何更好地平衡生活和工作,对吗?

并不是说我们需要模仿上面实例中调解员的语言,真正的重点是我们应该看见,调解员从当事人冗长的故事叙述中剥离出了他的核心诉求,从而让对方需要沟通的问题清晰化。这里需要注意,将问题的焦点清晰化,将诉求以极具有逻辑与清晰的方式加以表述并不是当事人的义务,而是调解员的责任,调解员不应该对当事人絮絮叨叨的重复或者情绪性的表达没有耐心,调解与诉讼的区别之一就是调解中的表达会更为细碎冗长。这是因为调解更深地进入了"人"这一维度,所以包括情绪在内的个人问题需要在解纷过程中被处理,而对这类问题诉讼往往不去处理。[①] 只要当事人的表达不是破坏性的,即没有不尊重对方及调解员,破坏规则,大大超过正常时间,表达内容涉及谩骂,调解员就应该营造一个开放、包容的氛围,让当事人能够自由、完整地表达其诉求。调解员在这里使用的方法是一种概括性的"同义转述"(paraphrase),这是一种对模糊语言加以澄清的主要方法。具体而言,调解员对当事人所表述的意思,在经过技术处理后用自己的理解再表述一次。[②]

我们前面提到过,按照结构理论的原则,先行的行为可以成为影响调解的结构性力量,所以对于当事人冗长、焦点模糊的发言,如果解纷时间有限,当然需要纠正。但纠正的方法不是指责或教训,而是"示范"。这主要是因为如果在解纷过程中,只有一方的表达比较零碎或冗长,调解员如果仅仅对这一方进行纠正,就会破坏我们前面提到的"公正中立"或"等距离"原则,从而削弱另一方当事人对纠纷解决者的信任。所以,示范是优先予以运用的结构性影

① See Kimberlee K. Kovach, *Mediation in A Nutshell*, Thomson/West, 2010, p. 41 - 42.

② 通常调解员的这种重述不仅仅是在意义层面的归纳,而且还是在需求层面的概括。就是不仅仅聆听对方的语词,而且要去捕捉对方语词后面的需求,将冗长的实时性叙述转化为"我要什么""我期待什么"的需求性表述。参见熊浩:《"聆听":作为一种技术方法和哲学范式》,载《复旦大学法律评论》2019 年第 6 辑。

响。就"示范"而言,同义转述是影响当事人的最为常见的结构技术。用更为简练、清晰的语言,客观地陈述当事人的意思,实际上是在对当事人的不当发言施加了一个外在的参照,乃至模板,这会构成一种结构性力量从而"润物无声"地对当事人的发言方式进行矫正,逐步引导当事人用更为简要的方式发言。在这里我们要强调,在解纷过程中,如果能使用结构影响,就不要使用直接的控制,这样才能在有效引导当事人定分止争的同时保障当事人的自治权利,同时维持友善、亲和的对话氛围。

对纠纷或冲突的辨认不是解纷过程中的一个阶段性工作,或者一个程序性环节,这个任务伴随纠纷解决的全过程而发生。我们需要在人际互动的各个阶段帮助当事人厘清什么才是他们需要解决的真实问题。毕竟冲突的真实全貌不会自我呈现,无法自行识别,相反地,它常常被概念的含混、冗长的叙述和情绪的奔涌所包裹。将真正的问题从复杂的表述中剥离出来,是纠纷解决专家需要引导当事人完成的重要目标。当真正的"争议"被标定出来,团体动能才会形成聚焦的目标意识,从而在纠纷解决专家的帮助下朝着解决问题的方向,步步为营,持续前进。

(三)积极/主动聆听(active learning)

聆听是纠纷解决中非常重要的技术。一般而言,所谓的积极聆听,是指要关心整个纠纷参与人在沟通情境中的状况,而非仅仅语言信息。有学者指出在解纷情景中,积极聆听会要求调解员对当事人语言、语音语调、肢体语言以及其他一些非动作的讯息(如叹气或停顿)都能敏感关切或好奇。因为虽然语言能帮助我们了解事实,但非动作的表达可以让我们理解当事人的情绪和观念,[①]所以,很多人会认为积极聆听就是更认真地进入交流状态,例如:

"不仅他自己,亦引导团体成员愿意以专注的态度,包括心理的专心注意以及生理的专注姿势,例如坐正的、开

① See David Spencer & Michael C. Brogan, *Mediation Law and Practice*, Cambridge University Press, 2006, p. 163.

放的姿势、身体微倾向对方、眼神自然而专注于对方之口语及非口语反应、轻松而不随便，专心聆听团体成员的叙述，适时适切的非口语反应如‘嗯嗯’的声音，让成员觉得你对他的叙述用心在听，愿意听他的表达，因此他愿意继续于团体中分享他的心声。”①

上述这种理解当然是正确的，它提示我们在聆听的过程中需要关切人际沟通中各种细小而微妙的全息状态。但这种理解，由于翻译的问题，我们往往会错过积极聆听这个概念的要义。积极聆听中的“积极”，对应的英文是“active”，这个概念按照《牛津英文字典》的解释，其一个义项为“always busy doing things, especially physical activities”。基于这一理解，active 当然可以被翻译为“积极”。但是，“active”还有另外一个义项，即“involved in sth; making a determined effort and not leaving sth to happen by itself ”，在这一义项下，“active”是指有作用的、主动介入的，而不是等待事情自然发生。所以 active listening 其实还可以被翻译为“主动聆听”，这一并不主流的翻译其实更靠近这个概念想要表达的意思，即听的过程不是被动的，不是一个等候状态，不是任由耳朵里的声响自然进出；相反，听是主动的，是有意为之的，是有目标的。听不是等候，而是找寻、是发现、是觉知。正是在这个意义上，“主动聆听”这个概念帮助我们澄清了一个对聆听的误解。有不少人会认为聆听是一种与生俱来的本能，无须学习也无须训练。这种理解其实是混淆了几个概念，把“听的机能”与“听的能力”，以及“听的德性”混淆。只要耳朵无碍，大概人的听力相差不大，这是人所具有的自然禀赋，是一种“听的机能”。但“听的能力”和“听的德性”与自然禀赋却大有不同，后面这两个概念都需要后天训练才能涵养、习得，属于实践的范畴。所以杰拉尔德·蒙克和约翰·温斯莱特才在操作的层面上提出了“对情感表达的双重聆听”这一概念。这一概念提示我们要不

① 吴武典、洪有义、张德聪：《团体辅导》，台北，心理出版社股份有限公司 2004 年版，第 112 页。

仅仅听到当事人内部基于生理反应而发生的情绪表现，而且也要将这种情绪状态视为当事人的预期在他人面前的演示。① 例如，如果是悲伤，悲伤源于某种丧失，那冲突解决专家需要进一步帮助当事人去表达当他拥有这一切时的状态与感受，从而看见他盼望拥有的需求；如果是恐惧，则隐含着另一个表达，即当事人偏爱那些更安全的环境和更稳妥的举动。② 总言之，不把情绪看成障碍，而是关注情绪、聆听情绪，由是我们便可以通过情绪来触达当事人真实的内在需求。正是在这个意义上，情绪不是冲突化解的敌人，而是冲突化解的帮手。在这种聆听状态中，你会发现聆听是一个非常主动的过程。在主动聆听意识的指引下，你会发现即使当事人沉默也具有意义。因为沉默也是一种表达，一种需要进一步陈明其意义的表达。无论是否有声响，主动探究的意识并不会不同。在"双重聆听"的指引下，你可以观察和体会当事人的沉默是否意味着他对沟通过程不适、不满，或者无关。这一大致的推测便构成了纠纷解决专家可以进一步了解或关切的方向，使得解纷过程可以继续向前推进。

在理解了积极聆听的概念后，可以将自己的聆听方式与下面表 3－1 进行对照，从而慢慢在行为层面改变自己聆听中的非积极聆听之习惯。

表 3－1　积极聆听技术之总结

积极聆听	非积极聆听
具有对话性，用当事人的语言重复他们的表述	给出的是你自己认为听到的东西，是自己的理解
不要老讲自己	谈论你的观点和意见，老谈论你自己的经验
不引入自己的反应	非常努力地介入其中，试图想要确认接下来要说些什么
让说话的人讲	在感到不适时，就引入新的议题

① 参见［美］杰拉尔德·蒙克、［美］约翰·温斯莱德：《叙事调解：用故事化解冲突》，李明等译，重庆大学出版社 2020 年版，第 38 页。

② 参见［美］杰拉尔德·蒙克、［美］约翰·温斯莱德：《叙事调解：用故事化解冲突》，李明等译，重庆大学出版社 2020 年版，第 39 页。

续表

积极聆听	非积极聆听
对问题澄清	不让大家了解你在说什么
让听者给你反馈	不让听者纠正你
让他们自己得到答案，不要主动建议	给出答案，给出建议
认同听者的情绪，不要怀疑、鼓舞或批评听者	怀疑听者；告诉他们远离这些情绪
施以反馈，这样听者能理解你的意图，讲者也能了解他们自己的意图	你自己搞定、改变和改良自己的表述，特别在认为自己所说的乃是金科玉律时
支持他们的感受	将问题普遍化
允许沉默，可以安静呼吸	把所有空白都填满语句
实验性地给予反馈，并允许对方指正	将你的反馈视为事实

See *Phizone Guide to Active listening in Mediation*, Rhizomenetwork, http://rhizomenetwork.files.wordpress.com/2010/12/active_listening_in_mediation.pdf.

我们对表中的部分内容稍作解释。

用当事人的语言重复他们的表述：使用言说者自己的用词，使得调解员与当事人处在同一个对话情境。重复具有一种极为魔幻的力量，在谈判专家与绑架犯进行的谈判中，谈判专家重复劫匪的话，可以让对方放松、稳定下来，并取得其最基础的信任。甚至不仅仅是语言的重复，身体语言的重复，即以同样的身体语言和对方保持“同幅震动”，甚至也会起到催眠的效果。用谈判专家克里斯·沃斯的话说：

> “重复对方的话，也叫作‘趋同行为’。他的核心是模仿，是人类（和其他动物）的另一种神经活动。在这个过程中，我们相互重复对方的言行以获得确认。这种重复可以使用在演讲中，使用在身体语言上，使用在声音语言里，使用在情绪发泄上，也可以使用在语调上。重复基本上是

> 一种无意识的行为,发生的时候我们往往意识不到。这是一个信号,表明双方开始紧密联系,步调一致,开始建立起一种趋向信任的和谐关系。”①

不引入自己的反应:不要将自己的判断、价值认知代入对话情境中对于纠纷解决专家而言是一种理想,但并不容易做到。按照卡尼曼的研究,人类的大脑往往会“自动的思考”而不是“客观思考”,这种思考是不自觉的、没有意图的、毫不费力的(这便是卡尼曼所谓大脑思考的“系统一”)。② 当自动思考发生时,人们会将自己面对的新情况快速地连接到以往的经验中去,并基于某种与之匹配的过往经验,对身处的现实情境做出假定性判断。③ 因此,过往的知识、背景、经验、认知便构成了我们分析问题时自然仰赖的认知框架和习惯偏好,是一种看似不在场但却又时时在场的思维的路径依赖,这种依赖“污染”了逻各斯中心主义所宣扬的价值无偏的客观。所以,客观是一个“虽不能至,心向往之”的目标,提醒纠纷解决专家在解纷过程中保持对行为的自信,从而节制自己的反应介入是有必要的。

让听者给你反馈;实验性地给予反馈,并允许对方指正:使用诸如概括、同义转述之类的澄清技术时,可以向发言人求证:“我这样概括你的意思是准确的吗?”“其实你的意思是……对吗?”然后等候当事人给予反馈,允许当事人有对自己概括的内容加以纠正的空间。当人们觉得自己可以掌控局势的时候,人们会有更多的积极情绪。按照丹尼尔·夏皮罗的理论,自主(autonomy)即保持控制力是一种人的核心需求,④所以询问对方的意见,然后再进行判断具有优

---

① [美]克里斯·沃斯、[美]塔尔·拉兹:《掌握谈话:解决问题的关键技能》,赵坤译,北京联合出版公司 2018 年版,第 34 页。

② 参见[美]丹尼尔·卡尼曼:《思考,快与慢》,胡晓姣等译,中信出版社 2012 年版。

③ See Elliot Aronson, Timothy D. Wilson & Robin M. Akert, *Social Psychology*, Prentice Hall Publishers, 2002, 4th ed., p. 61.

④ [美]罗杰·费希尔、[美]丹尼尔·夏皮罗:《高情商谈判》,熊浩、许占功译,中信出版集团 2018 年版,第 116 页。

化沟通过程的功能性意义。

让他们自己得到答案,不要主动建议:这是在协助型调解(facilitative mediation)中的重要工作原则。如果我们隐喻式地来理解这种调解模式,协助型调解中的调解员是一个训练有素的仆人,他不决定任何事项,仅仅是让各方当事人在解纷过程中得到专业的帮助。但在东方国家,相对主导的调解模式被称为评估型调解(evaluative mediation),这种模式中的调解员是一位具有权威的专家、一位师长,所以他当然可以给出建议,甚至可以基于自己的经验给出解决方案的参考。但他的所有表态都没有强制力,最终的决定权依旧在当事人手中。所以在评估型调解模式下,调解员可以更为主动、深度地参与解纷过程,并给出建议。

支持他们的感受:支持他们的感受不是指对当事人的意见表达赞许或肯定,而是表示理解和同理。例如当事人说"他们的服务很糟糕"——这是当事人主观对服务的感知,不是一个普遍化的事实,也不是可以辨认的事实,故调解员应该同理的是当事人的感知——"我了解了,你觉得他们的服务并不能让你接受和满意",而非"是的,他们的服务很糟糕。"——后者的讲法将一个主观陈述普遍化了,变成了一个客观事实。

允许沉默,可以安静呼吸:沉默是当事人需要的情绪表达或缓冲状态,应该给予他们适当的空间。

四、情绪管理

(一)情绪是需求的路标

随着冲突化解理论的进步,"原则谈判"在之后的理论发展中受益于法学与心理学交叉学科研究的成果,冲突解决中的利益观念被更加广泛地理解为"需求"(needs)。在本质上,这两个概念其实都在试图描述那些触发和牵引人们产生行为并介入纷争的内在缘由,但"需求"这个概念可以帮助我们更好地避免利益(interests)这个概念可能带来的误解,即认为这种触发和牵引人们产生纷争的原因只是,或主要是经济性的、物质性的、外部性的。相较于"利益","需求"这个语词可以避免这种误会,它可以更为有效地将物质与心理因素都纳入解决冲突的具体过程中。在核心需求(core needs)的理论基础上,丹尼尔·夏皮罗赋予了情绪重要的本体价值——因为那些明显乃至极端的情绪状态,事实上正在清晰地标定着情绪释放者的需求,他真正在意、渴求和关切的那些需求——这不是冲突化解的障碍,而是信号、是标志,是解决问题的通路和门径。甚至在某种意义上,我们可以说情绪是纠纷解决中最有价值的,是最值得珍惜的主体性呈现,这是因为个体的一些幽深而真切的价值观在情绪中被真实地激活了。如果人们进入了认同冲突的对话场域,议题的讨论对他们没有情绪的卷入,那么"自我",那个潜伏在意识深处,携带着偏见、意见、情绪能量与好恶的自我便不会"显灵"。如果没有意义感,没有爱与恨,没有眷恋与愧疚,又何必让情绪如此直接的暴露出来?而如果当事人真实的情绪在对话中被激发,才使当事人不仅仅是利益的求取者,或者问题的旁观者,而是这个问题真实的主人。这种"主体性显灵"彰显了当事人真诚的"在",使对话具有了张力与活性。这种情绪虽然并不容易处理,但却正好构成了我们逼近"不在场的冲突"的具体路径。① 正如伽达默尔具有洞见性的观点:"不是我们的判断,而是我们的成见构成了我们的在。"②让我们再回到丹尼尔·夏皮罗的理论。丹尼尔·夏皮罗认为每当当事人展现或流露出情绪的时候,我们不要仅仅只在表层去推动对情绪的控制技术,还需要"见微知著"地透过情绪去定位、明辨和发现当事人的真切需求。在丹尼尔·夏皮罗看来,情绪的激烈状态意味着冲突中的当事人的"归属"(affiliate,意思是接纳为一家人)、"获得赏识"、"尊重自主"、"承认地位"和"角色意义"等五个最基本的需求没有被认知对待、尊重或满足。③ 而在这种情况下,如果不去认真地对待这些需求,不把被情绪所托举和展露的需求反转上

① 参见熊浩:《论认同冲突的化解:一种人本主义的实践方法》,载《华东师范大学学报(哲学社会科学版)》2022年第4期。

② 张汝伦:《意义的探究——当代西方释义学》,辽宁人民出版社1986年版,第176—177页。

③ 参见[美]罗杰·费希尔、[美]丹尼尔·夏皮罗:《高情商谈判》,熊浩、许占功译,中信出版集团2018年版,第20页。

来，成为冲突化解过程中需要去积极直面和处理的问题，而是把人的这些基本需求以某种程序或规范要求予以排除或压抑，那有效的定分止争便成为一种梦幻了。

所以，在冲突化解的场域，认真地对待当事人的情绪在本质上是认真地对待当事人的需求。例如，在股权纠纷中的一位股东对公司新的股权配置方案感到非常不满，他的负面情绪非常强烈，认为其无法再继续担任这家公司的股东。这样的商事纠纷如果进入调解，当事人对"公司新的股权配置方案感到非常不满"这一严重的负面情绪事实上标示着当事人的某些核心需求没有得到满足。也许他感到自己曾经的付出和贡献没有得到肯定；也许是觉得自己被像外人一样对待，失去了曾经的归属感；也许是在决策过程中自己的地位和权力没有得到应有的尊重等。在这种情况下，如果调解员去诉诸成文规范，或者用安抚、劝慰的方式去简单地疏解情绪，那纠纷其实没有办法得到化解。但如果相反，调解员不将情绪视为障碍，而是视为发现与定位需求的路标，然后通过细腻而周全的对话交谈，使得纠纷解决的过程通往对当事人需求的探问，便有可能基于对需求的真切发现，并在不违反强行法的行动框架内为争议各方制订贴合与满足他们需求的问题解决方案。总而言之，关注情绪、聆听情绪，我们便可以通过情绪来触达当事人真实的内在需求。正是在这个意义上，情绪不是冲突化解的敌人，而是冲突化解的帮手。

（二）情绪管理的实践技艺

导向对需求，特别是五种基本需求（归属、获得赏识、尊重自主、承认地位、角色意义）的探问和照顾是处理情绪的原则性方法。但基于一些细腻的微观场景，笔者再介绍一些更为具体的人际互动技术。

首先，情绪抵触。前文中介绍过的同义转述和示范其实最多地就是应用在处理情绪抵触中。产生情绪抵触的原因除了当事人的基本需求没有得到满足，还可能是调解员在开场阶段的专业信赖没有被成功建立。如果是后者的因素，调解员就需要针对性地去处理；但如果当事人产生负面情绪主要是由于焦虑，或者对另一方当事人的敌视而非指向调解员或调解程序本身，那调解员可以通过同

义转述与示范对有情绪的当事人施加结构影响力。例如:[①]

戊小姐:“丙先生,听了您说的话后,您知道我有什么感想吗? 唉! 全身都起鸡皮疙瘩。”

领导者示范并向团体分享,改以:“丙先生,刚才您说的这段话,让我觉得不太自在。”[②]

在上述互动中,调解员将当事人的情绪转化为了相对中立的叙述,并可以使用我们前面介绍过的方法,将对话导向对情绪语词“鸡皮疙瘩”的辨认,从而使主观性叙述逐渐客观化。但如果当事人的情绪比较复杂或微妙,纠纷解决专家或调解员就需要进一步探问当事人产生这种情绪的原因,理解情绪与某种需求未被满足的因果关系。在实践中,调解员会与当事人进行一对一的单独交谈,了解当事人的真实想法,并耐心地向其介绍调解的进展情况与调解员的专业立场。[③] “单独会谈”是调解程序中最有特点的机制安排,这种安排在处理情绪时往往非常有效。

在处理一般的情绪抵触问题时有三点值得强调:第一,如果一方当事人产生情绪抵触不是因为对方当事人或对调解程序的不了解,而是由于对调解员的不信任,这种情况下调解机构需要考虑更换调解员。当事人如果无法建立对调解员的专业信任,那么在后面会遭遇各种障碍与挑战。第二,如果调解员发觉当事人的情绪抵触是一种表演,是一种拖延解纷时间的战术策略,在这种情况下应该尽快终止调解程序,用诉讼或其他程序处理纠纷。第三,如果在调解过程中,调解员遭遇当事人剧烈的情绪抵触,比如个别当事人对调解员直接质疑或打断,调解员一定要冷静处理,避免与之产生直

---

① 参见吴武典、洪有义、张德聪:《团体辅导》,台北,心理出版社股份有限公司 2004 年版,第 187 页。

② 吴武典、洪有义、张德聪:《团体辅导》,台北,心理出版社股份有限公司 2004 年版,第 187 页。

③ 注意,为了体现“公平就是等距离”原则,在和情绪当事人一对一交流后,调解员需要和另一方当事人也进行交流,以保障双方当事人受到的对待尽可能一致。

接的争执，因为这会使调解员从纠纷解决者转化为纠纷当事人。这种情绪应对的能力在日常的培训中需要专门训练，刻意练习。在这种对话中，保持话语能量的清晰、缓慢、稳健就非常重要，例如：

调解员：好的，我们就来先谈谈这个借贷合同出现的原因吧。

当事人：我不想再讨论这些“陈芝麻烂谷子”的事了，你为什么不问问他为什么有钱不换？他拖欠我的欠款那么久了，为什么不讨论这个问题！

调解员：（语气平和，停顿、沉默5秒左右，眼睛扫视全部纠纷参与人而不是将目光聚焦在产生抵触情绪的这个当事人身上，语气稳健而缓慢地开始发言）王老师很希望我们讨论欠款，这个心情可以理解（表达对当事人的同理），请让我很快地解释下为什么我要从这个问题开始我们的调解吧（强调很快，稳定情绪当事人的预期）。所有纠纷都有发生的特定原因，而对这个原因认识的分歧往往成为你们产生矛盾的导火线。讨论纠纷的原因并不会让我们回避讨论问题的解决方案，事实上，讨论纠纷产生的原因在某种程度上就是在讨论我们应该如何更有效、更根本地解决问题（在表达过程中，保持对所有当事人目光的温和接触）。我们可以继续了吗？

保持语气的平和，不因为个别人的抵触情绪而将所有的焦点转移到这个特定的当事人身上，而是依旧能够就事论事地讨论问题。这意味着调解员用自己的行动向当事人传达了一个重要的信息，即“你不会因为你的情绪化反应而获益”。在做出必要的解释后继续推进调解程序，这才是调解员在遭遇当事人的情绪抵触时应该完成的工作。

其次，沉默状况。对话中会出现当事人的沉默状况，这需要进行区分对待。有的沉默是有效的，这是因为当事人需要一个较为安静的思考时间。但是即使沉默是有效沉默，这个时间也不宜太久，请以 15—20 秒为限,一旦沉默达到了这个时间,调解员便需要打破沉默使团体重新开始工作。[①] 应对沉默的方法是表达理解,以真诚的态度表示出关心,让沉默者对其沉默的意义作出说明,而不是否定沉默、转移话题。例如,在沉默了十几秒后,调解员可以说:“丁小姐,刚才大家讨论到……事情,这个部分不是那么容易接受,所以你需要一段时间来消化这我完全理解。我的初步感受是——不一定对啊,不对您纠正我——您之所以进入沉默是因为……不知道我的理解对吗?”注意,调解员首先要表达对沉默的同情理解,其次将开放性话题收缩为封闭性问题,因为封闭性问题的回答较为简单,这样可以使当事人做出简单反馈即可,当事人继续参与对话的难度便降低了,其也可以有更多时间来消化信息和整理思绪。[②] 但如果遇到的是无效沉默,那当事人实际上是在用不作为的方式对调解过程予以抵制(从沉默时间、身体语言与语言的一致性、单独对话的有效性上即可对沉默的真实性作出有效判断)。那此时的沉默其实是抵触情绪的一种表现形式,应该用我们前面论及的情绪抵触的方式予以处理。

最后,情绪失控。第一种常见的情绪失控是愤怒。但如前所陈,看见情绪在纠纷解决中不是坏事,这意味着当事人真实地展现了他的需求和在意。在真实的而不是表演的情绪失控中,我们看见了当事人真正在意的是什么,我们距离他的需求是更近了,而不是更远。处理情绪失控状态时,调解员需要保持自身情绪的稳定性,然后使用“背对背”的方法[③]让当事人前往一个相对安静、独立的空间。在这个空间中,调解员可以为当事人提供能量补给(如提供甜

① [美] Ed E. Jacobos 等:《团体咨询的策略与方法》,洪炜等译,中国轻工业出版社 2000 年版,第 444 页。

② 在与当事人互动时,我们通常会建议更多地使用开放性问题,所以这里是一种值得留意的例外情况。一般情况参见熊浩:《熊浩的冲突解决课:谈判》,法律出版社 2017 年版,第 75—77 页。

③ “单方会议”是指调解员与一方当事人单独沟通的解纷环节。通常调解员会带一方当事人前往调解室旁边一个单独的会议室进行对话。和一方当事人的对话完成后,调解员会邀请另一方当事人进入“背对背”环节。双方单独见面后,再回到调解室继续调解程序。

食或热茶）、足够长的对话停顿时间、心理上的安慰，以及基于情绪展开对当事人需求的深入探知。①

第二种常见的情绪失控是当事人在纠纷解决现场哭泣。在处理哭泣情境时，应该注意以下几点：（1）处理哭泣情境的时间不宜太久，否则哭泣的当事人会取代整个团体成为纠纷解决的焦点，从而让对话目标、对话结构溃散。（2）调解员可以立即与这个哭泣的当事人结成对子，进入“背对背”对话环节，与其进行一对一的讨论，了解他/她情绪失控的原因，并在当事人释放情绪后安抚当事人。（3）要辨别哭泣到底是一种情绪失控，还是有意的策略运用。如果是后者，则需要调解员用处理抵触情绪的方法去应对。

五、多方调解

多方调解是指解纷过程中参与调解的当事人数量较多的一种调解方式。在不少案件中，由于双方或多方当事人会有律师、亲友陪同，会使得解纷过程的参与者数量超过三人（有除了双方当事人与调解员以外的人员加入）。从心理学角度看，多人在一段时间内交互作用、彼此影响的一个组织就是小团体，这使调解员需要在团体意义上对纠纷/冲突进行驾驭。面对多人参与的调解情景，心理学团体咨商的原则与方法可以适用在这一情景中。我们在本部分仅仅介绍一些常见的团体干预技术。

（一）识别“盟友”和处理“反叛者”

在仅仅只有两位当事人时，这个问题并不突出。但如果在众多参与者在场的情景下，识别盟友就显得很重要。识别同盟者是从心理学团体咨商和焦点团体中借鉴而来的方法。同盟者是指在团体中倾向于合作，有着较好的同理心，或处理问题理性、冷静、公正；或是调解员较为容易影响的，可以对调解员提供支持和帮助的团体成员。参与调解的当事人越多，寻找同盟者就越为重要，同盟者可以帮助调解员应对一些调解中的困难状况。例如，在当事人情绪非常激动时，让这个理性的同盟者发言可以缓解这种浓郁的情绪氛围；

① 参见熊浩：《熊浩的冲突解决课：谈判》，法律出版社2017年版，第175—189页。

在有部分当事人观点对立激化时,让这个同盟者讲一些“公道话”可以使冲突烈度下降;甚至在一些情况下,让同盟者陪同观点激化的纠纷当事人进入“背对背”环节,同盟者也可以辅助调解员进行安抚工作。总之,同盟者是那些对纠纷的顺利解决有最大认同的人,他们可以为创造健康的沟通氛围,凝聚更大共识空间的力量。但值得注意的是,“有些成员开始非常合作,看上去是同盟者,但随着团体的发展,他们会希望接管团体或者让团体的注意力集中在他们身上。有时,你最好的同盟者是那些开始时很安静、并不突出的成员们。通常需要经过至少一两次团体会面,才可以辨认出那些特别有帮助和合作的成员们”①。换言之,同盟者在团体中是会变化的,调解员需要保持对群体互动状态的敏觉,并在情况变化时做出相应的应对和调整,这是调解员应该具有的素质。此外,同盟者是调解员应该加以运用的结构性因素/力量,而非自己在团体中的偏好对象,换言之,不能因为有同盟者的存在而改变你与所有参与者等距离的关系和公正无偏的原则。同盟者的识别,可以参考我们前文在人际接触部分介绍过的相关技术。

反叛者有很多不同的类型,总体而言是指在调解过程中的不合作者、失控者。我们在判断一个参与人是否为失控者可以参考如下标准:

> 1. 这个成员说了有多长时间?
>
> 2. 这个成员对别的成员的意见发表了多少评论,他的发言与团体的本来目的一致吗?
>
> 3. 这个成员与别人抢话说吗?
>
> 4. 对这个成员的发言,别人已感到厌烦或愤怒了吗?
>
> 5. 这个成员这样讲话的原因是紧张还是要给别人留下印象?②

---

① ［美］Ed E. Jacobos等:《团体咨询的策略与方法》,洪炜等译,中国轻工业出版社2000年版,第174—175页。

② ［美］Ed E. Jacobos等:《团体咨询的策略与方法》,洪炜等译,中国轻工业出版社2000年版,第432页。

和前面类似，调解员不应该向反叛者投注负面的感情色彩，因为他们正是你需要帮助的人。我们专门谈到反叛者，是提示调解员应该特别注意反叛对团体动能产生的结构性影响，并适时地进行干预，否则团体动能会走向离散甚至溃败。例如，他们对共同规则的破坏（不管是有意的还是无意的），会削弱调解员对解纷过程的控制力。前文中提到过的一些微观技艺，例如，用目光的转移来打断反叛者的发言；邀请反叛者做出正面反馈；借助同盟者来处理反叛者导致的困难问题；邀请包括反叛者在内的团体成员重申规则，重新确认规则，重新确认调解员对规则破坏者的干预性权力，这些都可以被用来调试反叛者的行为，从而使团体动能恢复有序。此外，在调解进行过程中与反叛者单独对话也是一种常用的方法，通过他们的对抗情绪来挖掘他们未被满足的需求，也可以帮助反叛者更好地融入解纷过程中。在处理反叛者时应该特别注意，不要和反叛者发生正面、直接的冲突，因为这会使得调解变成调解员和成员之间的争论。“如果领导者发现自己处在争论之中，最好的办法是把焦点转移到别的成员或话题上，然后在团体结束后再与该成员谈话。”①

（二）避免单一选项的零和博弈

当事人的对抗性状况还有可能是一种结构性后果，是解纷过程零和博弈导致的对抗性。“零和博弈”源于博弈论，是指在博弈中，一方所赢等于另一方所输。“零和情境”是调解中一种不健康的氛围，会加剧冲突，导致当事人之间更加敌视。为了避免出现零和情境，除了前文提到过的营造一个健康的对话氛围外，还需要保持纠纷解决多元选项出现的可能性。多个解决方案会让调解有回旋的余地和交涉的空间。如果只有一个可能，只有一个选项，双方当事人就会在这个选项里拉锯，就容易产生直接的对立，陷入零和博弈。例如在一个关于履行建筑合同的纠纷调解的后期：

调解员：看来你们各方都同意建筑合同应该继续进行

① ［美］Ed E. Jacobos 等：《团体咨询的策略与方法》，洪炜等译，中国轻工业出版社 2000 年版，第 438 页。

下去,那么我们来讨论一下具体的方案。

当事人A:我们可以继续聘用你们这个建设公司,解决项目拖延的办法是你们派专人和我们每天报告工程进度,完工时间"以终为始"倒推,说清楚每一天要做什么。

当事人B:我们之前没有办法完成合同进度,不是报不报告工程进度的问题,而是因为你们一直要求我们一有疫情就停工,这又不是我们的原因。

调解员:非常感谢你们能够坦率而直接的交换意见。双方都同意要把合同履行下去,制定项目完成的合理时间和科学进度是正常的。你们刚刚的讨论已经产生了一个解决办法了,就是双方每天报告沟通工程进度是否符合预期。这是一个方案,那为了保证工程的按时完工,我们还有别的办法吗?先不要记着选择,我们可以先把各种可能的方案都头脑风暴一下。

调解员在这里的干预是想要保持各种解决方案的多样性。如我们前面所说过的,先行的话语和行为将会对后续互动产生结构性制约,换言之,在某一方明确表达后,人们对纠纷解决多元方案发掘的想象力将会被抑制。简单的方案设定,会使得对方当事人迅速进入对这个诉求是否合理,自己是否能接受的应激状态,由此进入零和博弈。所以,零和博弈是一种由于过于操切而导致的想象力受限。如果调解员能够鼓励当事人对诉求多表达,对可能的解决方案多表达,让创意过程不因判断而被打断,鼓励各方尽量去设想满足大家需求的各种问题解决方案,那么对话的重点将从对峙转化为创造,从而避免当事人之间直接的对抗。[①] 另外,不同当事人提出的多元方案中的相似部分,也可以被调解员凝练为各方的共识性认知,这会有利于共同点的扩大与友善性的提升。[②]

---

① 这一方法的具体操作需要借助"冲突外化"的技术,我们在后面ADR教学法的章节中,会专门介绍这种技术。

② 由于相似而产生亲和的心理机制,可以参见[美]罗伯特·西奥迪尼:《影响力:the Psychology of Persuasion》,闾佳译,北京联合出版公司2021年版,第90—93页。

除了提出方案和想法的顺序,调解员也需要留意那个/那些特别有主见,表达能力较好的当事人。他们的表现使得他们的观点相较于他人更加突出,从而会抑制其他创意或不同方案出现的可能性,由此会让调解进入零和状态。当然,处理这种状况的办法不是专门去抑制这种当事人的发言,因为这样做会使这个当事人怀疑调解员的公正无偏。一个比较合适的处理方式是在调解中间创造一个私人对话的环节,让这个/这些当事人有机会和调解员畅所欲言,将他们的意思完全表达完毕。这样在后面的调解中,调解员可以用总结的方法将这位当事人在单独对话中的意见用较为简洁的方式让大家知道,这样既尊重了发言者的意见,又避免了个别当事人对团队进程的支配性影响。永远要记住,“背对背”是调解员最强大的武器,几乎所有挑战性状况都可以放到“背对背”环节来处理。通过“背对背”的方式,调解员可以了解当事人在之前的陈述与沟通环节中未能或不愿意披露的信息,探讨当事人利益之所在及其与当事人立场的关系,安抚当事人,探求当事人之间产生争议的真正原因与真实态度,了解当事人的调解底线,加强当事人对调解员的信任和依赖。[①] 我们甚至可以说“背对背”环节是调解有别于谈判的关键机制之一,是挖掘当事人真实、隐藏需求的重要动作。纠纷越是复杂,调解员就越需要使用“背对背”来挖掘、梳理和排序当事人的需求,处理解纷中的困难情况。[②]

如我们在导论中提到,过程研究是非诉讼纠纷解决研究中具有中心价值的研究范式,这一范式帮助我们将纠纷的发生与化解视为一个动态过程。从这个视角出发,解纷过程更像是一个相互连通的生态系统,而不是一个按照说明书标准运转的机械装置。过程性视野的开拓可以帮助我们提炼、发现和整合那些使纠纷得以成功化解的有效技艺。本章正是在这个意义上对纠纷解决的关键技艺进行的勾勒,并试图不仅仅介绍工具与方法,也同时揭示这些工具与方

---

① 参见赵云:《调解实务与技能》,清华大学出版社 2011 年版,第 72 页;孙赟峰主编:《如何做好调解工作:调解实务技巧与案例》,中国法制出版社 2013 年版,第 111 页。

② 参见盛永彬、刘树桥主编:《人民调解实务》(第 4 版),中国政法大学出版社 2018 年版,第 110 页。

法适用的现实依据与理论前提,使我们在运用这些方法化解纠纷时,能逐渐建立起方法论意义上的自觉。最后,笔者还想要强调关于纠纷解决技术的发掘与研究——当然,这种研究是具有社会科学意义的——是我们国内学术界相关研究明显的短板。过程研究之不彰自然导致了化解技艺不被重视,导致纠纷解决的理论叙事无法转化成行动效能,导致调解的技艺要么沦为空泛的大词,要么陷落在个体经验的单薄描述中。所以,以过程研究范式为出发点,以技艺为研究重点的法学社会科学交叉学科实践应该被进一步提倡和鼓励。只有这样,纠纷解决才不是一套书本中的抽象教条,而是落实在现实中的真切实践。也只有这样,纠纷解决学科才会展现出对中国法治建设、社会治理优化的更为直接和具体的推动力。

值得进一步阅读的参考文献

[美] Ed E. Jacobos 等:《团体咨询的策略与方法》,洪炜等译,中国轻工业出版社 2000 年版。

[美] S. E. Taylor 等:《社会心理学》(第 11 版),谢晓非等译,北京大学出版社 2004 年版。

[美]丹尼尔·卡尼曼:《思考,快与慢》,胡晓姣等译,中信出版社 2012 年版。

[美]罗杰·费希尔、[美]丹尼尔·夏皮罗:《高情商谈判》,熊浩、许占功译,中信出版集团 2018 年版。

吴武典、洪有义、张德聪:《团体辅导》,台北,心理出版社股份有限公司 2004 年版。

熊浩:《"聆听":作为一种技术方法和哲学范式》,载《复旦大学法律评论》2019 年第 6 辑。

熊浩:《论认同冲突的化解:一种人本主义的实践方法》,载《华东师范大学学报(哲学社会科学版)》2022 年第 4 期。

赵云:《调解实务与技能》,清华大学出版社 2011 年版。

Carrie J. Menkel – Meadow et al. ,*Dispute Resolution*:*Beyond the Adversarial Model*,Aspen Publishers,2005.

David A. Hoffman & Richard N. Wolman, *The Psychology of Mediation*, Cardozo Journal of Conflict Resolution, Vol. 14, p. 759 – 806(2013).

Gary T. Furlong, *The Conflict Resolution Toolbox*: *Models & Maps for*

Analyzing, Diagnosing and Resolving Conflict, J. Wiley & Sons Canada, 2005.

Ruth Charlton & Micheline Dewdney, *The Mediator' s Handbook: Skills and Strategies for Practitioners*, LBC Information Services, 1995.

Siew Fang Law, *Culturally Sensitive Mediation: the Importance of Culture in Mediation Accreditation*, Australasian Dispute Resolution Journal, Vol. 20, Iss. 3, p. 162 - 171(2009).

Tony Whatling, *Mediation Skills and Strategies: A Practical Guild*, Jessica Kingsley Publishers, 2012.

XIONG Hao, *The Feasibility of Court Mediation in the Grassroots Southwest Grassroots Society of Southwest China: A Case Study from Yunnan*, Hong Kong Law Journal, Vol. 44, p. 277 - 302(2014).

第四章　ADR 作为一种制度安排:中国调解立法的模式选择

一、引言

调解,作为诉讼的替代解决方案,一直以来在我国以及世界各地的民事纠纷中得到广泛应用。自古以来,调解作为一种蕴含着中国传统智慧的争端解决方式,被誉为“东方经验”。孔子曾教诲世人:“听讼,吾犹人也,必也使无讼乎。”自此,“无讼”就成了古代士大夫们对于社会治理所向往的最高境界。[①] 在当下中国的现实语境下,人民调解、司法调解以及行政调解构成了调解制度的主要内容。作为一种制度安排,以调解为代表的 ADR 制度的基本原则是合法、自愿(当事人间的意思自治)、公平(当事人平等、第三方调解人的中立)以及保密等。[②] 现代调解与中国古代传统的调解制度相比较,后者是以“义举”的模式进行的,缺乏相应的自

---

① 参见曾宪义:《关于中国传统调解制度的若干问题研究》,载《中国法学》2009 年第 4 期。

② 参见范愉:《中国非诉讼程序法的理念、特点和发展前景》,载《河北学刊》2013 年第 5 期。

愿性。[1] 但是由传统调解发展到 ADR 制度没有发生变化的是,调解一直建立在"地方性知识"与"情境性知识"的运用之上。因此,在现实的调解实践维度,中国社会的时空差异必须得到制定法的重点关注。在我国古代社会中,"中央官僚律令—地方共同体惯例"二元构造使儒士集团充当了"大传统"与"小传统"之间协调的媒介,从而使统一规范能和洽地与地方解纷时间"嵌合"。[2] 而如今,人民调解员则被认为是融通与连接积极型国家与乡土社会的重要角色。[3] 我们应该看到,越是接近边远基层,越是容易看到中国社会治理生态的多样性。例如,在一些乡土社会性质更浓的地区,基层法院会将调解当作一种"模糊的法律产品",把诸多非法律因素(如道理、人情)纳入纠纷解决的考虑范围之中。[4] 由此,在我国调解的基础立法构造中,应该设计国家规范、宏观政策进入地方调解现实情境的弹性制度空间,不能忽略中国的不同区域对纠纷解决政策设计的不同需求。一旦政策的强制执行明显压缩调解在具体情景中适用的制度弹性,便会使调解立法遭遇落地之困。

坦率说,在中文学术界探讨调解规则建构的相关研究中,调解在不同地区的实践差异被一定程度地忽略了,大多数学者将关注点集中于如何完善现有的制度规范。例如,在人民调解方面,有学者主张将人民调解作为诉讼前置程序并接受法院委托进行调解;[5]而在性质认定上需要保持人民调解的民间性,[6]以及调解员的中立性

---

① 参见王钢:《中国传统调解模式探微——兼与现代调解相比较》,载《武汉大学学报(哲学社会科学版)》2013 年第 1 期。

② 参见季卫东、易平:《调解制度的法律发展机制——从中国法制化的矛盾入手》,载《比较法研究》1999 年 Z1 期。

③ 曾令健对于当代中国社会概貌描述为"积极型国家"与"乡土社会"二分结构,参见曾令健:《承继·契合·沟通——结构主义视角下的人民调解》,载《当代法学》2009 年第 6 期。

④ 参见杨柳:《模糊的法律产品——对两起基层法院调解案件的考察》,载《北大法律评论》1999 年第 1 期。

⑤ 参见刘敏:《人民调解制度的创新与发展》,载《法学杂志》2012 年第 3 期;雷霆:《人民调解制度的二元分化趋势对诉调对接的影响及其程序上的对策》,载《法学杂志》2011 年 S1 期。

⑥ 参见于语和、刘志松:《我国人民调解制度及其重构——兼论民间调解对犯罪的预防》,载《浙江大学学报(人文社会科学版)》2007 年第 2 期。

和保密性。[①] 此外,也有对调解员遴选标准、国家经费保障等配套制度的建议。[②] 在司法调解方面,基于我国目前司法调解被审判权控制并且法定的适用范围未予明确,学者提出应该立法明确该范围并建立转介调解制度,即赋予当事人相应的程序处分权。[③] 再者,在调解与审判关系上,学界产生了不同的态度。基于调解的自治原则,部分学者主张"调审分离",[④]但也有学者认为其在实践中缺乏效率,故质疑其合理性。[⑤]

上面这些讨论当然是有意义的。这些讨论虽然在关注的问题上不尽相同,但讨论的本体预设却基本一致,都内含有"一元立法模式"的天然预设,即以一套统一的调解制度设计去应对全国各地不尽相同的在地情境与复杂纠纷。由于意识到了调解实践的多样性与复杂性,范愉教授曾指出在立法政策的角度上,为了避免部门利益的狭窄性以及调解运作的单一化倾向,一部人民调解法不足以也不应该去统合各类民间社会性调解的方案。[⑥] 因此,无论我们是否设立统一的调解法,一个调解规范构造的基本问题都是无法回避的,即如何处理规范的统一性、一元性取向和调解的在地性、多样性实践之间的张力。这一问题在逻辑与价值上都先于调解具体规则的设计问题,是具有中国特色的现代化调解制度构造的元问题之一。本章将从 ADR 理论和中国调解制度历史及现状这两条脉络,对当下中国应采取二元立法结构的合理性进行分析。

---

① 参见刘敏:《人民调解制度的创新与发展》,载《法学杂志》2012 年第 3 期。

② 参见刘加良:《论人民调解制度的实效化》,载《法商研究》2013 年第 4 期。

③ 参见宋明:《司法调解的法社会学分析——以实证研究为视角》,载《比较法研究》2014 年第 3 期;赵远:《困境与出路:我国诉前调解制度改革论析》,载《法学杂志》2009 年第 6 期。

④ 参见李浩:《调解归调解,审判归审判:民事审判中的调审分离》,载《中国法学》2013 年第 3 期;陈亚平:《我国诉讼调解制度完善研究》,载《法学杂志》2008 年第 1 期。在调审分离的主张下,又具体分为几种不同的方案,参见周翠:《调解与审判的关系:反思与重述》,载《比较法研究》2014 年第 1 期。

⑤ 参见黄海涛:《法院调解阶段性的制度化问题初探》,载《法学杂志》2010 年 S1 期。

⑥ 参见范愉:《有关调解法制定的若干问题(下)》,载《中国司法》2005 年第 11 期。

二、调解的语境适用性

现代 ADR 制度的一个重要理论支柱是现代社会纠纷的多样性,而多样的纠纷类型需要多样的纠纷解决制度供给予以匹配。如果没有违反强行法,或者当事人依法享有自主选择纠纷解决机制的权利时,使用司法裁判解纷并不总能提供最合适的问题解决办法。

我们并不是对司法裁判采取一种否定态度,如果没有违反强行法,或者当事人依法具有自主选择纠纷解决机制的权利时,使用司法裁判解纷并不总能提供最合适的问题解决办法。我们并不是对司法裁判采取一种否定态度,而是对所有纠纷与冲突解决的机制都保持其适用边界的警惕。正如不少学者所指出的,调解——无论是法院调解还是人民调解——与任何纠纷解决的制度安排一样,并不能适用于所有情境,并不能解决所有类型的纠纷,调解是有其制度适用边界的。当事人的性质、纠纷的性质和调解员的胜任力水平,都会决定调解是否能真正有效地定分止争。[①] 对中国调解的研究也表明,调解的适用性取决于争议问题的性质、在地的公权力能够提供有利的解决问题方案之可能性、是否存在其他救济手段,以及当事人及其所在社区的特点。[②] 也就是说,调解乃是一种情境性的知识运用(situational knowledge),其有效性是有前提或制约条件的,如果调解员片面地追求对调解的适用而忽略诸如当事人特质、纠纷性质、社区影响等具体因素,这样的调解将会在司法实践中产生不利的后果。我们应该看到,在过分强调调解的司法政策驱动下,非常有可能形成一种并不健康的司法调解氛围。法官的调解行为,将

---

① See Jacob Bercovithch & Jeffery Langley, *The Nature of Dispute and the Effectiveness of International Mediation*, Journal of Conflict Resolution, Vol. 37, Iss. 4, p. 670 – 691(1993).

② See Benjamin L. Read, *Mediating the Mediation Debate: Conflict Resolution and the Local State in China*, Journal of Conflict Resolution, Vol. 52, No. 5, p. 737 – 764(2008).

可能更多地受到其绩效、表彰这类经济或政治激励因素的影响,[①]他们也可能并不会特别在意调解适用的恰当性、有效性和可行性。而这种对调解的过分偏好可能会产生并不恰当的纠纷解决结果,这些结果也可能会被"司法为民""和谐社会"等政治意识形态正当化,从而导致调解的情景性特征被忽视,进入过度适用的不当状态。

注意,作为多元化纠纷解决机制的不同类型,诉讼与调解都可以在解纷过程中被合理适用。但当面对具体的纠纷矛盾时,应该适用诉讼还是调解,以及如何有效地处置纠纷,这不是一个依赖规则适用就可以完成的逻辑推定或先验判断,而是一种高度情景性、在地化的"地方性知识",[②]是需要依据现实条件加以个案对待的,并没有"一言以蔽之"的简单结论。一些基于中国法院调解的区域研究已经发现,强调调解对某些区域是非常正确的,例如在中国西南的欠发达地区。[③] 但另外一些在珠江三角洲地区的经验研究也发现,法院调解的实际效果远没有我们想象的理想,它制造了法院纠纷解决系统中的多重内在矛盾。[④] 这样一些在中国不同地方所做的实证研究所体现的差异事实上体现了调解适用的语境性特征,所以我们上面谈到的以前宏观司法政策过分强调调解所致的问题,并不是一个基于意识形态偏好而做出的判断,也并不是因为这样一种政

---

① 在前些年国家相关政策的推动下,为了彰显"调解优先"司法政策的成就,一些法院往往会曲解调解本身的功能而将其作为"硬指标"下放给基层法院来完成,并以此作为考核法官的标准。有的法院甚至提出"零判决"的口号,在违背当事人意愿的情况下"强行调解",这无疑会引发当事人对于调解制度的不满,也弱化了法院定分止争的功能。参见龙飞:《走出"调解"的认识误区》,载《人民法院报》2013 年 7 月 12 日,第 6 版。由此产生的,是进入强制执行程序的调解案件数量畸高不下的现象,从而使调解的基本价值被扭曲。具体数据参见李浩:《当下法院调解中一个值得警惕的现象——调解案件大量进入强制执行研究》,载《法学》2012 年第 1 期。

② See Clifford Geertz, *Local Knowledge: Fact and Law in Comparative Perspective*, in Clifford Geertz ed., Local Knowledge: Further Essays in Interpretive Anthropology, Basic Books, 1983, p. 167.

③ See XIONG Hao, *The Feasibility of Court Mediation in the Grassroots Southwest Grassroots Society of Southwest China: A Case Study from Yunnan*, Hong Kong Law Journal, Vol. 44, p. 277 – 302(2014).

④ See Kuai Hang Ng & Xin He, *Internal Contradictions of Judicial Mediation in China*, Law & Social Inquiry, Vol. 39, No. 2, p. 285 – 312(2014).

策主张偏离了或靠近了某种意识形态而有问题，这种批评是一个经验判断，一种功能主义的批评——以前“调解优先”的政策之所以不恰当，乃是因为这个司法政策没有充分地考虑到中国纠纷解决复杂的、不同区域高度异质化的客观现实，使合适的、不合适的纠纷都涌入了调解这一单一的纠纷解决途径，这才是“大调解”政策产生问题的症结所在。

所以，一个合理、科学的调解适用政策，应该建基于对调解适用之语境要素的理性分析，即理性地看待不同类型的纠纷，根据具体的语境性的条件，将不同的纠纷与当事人输送到不同的纠纷解决程序中。考虑到调解的弹性与多样性，我们很难全面归纳一张应该适用调解的“正面清单”。然而在理论和实务界，学者们却发展出了关于调解规制的“负面清单”，即考虑到调解的语境性特征，以及考虑到调解的适用性是在具体情境中被建构和被实现的，基于既有的经验和理论积累，理论界和实务界为调解勾勒了一个负面的制度边界，即回答哪些纠纷是不适合用调解解决的，对此，国家立法或者最高人民法院应该确立一些更为清晰的排除规则，将那些不适合调解的案件排除到法院调解之外，使之可以用诉讼或者其他方式加以处理，以避免调解对正义的“误伤”以及调解的滥用。事实上，最高人民法院已经意识到了这个问题，早在2010年颁发的《最高人民法院印发〈关于进一步贯彻“调解优先、调判结合”工作原则的若干意见〉的通知》中就将借调解拖延诉讼、适用调解对一方当事人显失公平、调解的精力时间投入与解决效果不成比例以及涉及国家和社会公共利益的案件排除调解适用。[①] 由此可见，最高人民法院也意识到，确实有不少类型的案件是不适合用调解解决的，而这种现象在司法实践中应该予以规避。所以，当下和将来中国法院调解的政策取向，应该明确这样一条原则：在处理当代中国的社会冲突与矛盾时，没有任何一种纠纷解决方式应该先验地享有一种排他的、垄断性的地位。在当下和将来设计对中国调解的规制方案时，应该是

---

① 参见《最高人民法院印发〈关于进一步贯彻“调解优先、调判结合”工作原则的若干意见〉的通知》第17条。

坚决地排除一些不应适用调解处理的案件进入法院调解程序。这样一种纠纷解决司法政策的基本主张并不反对高调解率,并不会认为强调调解是一种司法不彰的体现,只是这种更为理性的司法政策一定会追问:某一地区的高调解率是不是与语境以及纠纷解决过程相契合?换言之,是不是这些在地的纠纷更适合用法院调解解决?这种对调解的强调是不是对当事人、纠纷类型、法官特质、社会环境客观理性分析的结果?如果是,这样的高调解率是正当的,值得肯定的;如果不是,则便可能是对调解的滥用以及政策实施的异化。同时,最高人民法院在选择优秀典型和指导性案例时,应该避免选择那些片面强调调解而获得高调解率的法院和个案,而那些因地制宜、因时制宜,根据当事人和纠纷特质而作出的理性调解,则应该得到支持和表彰。总之,调解的适用性与现实情境高度相关,而了解这个调解的本质特征是进行调解规章制度安排设计的前提。

更为具体地,如果在地客观条件允许,在法官受理案件和接见当事人时,可以通过一个信息告知程序让当事人知道他们即将选择的(当然,前提是当事人依法可以选择)纠纷解决程序各自有什么优缺点。如果当事人对不同的纠纷解决方式存在疑问,法官有义务对其做出相应的解释。一些有助于当事人厘清不同纠纷解决途径的问题包括:

- 当事人是否考虑过使用非诉讼纠纷解决程序(ADR)?
- 当事人是否知道非诉讼纠纷解决程序大致是如何运作的?
- 如果当事人不选择非诉讼纠纷解决程序,那么即将进行的诉讼程序将大致如何进行?
- 如果纠纷中的一些争议并不适合非诉讼纠纷解决程序,是否另外一些争议是适合的?(译者注:同一纠纷的不同部分可以被分割到不同的程序予以处理)
- 当事人是否尝试过自己解决纠纷?
- 是否存在一些资讯,如果尽快地交流将有助于非诉讼纠纷解决程序的运作更具建设性?①

例如,在美国的马萨诸塞州,《统一纠纷解决规则》(*Uniform Rules on Dispute Resolution*)规定:

> "司法秘书(书记员)应该让代理律师和没有代理人的当事人知悉法院附设非诉讼纠纷解决服务的有关信息。这些信息应该清楚告知(当事人)法院附设的非诉讼纠纷解决服务可以在法庭介入的早期就尽快选择;同时,任何法庭,依据 G. L. c. 209A, §3 之规定,不能强迫当事人就虐待纠纷的任何方面进行调解。在可能之范围内,这些信息应该可以用通俗之语言让当事人知悉。律师应该为当事人提供关于法院附设纠纷解决服务的信息,与当事人讨论不同纠纷解决方式之优缺点,并确保当事人能遵循当事人信息登录表(civil cover sheet)与其他相关文件之要求。"②

如果现实条件允许,应该设立一个诉前的中立案件评估程序(neutral case assessment procedure)③以代替一些地方法院在立案庭中实施的诉前调解。这样一个制度安排不同于"诉前调解",其目的在于疏导、管理纠纷而非解决争议。诉前中立的案件评估程序可以将不同类型和特点的纠纷分别导入不同的纠纷解决途径,让不同类型的纠纷在各自恰当的渠道内予以解决。

同时,诉前中立的案件评估程序也可以避免在诉前、诉中甚至诉后调解程序的反复适用,可以提升纠纷解决的效率和降低时间成

① See Robert J. Niemic, Donna Stienstra & Randall E. Ravits, *Guide to Judicial Management of Cases in ADR*, Federal Judicial Center, 2001, p. 13.

② *A Guide to Court – Connected Alternative Dispute Resolution Services*, MASS. GOV (Dec. 12, 2022), https://www. mass. gov/doc/a – guide – to – court – connected – alternative – dispute – resolution – services/download.

③ 案件早期评估程序是一个用于评估案件特点,并判断将之适用于 ADR 是否恰当的一个评鉴机制。参见 John W. Cooley, *The Mediator's Handbook: Advanced Practice Guide for Civil Litigation*, National Institute for Trial Advocacy, 2nd ed., 2006, p. 15。

本。需要注意的是，这样一种程序设置与我国民事诉讼在普通程序中设定的庭前分流程序有所不同。庭前分流程序是现代诉讼法借鉴多元化纠纷应该予以多元化制度加以衔接，以多元化准据加以规制之基本精神的体现。但先行民诉法中，将案件分流的权力完全配置给了法院，即法院作为主体，决定将不同的案件配置到不同的纠纷解决渠道。而事实上，民事纠纷的性质依旧带有某种契约自治的特征，在管辖、适用程序、适用调解等制度上的当事人自治是民事程序正义的基本要求，也是民事程序与刑事、行政程序的重要区别之一。所以，更为理想的状况应该是让当事人参与到纠纷解决的决策程序中来，通过赋能（empower）使当事人知悉不同纠纷解决程序的利弊，从而进入恰当的纠纷解决程序中去。只有通过这样一个带有信息告知、赋能与纠纷解决机制分疏导流功能的前置性程序，才能将民诉法所确认的"调解自愿"原则在实质意义上被落实。

三、统一调解立法的二元模式

因为调解的语境性特征，对调解进行统一且详尽的立法规制往往比较困难，会催生某种结构性冲突，从而影响调解的运作效果。我们国家前一阶段的"大调解"政策的实施经验正是印证了统一调解规制与调解的语境性适用之间的紧张。而在事实上，关于调解是否需要进行立法上的规制，以及应该如何规制，一直是学术界争议的焦点。例如，为了回应"用成文立法规制 ADR 是否伤害了非诉讼纠纷解决机制的本质"这一难题，日本还专门成立了 ADR 研究委员会以推进 ADR 在日本法治框架下的发展。①

具体而言，一方面，"调解的动人之处就在于它的非正式、自愿、多功能以及其适应性，它能适应不同的情景和运作方式。对调解进行法律规制，众所周知，这将是对调解的扼杀"②。而另一方面，对调解建立一些基本的规制以保证调解的基本质量，维持当事人对调

---

① See Nadja Alexander, *International and Comparative Mediation: Legal Perspectives*, Central and South America by Aspen Publishers, 2009, p. 76.

② Deborah Clapshaw & Susan Freeman－Greene, *Do We Need a Mediation Act? Part 1*, ADR Bulletin, Vol. 6, No. 4, p. 1－10 (2003).

解理解的基本一致性，保证进入调解的当事人、第三方以及公众的权益不受到损害，这也是非常自然的要求。当我们考虑到中国的现实，即一些并不适合用调解解决的纠纷正在用调解加以处理，并有可能产生对社会和正义的损害时，这种对调解加以法律规制的要求就显得越发迫切。因此，总的原则应该是对调解进行恰当、有限度的规制将有利于调解的持续发展。[①] 因此，似乎我们可以在自由与品控这两个重要但极端的关切之间找到某种平衡。罗宾·卡罗尔(Robyn Carroll)教授就指出：

> “调解法应该发展出理性的同时切实可行的规则以平衡这两个原则即一致性与多样性。虽然通过法律可以保障调解的一致性，但那种‘所有情况适用一个规则，或一个规则适用于所有情况(All for one and one for all)’的统一立法模式不应该被视作解决问题的终点。我们可以厘定一个统一的规则，但还需要进一步的工作以界定这种规则的实现形式。”[②]

事实上，在对调解进行立法规制时，我们确实有多种模式可供选择，其中一种调和性的解决方案就是所谓的“二元化的规制框架”(dualistic formal regulatory framework)。依循这种模式，“(关于调解的)最基本的要求和原则被统一制定，在这个框架内调解社区可以自行规制调解机制的不同面向”[③]。“二元化的规制框架”的优点非常明显，它能“在协调各种利益考量的同时，依然保证某些统一的政策原则得以实现”[④]。在澳大利亚，“二元化的规制框架”被建

---

① See Sundermann Deborah, *The Dilemma of Regulating Mediation*, Houston Law Review, Vol. 22, p. 841 – 868(1985).

② Robyn Carroll, *Trends in Mediation Legislation*: “*All for One and One for All*” *or* “*One at All*”?, Western Australian Law Review, Vol. 30, p. 167 – 207(2002).

③ Nadja Alexander, *International and Comparative Mediation*: *Legal Perspectives*, Central and South America by Aspen Publishers, 2009, p. 85.

④ Nadja Alexander, *International and Comparative Mediation*: *Legal Perspectives*, Central and South America by Aspen Publishers, 2009, p. 86.

议在立法时采纳,因为这样的立法模式可以有效地使地方政策与国家立法之间的关系变得和谐融洽。[①] 在美国,法院附设的ADR的规制机制也是遵循这样的"二元化的规制框架"。具体而言,司法提升与接近司法法案(Judicial Improvements and Access to Justice Act)设定了联邦法院附设ADR程序的基本框架,但地区法院对这些规则如何具体在地方适用保留自己决定的权力。[②]

在某种程度上,如果想在中国这样异质化程度极高、区域差异较为明显的大国实现有效的调解法治,二元化的立法模式是一种可行且可欲的选择。这种二元化的结构在中国大国法治的践行历史中其实并不罕见。所谓"大有大的难处",在中国国家治理时的二元模式,其实是我们非常熟悉的一种治理路径,或者是一种中央与地方纵向分权的治理结构。正如一些学者指出的:

> "为了实现国家与地方权力在宪法意义上的平衡,中央政府应该负责全局性的监管并决定国家之大政方针。但同时,地方政府在制定政策程序过程中的意见表达(权力)应该被加强……处理中央与地方关系的原则应该是统一与多元的相互结合。"[③]

在统一调解立法或设计国家宏观调解政策时,同样借鉴和使用这样一种二元路径的制度安排,大概是基于以下这些考虑:考虑到中国国土之广大,区域异质性之明显,在统一调解法中,设定全国一致的调解细则并不现实。例如,基于当下中国不同区域的司法经验,不同地区对调解的适用,对最高人民法院"调解优先"原则的贯彻呈现出完全不同的形式。例如,调解机制在上海市与云南省有明

---

① Nadja Alexander, *International and Comparative Mediation: Legal Perspectives*, Central and South America by Aspen Publishers, 2009, p. 87.

② See Lisa Bernstein, *Understanding the Limits of Court – Connected ADR: A Critique of Federal Court – Annexed Arbitration Programs*, University of Pennsylvania Law Review, Vol. 141, No. 6, p. 2169 – 2259 (1993).

③ Hu Angang, *Equity and Efficiency*, in WANG Chaohua ed., One China, Many Paths, Verso, 2003, p. 226 – 227.

显的不同，[①]其实施效果也存在明显的地域差异。这些不同的法院调解形态和研究成果都反映出一个基本事实，即要求在调解法中设定详细的、全国统一适用的调解操作细则是不现实的。正如在前文中提到的，调解是一种情境性知识，当事人、调解员以及纠纷的属性和特质都会影响调解的适用性、正当性和有效性。在统一调解法中设定太多细节规定，可能会导致这样的法律虽然在某些区域可以被较好落实，但在另外一些区域，这些规定可能完全被束之高阁、形同虚设。在这种情况下，就有必要激励和要求地方政府及地方立法机构建立它们自己的纠纷解决规则，只要这些规则不违反国家强行法和统一调解法中的基本原则与排除规则即可。

那在国家统一规制的层面，除了民诉法确认的自愿原则，[②]还需

---

① 例如一些小的制度机制，即为了促进人民调解与司法诉讼的“诉调对接”而建立的委托调解机制在上海市的人民法院就可以实现，而在中国西南部欠发达地区就非常困难。

② 《民事诉讼法》第 9 条确认的依法调解原则笔者认为可以不作为统一调解法的立法内容予以强调。正如苏力所讨论过的“要想促进调解的发展，就必须适度摆脱法条的约束，放松对调解的‘依法’要求。第一，调解可以依法，但着眼点不是依法，而是调解成功。第二，从社会角度来看，背离了法律的调解不一定就不公正，相反可能丰富对法律的理解，创造新的法律。第三，在不关注是否依法的调解中，法律仍然在起作用——现行法律规定始终会成为调解双方讨价还价的筹码。第四，调解中只要求作为调解者的法官不能从中谋利、有意偏袒一方，调解结果基本公道，距离中国社会的基本道德共识不能差距太大或过于迁就陈规陋习”。参见苏力：《关于能动司法与大调解》，载《中国法学》2010 年第 1 期。笔者在中国西南部所作的一系列调研证明了苏力的判断是正确的。一些实践中的复杂案件，或者用 Lon L. Fuller 的概括即所谓的“多中心的纠纷”（multi – center disputes）。“多中心案件”这个词是 Lon L. Fuller 从 Michael Polanyi 的“Polycentric”的概念中挪用过来的，Lon L. Fuller 认为，有一些案件是在本质上就不适合通过司法判决的方式予以解决，因为在这些案件中，存在彼此牵连、相互影响的“网状结构”。Lon L. Fuller 认为“我们可以通过一个蜘蛛网来想象这种情况。拉动蜘蛛网的一端将会给整个蜘蛛网造成一种复杂的紧张关系。在这个拉力上使用两倍的力量，将有可能产生的不是简单的两倍的张力，而会创建一个不同的复杂而紧张的模式。这肯定会发生，例如，如果翻倍的拉力导致的一个或多个脆弱的线索折断。这是一个‘多中心’的情况，因为它是‘多中心’——每个交织的节点都是一个独特的分配的复杂张力的中心”。参见 Lon L. Fuller, *The Forms and Limits of Adjudication*, Harvard Law Review, Vol. 92, Iss. 2, p. 353 – 409（1978）。这种纠纷往往涉及多种合法性因素与资源的紧张和竞争，并会由此导致国家法律使用的复杂与困难，例如民俗与法律的不一致。在这种情况下，如果法院片面地强调依照国家成文法进行调解，这将使多中心案件无法得到有效地解决，甚至扩大纠纷。参见 Xiong Hao, *The Two Sides of the Court Mediation in Today's Southwest Grassroots China: An Empirical Study in T Court, Yunnan Province*, Asian Journal of Law and Society, Vol. 1, p. 367 – 394（2014）。

要规定什么呢?另外一个非常重要的部分就是调解的排除规则,因为无论是在人民调解还是法院调解的场域,有一些纠纷是不适宜用调解加以处置的。本文在上面列举的关于最高人民法院对于不适用调解的案件排除规则应该是将来中国调解统一立法的核心部分。最高人民法院列出的这个不适用调解的排除规则与学术界的研究是吻合的。① 具体而言,那些有可能侵害第三方当事人或公共利益、有可能损伤社会正义的调解协议不应该具有法律效力(用制度经济学语言可以表述为具有明显的负外部性),这样的案件也不应该通过调解结案。在现有司法行政体制下,这样的不当调解应该被认定为"错案"。除了最高人民法院所列举的不适用调解的案件,其他一些 ADR 研究也总结了一些并不适合,或不应该用调解处理的案件类型。其中包括:

- 具有宪法意义的案件或那些应该用司法优先处置的问题;
- 当事人愤怒、尖刻,浪费时间,没有协商对话的诚意;
- 案件涉及家庭暴力、儿童及性侵犯;
- 纠纷当事人不遵循调解程序;
- 当事人策略性地使用调解,并将其作为收集信息、证据或拖延时间的策略;
- 调解协议将导致不公平的结果;
- 调解中包含非法协议、不法事实或将使无辜的第三

---

① See David Spencer & Michael C. Brogan, *Mediation Law and Practice*, Cambridge University Press 2006, p. 109 – 119; Eric D. Green, *Mega – Disputes and Class Actions*, in Dwight Golann ed., Mediating Legal Disputes: Effective Strategies for Neutrals and Advocates, ABA Section of Dispute Resolution, 2009, p. 325; Myron S. Greenberg & Megan A. Blazina, *What Mediators Need to Know about Class Actions: A Basic Primer*, Hamline Law Review, Vol. 27, p. 192 – 224 (2004).

方利益受损。①

坦率地说,我们很难将不适合运用调解的案件类型简单归类或完全归纳,但我们应该对调解机制的运作特点保持敏觉。法院调解的适用性取决于具体的语境(纠纷以及纠纷当事人的特质)、过程(调解员的技能、经验以及策略),还有结果的正当性(对社会及第三人的外部性,公正、自愿的原则,以及一些对调解的程序和制度性要求)。在司法过程中,法官应该考虑到"非诉讼纠纷解决是否能给当事人一个更好的结果?当事人是否有维持个人和商业关系的意愿?是否有当事人没有聘请代理人或顾问?案件是否涉及崭新的法律问题,其适用法则(在普通法国家为先例)是否模糊不清?是否涉及宪法问题及公共政策?判决是否有利于推动法律发展?对于案件的处理,公众是否有必要知悉?"②当然,这样一些原则不一定能在成文立法中完全呈现,但相关的一些基本要求可以在司法政策以及法官培训中被强调。③

一些人也许会担心,给予了地方在纠纷解决领域太多的自治自主的权力,也许会滋生地方保护主义的问题,而使法律在不同地域的适用存在明显差异。④ 然而事实上,我们这里所说的是特指"统一调解法"的立法模式,而不是所有部门法都应该效法这种二元式的立法体制。在调解上可以实行二元立法模式,而又无须担心地方

---

① 另一份典型的不适用调解清单列举的案件包括:(1)涉及欺诈行为;(2)需要创设先例;(3)涉及家庭暴力;(4)需要公开判决;(5)当事人并不自愿接受调解;(6)损失很难用量化衡量。参见 Tania Sourdin, Jenny David & Marilyn Scott, *Court – connected Mediation: National Best Practice Guidelines*, University of Technology Sydney, 1994。转引自 Genevieve A. Chornenki & Christine E. Hart, *Bypass Court: A Dispute Resolution Handbook*, LexisNexis, 2011, p. 110。

② Robert J. Niemic, Donna Stienstra & Randall E. Ravits, *Guide to Judicial Management of Cases in ADR*, Federal Judicial Center, 2001, p. 21 – 27.

③ 根据笔者在中国西南部的调查,在接受调查的162名法院的工作人员(包括书记员、执行员等)和92名律师中,有93.8%的法官和94.1%的律师认为法官非常需要有关调解的专业培训,他们对调解的适用性范围和限制并不是十分清楚。

④ See Zou Keyuan, *China's Legal Reform: Towards the Rule of Law*, Martinus Nijhoff Publishers, 2006, p. 94 – 95.

保护主义的恣肆，其原因在于：第一，如前所陈，纠纷解决在很大程度上是一种"地方性知识"。[①] 换言之，"解决纠纷不仅仅需要法律的知识，也需要对纠纷产生的情境有全面的了解"[②]。纠纷、纠纷当事人以及纠纷解决者都深深地嵌入在地方社会的脉络与语境中。如果实施调解法而罔顾地方的特色、语境的限制，这既是不合适的，也是不现实的。在这个意义上，语境性地看待非诉讼的纠纷解决程序、语境性地看待调解法，才是一个在具体语境中让正义得以实现的方式。

第二，在我国，地方法院事实上已经被或明或暗的授权，以鼓励他们创设具体的纠纷解决途径、模式、方法和制度安排。[③] 在实践中，有的地方甚至被鼓励或默许在国家成文法与最高人民法院司法解释公布之前，去实验性地探索一些新的法律规则与程序。[④] 也就是说，在法院调解这一领域内不同区域的不同实践是一个正在发生、正在进行的现实现象。从政治学角度作一些宏观概括，"大部分中国的区域发展政策都是立足于三个区域维度：东部、中部和西部。区域性的视角是中国制定发展政策的关键"[⑤]。在很大程度上，中国法院调解领域的实践亦是如此，也已经如此。

对于像中国这样的大国，这种区域化的政策取向是有效地实现地方法律治理有效性的必要条件。它一方面避免了地方实践与国家制定法之间的直接冲突，另一方面也保留了地方实践的多样性。

---

① See Clifford Geertz, *Local Knowledge: Fact and Law in Comparative Perspective*, in Clifford Geertz ed., Local Knowledge: Further Essays in Interpretive Anthropology, Basic Books, 1983, p. 167.

② Benjamin L. Liebman, *A Return to Populist Legality? Historical Legacies and Legal Reform*, in Sebastian Heilmann and Elizabeth J. Perry eds., Mao' sInvisibleHand: the Political Foundations of Adaptive governance in China, Harvard University Press, 2011, p. 174.

③ Benjamin L. Liebman, *A Return to Populist Legality? Historical Legacies and Legal Reform*, in Sebastian Heilmann and Elizabeth J. Perry eds., Mao' sInvisibleHand: the Political Foundations of Adaptive governance in China, Harvard University Press, 2011, p. 168；毋爱斌：《对我国人民调解各地模式的考察》，载《法治论坛》2009 年第 2 期。

④ See CHEN Minjia & ZHENG Yongnian, *China' s Regional Disparity and its Policy Response*, China & World Economy, Vol. 16, No. 4, p. 16 – 32(2008).

⑤ See CHEN Minjia & ZHENG Yongnian, *China' s Regional Disparity and its Policy Response*, China & World Economy, Vol. 16, No. 4, p. 16 – 32(2008).

事实上，在中国改革开放之始，邓小平奉行实用主义的改革策略在推进国家发展进步的同时，也强化或建构了中国的地方差异，所谓“让一部分人先富起来”。我们可以看看一些最基础的经济指标，“在东部沿海与中部省份之间的收入不平等（以人均 GDP 测算）从 20 世纪 80 年代初期中国城市化与工业化改革肇始时就一直在扩大，并在 1992 年邓小平南方谈话之后，随着更大规模的，更加密集的改革的开始而加速扩大”①。如果援引郑永年先生的判断，中国事实上形成了所谓的“实质性的联邦”（de facto federalism）。郑永年先生指出：

> “政府的行为以一种方式被分为省与中央，其中的每一级政府都有它们可以做出决定的自管事项。情况变得越来越困难，如果不是不可能的话，即要求中央政府全面地将决定强加于地方省级政府，并改变政府之间的权利分享；地方政府（于是）对其辖区内的经济，和一定程度上的政治行为承担首要责任。”②

对于调解，这是一个省、自治区、直辖市、经国务院批准的较大的市之政府可以享有立法决定权的领域。考虑到其经济的价值、外部性以及其他基于纠纷解决可能衍生的问题，在保证基本调解原则与禁止性强行规范由国家法制统一的前提下，将具体调解程序如何厘定与操作的权力明确地下放给地方，并不会造成地方与中央分权上的紊乱，毕竟在中央与地方的关系上，对调解的规制不过是一个核心的权力配置领域。与此同时，一个双轨制的立法体制安排会为当事人提供一个更有效的纠纷解决服务，以保持社会稳定。这样的制度安排对于中央与地方政府而言也都将是有利的，一方面保证了

---

① See Chen Minjia & Zheng Yongnian, *China's Regional Disparity and its Policy Response*, China & World Economy, Vol. 16, No. 4, p. 16 – 32(2008).

② Zheng Yongnian, *Explaining the Source of de facto Federalism in Reform China: Intergovernmental Decentralization, Globalization, and Central – Local Relations*, Japanese Journal of Political Science, Vol. 7, No. 2, p. 101 – 126(2006).

对调解统一的法制要求,另一方面也允许地方在区域层面上具有可控差异的不同实践形态。再有,正如前文中提到的,无论我们是否乐于看见,差异性的地方调解实践是一个正在发生也将继续发生的事实。明确鼓励地方对调解细则进行符合本体条件的立法,对于地方政府而言,将有利于增加地方纠纷解决规则的透明度,让我们知道并了解不同地区的调解工作进行的不同状态和特色;这将有利于更有效地汲取地方经验,形成区域法制之间的比较、借鉴、参照;有利于将具体的实践变成台面上的规范。这对于中央政府而言,也将有利于相关的监管,更好地杜绝与惩治地方保护主义。

第三,法院调解在大多数情况下被用于解决民商事案件,至多是轻微的行政或刑事案件,这些案件的外部性相对而言是较为可控的,可以由当事人更多地通过协商达成一致。因此,没有必要在国家层面对调解行为进行过分规制。按照制度经济学的观点,“任何私人程序都有可能产生公共效应”①。如果一个交易行为能够将其产生的成本与利益完全内部化,政府就没有必要对其进行干预。相反地,如果这些具体案件中的成本与收益无法被完全内部化,则外部权力就需要介入,以保证外部性的影响没有损害到第三方以及公共的利益。举个例子,在普通法传统中,公民先天具有自治权利,但政府对公民自治的干预可以被公民行为产生的外部性成本正当化。② 因此,“在诸如证券、反垄断、知识产权以及破产领域,强行法都存在以防止对不知情者或第三方产生不公正的成本负担”③。故而如果国家能够通过统一立法将不适合调解的案件,即那些产生明显外部性的案件加以排除,同时当事人自愿调解的原则也能够得到尊重,那么调解行为的外部性是完全可控的,就没有必要通过非常细致的统一国家立法来加以规制。对于调解活动的具体程序、风

① Andrew T. Guzman, *Arbitrator Liability: Reconciling Arbitration and Mandatory Rules*, Duke Law Journal, Vol. 49, p. 1279 – 1334(2000).

② See Michael J. Trebilcock, *The Limits of Freedom of Contract*, Harvard University Press, 1993.

③ Andrew T. Guzman, *Arbitrator Liability: Reconciling Arbitration and Mandatory Rules*, Duke Law Journal, Vol. 49, p. 1284.

格、恰当的调解率、调解适用的情境、调解的时效、在多大程度上调解应该保密、调解的举行地点等，何种纠纷可以适用更为简易、便捷的调解程序等内容，是否制作调解文书，所有这些问题都与地方的现实条件有关，都在某种程度上属于“地方性知识”，可以由地方立法加以规定。因此，在设计中国统一调解法时，二元化的立法模式应该被采纳，即调解法制的法律渊源应该来自国家统一立法与地方实施细则两个部分，这是在“维持调解制度在不同语境中的适用性”与“保证调解的基本品质”这两个原则之间找到的平衡。

四、进一步的延展和讨论：作为方法论意义上的中国

基于中国的地域广大及其蕴含的地理与人口的复杂性，“中国是一个非常复杂的土地，在那里多样的真实性在一个统一民族国家的表层下发生发展着……多样性在跨越省份，或即使在一个省份的内部都是非常巨大的”①。在这样的地理广大的多民族国家，一方面保证法律的统一适用，另一方面调和不同的社会调解将是一个非常大的挑战。中国的现实催生了中国的治理模式，而这种治理模式也反过来使得中国的区域差异被巩固。

从古代中国的基层治理开始，中央皇权仅仅是一个象征性的权力，地方的治理依靠社会乡绅来实现。② 在基层社会治理过程中，除了国家法，带有极强区域性特征的礼、俗也成了地方的治理资源，正所谓“十里不同风，百里不同俗”，这使底层社会的治理高度地地方化和多样化。在近代中国变革与治理中，中国的最高领导者也深深地意识到这种地方差异要求具备与之相适应的治理模式。虽然没有使用分权或联邦这样的字眼，但是毛泽东也意识到虽然中国需要

---

① Tony Saich, *Governance and Politics of China*, Palgrave Macmillan, 3rd ed., 2011, p. 9.

② See Zhu Suli, “*Federalism*” *in Contemporary China – A Reflection on the Allocation of Power between Central and Local Government*, Singapore Journal of International & Comparative Law, Vol. 7, p. 1 – 14(2003).

统一,但也需要解决地方问题。[①] 因此,有必要提高中央与地方政府之间的协作与沟通,并让地方政府在农商领域享有更大的自主权。[②] 由此可见,"只要能巩固和加强国家利益,地方政府就该被鼓励去全权处理他们的具体事务"[③]。同样地,区域差异在改革开放初期被强化。在这一时期,邓小平鼓励党内的政治盟友们大胆地先行先试。例如,在20世纪70年代末期,习仲勋领导广东去突破改革的禁区,全面探索与实验改革的道路和经验,"在广东杀出一条血路"[④]。允许不同地方尝试不同的改革路径,允许改革的创新精神与开拓意识,这是中国改革开放的基调之一。不同地方的制度实践与改革举措也随之被邓小平的实用主义政治哲学所吸纳并合法化,即所谓的"摸着石头过河"。[⑤] 在这种情况下地方政府被动员起来,根据他们的现实条件,去开辟不同的发展模式。[⑥]

对于西方观察家而言,"中国的国家决策经常是一个增量积累的过程,在最后的决定作出前,这个过程会涉及不同省份的实验"[⑦],而这些实验也会被看作政绩的一个部分,不同区域的发展模式在形成相互参照,为国家施政提供参考与依据的同时,也构成了

---

① See Zhu Suli, "*Federalism*" *in Contemporary China – A Reflection on the Allocation of Power between Central and Local Government*, Singapore Journal of International & Comparative Law, Vol. 7, p. 10(2003).

② See Zhu Suli, "*Federalism*" *in Contemporary China – A Reflection on the Allocation of Power between Central and Local Government*, Singapore Journal of International & Comparative Law, Vol. 7, p. 9(2003).

③ See Zhu Suli, "*Federalism*" *in Contemporary China – A Reflection on the Allocation of Power between Central and Local Government*, Singapore Journal of International & Comparative Law, Vol. 7, p. 10(2003).

④ 《中央没有钱,你们自己去搞,杀出一条血路来》,载新华社客户端,https://baijiahao.baidu.com/s?id=1682226991936611123&wfr=spider&for=p,最后访问日期:2023年4月19日。

⑤ See Edward S. Steinfeld, *Forging Reform in China: The Fate of State – Owned Industry*, Cambridge University Press, 1998, p. 189.

⑥ See Zhu Kangdui, *Narratives of Wenzhou's Industrial Privatization*, in Xiaobo Zhang, Shenggen Fan and Arjan de Haan eds., Narratives of Chinese Economic Reforms: How Does China Cross the River?, World Scientific, 2010, p. 98.

⑦ Tony Saich, *Governance and Politics of China*, Palgrave Macmillan, 3rd ed., 2011, p. 181.

区域性的制度竞争,而这种竞争被《北京共识》视作中国发展过程中的重要模式性经验。① 更为直接地,在改革开放初期,受到“梯度理论”的影响,中国政府鼓励一些地方先富起来,这使沿海地区的发展得到了加强。② 在过去的几十年间,中国不同区域的经济发展模式竞争受到了鼓励,这被认为是催生中国经济发展的重要动力之一。③ 然而,“在沿海地区经济迅速发展的同时,西部及内陆地区省份的情况相较之下却并不乐观”④,一些简单的数据,诸如:在1991年,上海的人均收入水平是贵州的11.6倍,这个数字在4年以后变成了15.1倍;其他一些社会发展指数,诸如教育、医疗、科技、文化、基础设施、环境保护等也呈现类似的区域之间的巨大差异。⑤ 作为一个政策的回应,缩小东部与西部、南部与北部的地区差异成了中央政府的一项工作重点。⑥ 在理论的意义上,区域差异、不平衡以及异质性已经到达了一个程度,使我们很难对具体政策施政的有效性与适应性做出跨区域的、过分普泛化的评价。

相应地,地区的显著差异也在方法论的意义上挑战着中国法学重要的逻辑预设,即将中国法作为一个逻辑同构、内容同质的整体,将中国法学作为一个国家性的统一实体来进行学术发言。我们往往快速地将需要在不同区域情境下分别加以检视的“地方性结论”不加辩证地、快速地上升为全国性的结论:中国调解如何如何,中国诉讼如何如何,而没有注意到这样一种概括有可能裹挟的巨大误导与曲解。因此,在理解中国法律问题,至少是在纠纷解决领域,非常有必要引入一个新的范式类型,即“区域主义”范式以替代“国家主

① See Joshua Cooper Ramo, *Beijing Consensus*, The Foreign Policy Centre, https://fpc.org.uk/wp-content/uploads/2006/09/244.pdf.

② See Yehua Dennis Wei, *Regional Development in China: States, Globalization and Inequality*, Routledge, 2000, p. 2, 19.

③ See Steven N. S. Cheung, *The Economic System of China*, Arcadia Press, 2008.

④ Tony Saich, *Governance and Politics of China*, Palgrave Macmillan, 3rd ed., 2011, p. 190.

⑤ Hu Angang, *Equity and Efficiency* in WANG Chaohua ed., *One China, Many Paths*, Verso, 2003, p. 222.

⑥ Chen Minjia and Zheng Yongnian, *China's Regional Disparity and its Policy Response*, China & World Economy, Vol. 16, No. 4, p. 16-32(2008).

义”的范式。正如温铁军教授所建议的,沿海中国与内陆中国,农村中国与城市中国乃是完全不同的论域,其中的异质性需要不同的方法论以及分析工具进行论证。依循这样一个前提,在我们讨论中国问题时,一个自然而且马上就应该出现的发问是:“你在讲中国的哪一个部分?”

五、小结

在《人民调解法》制定完成后,学界和实务界也有呼声建议制定统一调解法。[①] 然而,在设计中国统一调解法制的基础制度安排时,仅仅聚焦于调解规范的文本叙述,陷入比较法简单化的制度移植框架中,都是不合适的。中国统一调解立法的重点应该是如何在法律规制的设计中平衡和调和好“调解”与“中国”两个核心要素,即调解适用的语境性特征、中国显在的区域差异与统一国家法规制的张力问题。本章并没有太多讨论调解具体规范的设定,而是讨论了中国调解立法的基本制度模式和基本原则设定,并认为如果在国家统一立法层面完成了这两个重要的制度安排,统一调解法的基本建制就已经建构完毕。关于调解微观面向的规制,例如调解率、调解员的资质、调解保密的程度、调解协议的效力等,都可以通过二元制的立法模式授权给地方立法加以具体规定。保持调解立法的二元结构和内部规范的相对灵活,是考虑到调解语境性特征和中国区域差异现实的必然结果,这是对“难以规制”之事物的一种调和性的规制之法。

同时,本章在方法论的意义上讨论了理解中国法的另一种范式可能,即适当摆脱统一国家法的同质化预设,也即将中国作为一个主权国家的本体论设定简单地转化为理解中国的方法论设定,在缺乏跨区域比较,缺乏大样本数据的前提下,肆意将研究结论上升到对国家整体水平,并对中国法研究做出武断的判断。相应地,文章提出我们应该充分借鉴和了解广义社会科学成果在理解中国时做

① 侯怀霞、晏亭:《我国制定统一调解法的必要性分析》,载《山西省政法管理干部学院学报》2020 年第 4 期。

出的新的努力、尝试和范式更新，将中国在方法论的意义上下降为一个多元异质组织的复合集体，并尊重和体谅这种内在差异与张力的现实，试图通过源于对不同区域的中国法知识和经验的相互结合与评价，为中国法的区域真实做出积极的努力。颇为有趣的是，这种范式也许会启发我们更大的理论想象力和浪漫的理论触点，例如，我们可否将中国的国内法研究理解为比较法研究——将中国不同的地域视为在方法论意义上不同的法域，试图对不同地域的制度安排、制度运作、相互差异、重叠共识，这样以区域为中心的中国法研究范式可以为我们提供更为全面的中国图景，可以为国际比较法理论的抑制和发展提供一个国内法面向，可以为国家整体法治的建设积累更为精细而周全的现实资料，可以使我们正视——而不是在文本的意义上忽视中国不同区域的差异。只有这样，我们才有可能真正理解嵌入在现实中的当代中国和中国法制，才能贡献以中国问题为中心、为本位的中国法律学术。

值得进一步延伸阅读的文献

曾令健：《承继·契合·沟通——结构主义视角下的人民调解》，载《当代法学》2009 年第 6 期。

范愉：《中国非诉讼程序法的理念、特点和发展前景》，载《河北学刊》2013 年第 5 期。

季卫东、易平：《调解制度的法律发展机制——从中国法制化的矛盾入手》，载《比较法研究》1999 年 Z1 期。

李浩：《调解归调解，审判归审判：民事审判中的调审分离》，载《中国法学》2013 年第 3 期。

苏力：《关于能动司法与大调解》，载《中国法学》2010 年第 1 期。

毋爱斌：《对我国人民调解各地模式的考察》，载《法治论坛》2009 年第 2 期。

杨柳：《模糊的法律产品——对两起基层法院调解案件的考察》，载《北大法律评论》1999 年第 1 期。

周翠：《调解与审判的关系：反思与重述》，载《比较法研究》2014 年第 1 期。

Benjamin L. Liebman, *A Return to Populist Legality? Historical Legacies and*

Legal Reform, in Sebastian Heilmann and Elizabeth J. Perry eds., Mao' sInvisibleHand: the Political Foundations of Adaptive governance in China, Harvard University Press, 2011.

Benjamin L. Read, *Mediating the Mediation Debate: Conflict Resolution and the Local State in China*, Journal of Conflict Resolution, Vol. 52, No. 5, p. 737 - 764 (2008).

Zheng Yongnian, *Explaining the Source of de facto Federalism in Reform China: Intergovernmental Decentralization, Globalization, and Central - Local Relations*, Japanese Journal of Political Science, Vol. 7, No. 2, p. 101 - 126 (2006).

Clifford Geertz, *Local Knowledge: Fact and Law in Comparative Perspective*, in Clifford Geertz ed., Local Knowledge: Further Essays in Interpretive Anthropology, Basic Books, 1983.

Jacob Bercovithch & Jeffery Langley, *The Nature of Dispute and the Effectiveness of International Mediation*, Journal of Conflict Resolution, Vol. 37, Iss. 4, p. 670 - 691 (1993).

John W. Cooley, *The Mediator's Handbook: Advanced Practice Guide for Civil Litigation*, National Institute for Trial Advocacy, 2nd ed., 2006.

Kuai Hang Ng & Xin He, *Internal Contradictions of Judicial Mediation in China*, Law & Social Inquiry, Vol. 39, No. 2, p. 285 - 312 (2014).

Lisa Bernstein, *Understanding the Limits of Court - Connected ADR: A Critique of Federal Court - Annexed Arbitration Programs*, University of Pennsylvania Law Review, Vol. 141, No. 6, p. 2169 - 2259 (1993).

Lon L. Fuller, *The Forms and Limits of Adjudication*, Harvard Law Review, Vol. 92, Iss. 2, p. 353 - 409 (1978).

Nadja Alexander, *International and Comparative Mediation: Legal Perspectives*, Central and South America by Aspen Publishers, 2009.

Robyn Carroll, *Trends in Mediation Legislation: "All for One and One for All" or "One at All"?*, Western Australian Law Review, Vol. 30, p. 167 - 207 (2002).

Sundermann Deborah, *The Dilemma of Regulating Mediation*, Houston Law Review, Vol. 22, p. 841 - 868 (1985).

Tony Saich, *Governance and Politics of China*, Palgrave Macmillan, 3rd ed., 2011.

Xiong Hao, *The Feasibility of Court Mediation in the Grassroots Southwest Grassroots Society of Southwest China: A Case Study from Yunnan*, Hong Kong Law Journal, Vol. 44, p. 277 – 302(2014).

Zheng Yongnian, *Explaining the Source of de facto Federalism in Reform China: Intergovernmental Decentralization, Globalization, and Central-Local Relations*, Japanese Journal of Political Science, Vol. 7, No. 2, p. 101 – 126 (2006).

Zhu Suli, "*Federalism*" *in Contemporary China – A Reflection on the Allocation of Power between Central and Local Government*, Singapore Journal of International & Comparative Law, Vol. 7, p. 1 – 14(2003).

第五章　ADR 质性研究：中国西南地区基层法院调解的可行性分析

一、引言

自 20 世纪 70 年代开始，中国经济迅速增长，社会显著变迁，法律制度不断发展。这其中最常被提及的挑战之一是如何解决处理好大量新型、复杂的各类纠纷及冲突以稳定社会秩序，从而在社会转型时期实现社会正义。① 鉴于 ADR 在全球范围内日益风行、国内的现实需求以及中国历来采用非对抗式的方法解决纠纷的传统，有些学者认为，应当推进“具有中国特色的 ADR 机制”②。在此背景下，法院调解作为中国现有制度框架内最重要的 ADR 形式之一，也便在最高人民法院的政策推动下得到快速发展。由于中国与西方国家在文化、社会经济和政治体制上存在差异，因此不能通过简单地“照搬”西方社会 ADR 的理论来阐释和论述我国的法院调解。然而，现有的中英文世界都较为缺少对中国法

---

① 参见胡联合等：《关于我国社会不稳定因素变化态势的实证分析》，载《探索》2007 年第 6 期；Yu Jiangrong, *Social Conflict in Rural China*, China Security, Vol. 3, p. 2 – 17 (2007)。

② 刘晓红：《构建中国本土化 ADR 制度的思考》，载《河北法学》2007 年第 2 期。

院 ADR 之操作过程的实证研究，特别是缺乏对中国西南地区的实证研究。而这种匮乏会给中国 ADR 的理论与制度建构带来困难。正如郭丹青（Donald C. Clarke）教授所指出的：

> “……有关中国司法制度的信息，即便是可靠又具代表性的数据形式的信息，也都不是表面看上去的那么回事。换言之，如果对中国的法院和其他法律机构的运作没有更深入的了解，那么就很有可能无法获得正确的信息进而曲解我们所掌握的事实……因此，在目前这个阶段，我们实证研究事项的首要任务是进一步研究中国各类法律机构的实际运作以便我们能提出更好的问题。”①

有些学者认为，成功的解纷过程是一种情境性建构，需要嵌入具体的社会文化背景中才能完成，②因此抽象的概念分析是远远不够的。而在经验维度，尽管不同的研究对纠纷解决不同变量相互作用的机制理解有所差别，但存在的共识是，调解的可行性至少受纠纷当事人、调解员和冲突背景这三个要素的影响。从这些基本要素出发，我们将获得一个理解调解员是如何通过各种策略与技巧与当事人沟通，以及纠纷、当事人和调解员的互动是如何影响调解有效性的基本分析框架。基于这一基本分析框架，本文将分别从法官、当事人，以及他们之间的互动关系的综合性角度来分析中国西南地区基层社会法院调解的可行性。本章是针对云南省 P 县人民法院的质性研究，其目的在于描绘法院调解过程的详细状况并分析在相对偏远落后的西南地区基层社会法院调解的可行性。本章将通过“个案深描”展示中国西南地区基层社会法院调解的细致过程，及其与法官及当事人的匹配性，从而为评价法院调解的可行性提供一

① Donald C. Clarke, *Empirical Research into the Chinese Judicial System*, in Erik G. Jensen and Thomas C. Heller eds., Beyond Common Knowledge: Empirical Approaches to the Rule of Law, Stanford University Press, 2003, p. 181.

② See John L. Comaroff & Simon Roberts, *Rules and Processes: The Cultural Logic of Dispute in an African Context*, The University of Chicago Press, 1981, p. 216.

个语境化的、地区主义的分析视角与实证案例。

笔者进行田野调查的地区是云南省山区的一个少数民族自治县(P县),该县地区面积超过4000平方千米,但其中绝大多数是山地。根据统计数据,该县有近100个村子,总人口数超过25万人,大多数以农业为生。该地区居住着10多个少数民族,包括彝族、傣族、哈尼族、拉祜族等,约占全县总人口的60%。虽然该县近年因发现矿产资源而促使经济迅速发展,但在很长一段时间里该县一直是一个贫困县。①

P县法院有59名正式工作人员。在P县法院的25名法官中,有17名少数民族法官,这其中又有10名法官会说少数民族语言和方言。此外,从法官的性别和政治背景看,男性法官有43人,女性法官有16人。其中38人为党员,法官平均年龄为43岁。专门从事裁判而非行政管理和执行工作的法官有10人。该法院院级领导共7人,其中一人非党员。所有领导人员都有学士学位,其中有6位通过国家统一法律职业资格考试,从事案件裁判工作。法院有52名工作人员获学士学位,②占总人数的88.4%。然而,这其中只

---

① 为保证受调查的地点和人物不被公开,对一些显示该县具体信息的内容作省略或模糊化处理。

② 在我国,学士学位是个非常微妙而含糊的概念。因为除了通过正规的大学教育之外,还有很多其他方式可以授予学生学士学位。比如,中央和省级党校作为党员培训和深造中心也能授予学位。对此,黄进教授就指出,考虑到法学教育机构,有高等法学教育机构(包括本科和专科法学教育机构)、中等法学教育机构、政法行政人员机构、广播电视法学教育机构以及其他种类的职业或在职法学教育机构。考虑到法学教育的等级,有中等法学教育、专科法学教育、法学学士课程、双学士学位课程、非法学硕士研究生课程、法学硕士课程、法学博士课程,和法学博士后课程。这使法学教育的目标和要求变得复杂又含混不清。参见HUANG Jin,*The Structure of Legal Education in China*,http://www.aals.org/2000international/english/china.htm,最后访问日期:2015年12月12日。有关中国法学教育的一般讨论,亦可参见GAO Lingyun,*What Makes a Lawyer in China? The Chinese Legal Education System after China's Entry into the WTO*,Willamette Journal of International Law & Dispute Resolution,Vol. 10,No. 1,p. 197 - 237(2002)。在这样的情况下,尽管据官方记录法官是持有法学学士学位的,但这并不必然表明该学位持有者已经接受过统一的法学院专业教育,甚至不能说明他/她是从一般意义上的大学体系毕业的。所以,如果研究人员仅读取了中国基层法院的人事档案数据而不作深入田野调查,那么结果就可能模糊不清且具有误导性。

有6名法官毕业于正规的法学院。[①]

根据《法官法》第2条的规定，“法官是依法行使国家审判权的审判人员，包括最高人民法院、地方各级人民法院和军事法院等专门人民法院的院长、副院长、审判委员会委员、庭长、副庭长和审判员”。在法官的任职资质方面，除了国籍、政治、品行和身体素质外，《法官法》第12条第1款第5项还要求法官“具备普通高等学校法学类本科学历并获得学士及以上学位；或者普通高等学校非法学类本科及以上学历并获得法律硕士、法学硕士及以上学位；或者普通高等学校非法学类本科及以上学历，获得其他相应学位，并具有法律专业知识”。此外，《法官法》第12条第1款第7项还规定“初任法官应当通过国家统一法律职业资格考试取得法律职业资格”。如果仅仅从规范意义看，中国法官的资质似乎应该高度同质。但事实上，中国欠发达地区基层法院的人员构成较为复杂，造成中国西南欠发达地区法院法官组成人员多元化的因素有以下几点。第一，《法官法》第14条第2款规定“人民法院的院长应当具有法学专业知识和法律职业经历。副院长、审判委员会委员应当从法官、检察官或者其他具备法官条件的人员中产生”[②]。也就是说，副院长、审判委员会委员即使没有通过国家统一法律职业资格考试，也可以因为符合“其他具备法官条件的人员”的规定而获得法官的任职资格。在实践中，副院长、审判委员会委员、庭长、副庭长和审判员由院长提请本级人民代表大会常务委员会任免，法律职业资格考试和专业法学教育背景对他们来说不是必备条件。第二，作为明确的例外，《法官法》第12条第2款规定“适用前款第五项规定的学历条件确有困难的地方，经最高人民法院审核确定，在一定期限内，可以将

---

① 临近的另一个县法院的情况更不理想。在那个法院，没有一个法官是从法学院毕业的。这种法律专业人才的匮乏情况在中国欠发达的西南地区是普遍存在的。

② 在2019年法律修改前，《法官法》第12条第2款对这一问题的规定是：“人民法院的院长、副院长应当从法官或者其他具备法官条件的人员中择优提出人选。”相对于现行规定，我们确实可以看到对法院领导的专业化要求在逐步提升。

担任法官的学历条件放宽为高等学校本科毕业”①。第三,虽然法律有相关要求,但“《法官法》既未提到当不具资质的法官在接受了培训之后仍达不到要求是否会被免职,也没有具体说明法律培训期限”②。因此,法律给背景多元的法官留在法院工作留出了空间。所有这些因素导致的结果就是在中国相对落后地区的基层法院工作的司法人员的资质及专业背景较为多样,在法院,那些从法学院毕业的法官,无论其获得学位之教育机构的名声大小,都被称作“科班”,而那些不具备正式法律教育背景的法官则被称作“非科班”。

二、案件情况:一起发生在少数民族村落的相邻权纠纷案

(一)纠纷的基本情况

A 和 B 是居住在一个彝族少数民族村落的邻居。A 和 B 都是彝族人且他们的母语都是彝语。他们可以同别人用普通话交流,但是使用得并不频繁。1989 年,A 和 B 两户人家就位于两家之间一个牛圈的所有权归属发生了纠纷。但在之后的 20 多年里这个牛圈的所有权归属一直都未曾明确。纠纷的起因是 A 户人家在没有经过 B 户人家同意的前提下开始重建一所新房,且新房的建造占据了争议牛圈的一部分面积。B 和他的妻子对此非常愤怒,因而破坏了新房的建设。紧接着,两户人家开始了争吵和打斗。B 的妻子在打斗过程中被 A 所伤,B 遂将 A 诉讼至法院,索要人身损害赔偿。最后 B 的妻子打赢了官司并得到了由 A 支付的大约 700 元的赔偿。这场官司之后,A 户人家继续他们的新房建设,而 B 户人家像打游击战似的继续在夜里对房屋的建设进行破坏。A 对此忍无可忍遂向法院就 B 的破坏行为提起诉讼,并索要 10,260 元损害赔偿金。在案件提交法院之前,人民调解员试图解决该问题,但是没有成功。P 县人民法院受理了该案件,并且由一个巡回法庭去该村落解决纠

---

① 在 2019 年法律修改前,《法官法》第 9 条第 3 款对这一问题的规定是:“适用第一款第六项的学历条件确有困难的地方,经最高人民法院审核确定,在一定期限内,可以将担任法官的学历条件放宽为高等院校法律专业专科毕业。”

② JI Weidong, *Legal Education in China: A Great Leap Forward of Professionalism*, Kobe University Review, Vol. 39, p. 1 – 21(2004).

纷,该巡回法庭由一个法官、一个书记员、一个法官助理、一个法警和笔者组成。法官和其他法院工作人员在开展诉讼程序之前先实地考察了纠纷发生的现场(见图5－1),采访了当事人也拍摄了相关照片。

整个案件的审理和解决都是在该乡村里进行的。在诉讼开始一段时间后,双方当事人都同意通过调解解决该案件。最后,该纠纷成功通过法院调解解决。A最终从B那里获得了400元的赔偿。[①]

图5－1　纠纷发生的地点

(二)争端解决过程及初步分析

整个审判程序是在村委会的一个会议室进行的。这间会议室有大约300平方米,场地非常开阔、明亮,整体感觉类似于一个普通中学的教室。法官和其他司法工作者坐在当事人正前方,所有与司法过程相关的设置,比如法官和书记员的名牌,都以正式和严肃的形式安置在会议室里。[②] 在法庭调查环节,双方当事人很明显听不

① 案件的基本事实和过程是从笔者对法官、司法工作者、自身的参与观察及在双方当事人和审判长的同意下达成的调解协议中提炼出来的。

② 但和艺术作品中所描述的情况(如《马背上的法庭》)不同,法官们并没有在开庭时携带和悬挂国徽。

懂法官所用的语言。法言法语对于只受过小学教育的他们来说实在太难理解，这导致在与法官沟通的过程中，当事人经常低着头。有时候，熟悉当地语言即彝族方言的法警，必须帮助法官、书记员和当事人之间进行沟通翻译。有趣的是，法官虽然很清楚地知道双方当事人不理解法律术语，但他仍首先坚持使用法律术语，然后再把这些法律术语翻译成大家都听得懂的语言。比如，法官首先说："这是你的法律权利……"然后把它翻译为："我的意思是你可以做……"①

在现代社会，"就规则的各种细节和术语来说，法律的形式已经变得相当复杂乃至超出了普通常识的范围"②。从法律专业人士的角度看，法律术语能够帮助他们"分析复杂的问题，找到解决问题的方法以及可以清楚地向他人解释问题……避免了很多不必要的混

---

① 通过指导双方当事人进入法庭程序，法官在这个阶段实现了对当事人和纠纷解决过程非常强大而严格的控制。法庭调查环节如下所述：

……

法官："现在，法院将进行对该案件的法律事实的调查。原告你可以先陈述一下你的诉讼请求。"

原告：（低头沉默）

法官："听见我在说话吗？（法官转向原告）你可以讲一下你的诉讼请求！"

原告："你说的是什么意思？我要做什么？"

法官："听不懂我说话吗？我问你，是谁替你写的状子？"

原告："一个我认识的人，我的文化水平有限，我几乎不认字。"

法官："书记员，你去替他读下状子。"

书记员：（读了诉状中诉讼请求的部分）

法官："有问题吗？你还有别的要求想要添加吗？"

原告的妻子（打断）："我有要说的呢。我被 A 打伤过，而且我们的新房子没有……（然后她和被告的妻子当着法官的面争执了起来）"

法官："不要吵！还没轮到你说话！原告，请告诉你的妻子让她遵守法庭秩序和规则。我是在问你，不是在问她！"

原告："（转向他的妻子）不要讲啦！（然后回答法官）这个状子就是我想说的话了。"

法官："我是在问你，这就是你所有的诉求，还有没有其他要补充的？"

原告："对的，没有了。"

法官："好，现在开始对被告进行法庭调查。"

② Roger Cotterrell, *The Sociology of Law: An Introduction*, Butterworths, 2nd ed., 1992, p. 22.

淆和麻烦”①。然而，由于常人难以理解这种“行话”，深奥的法律术语常常招致普通民众的批评。② 比如，据报告“在澳大利亚的维多利亚市，食品的规则不能被厨师所理解，人们开始对常人难以理解深奥的法律术语这一现象表示担忧”③。说到法律术语对大众来说难以理解，罗杰·科特雷尔（Roger Cotterrell）教授就曾指出“要求一个人本能地就能理解需要花四年大学教育和十年工作实践都未见得能完全掌握的东西，这是一个对现实的明显误解”④。法律术语对于受过一般高等教育、居住在城市里的人们而言都是一个挑战，更何况那些生活在乡村只接受过有限教育的人。然而，从功能主义的角度看，这种难懂的“行话”却有效地提高了法官在当事人面前的权威性和专业感。“复杂和专业性的语言同时也传达出一种社会信息，即正在使用它们的人拥有权力和权威”⑤，这点并不令人感到惊奇，在某种程度上，“法律的支配性权力体现在它的论述形式上，这些叙述被视为它最有影响力的地方之一”⑥。

在这起相邻权纠纷中，法官对专业术语的运用构成了一种结构性技术，一种影响当事人的结构性技术。法官基于术语而获得的权力使得他在后续的解纷环节中拥有了更大的支配力量。特别是在他劝说当事人改变纠纷解决机制，以及掌握审判活动的节奏上，这种权力更是在解纷过程中成了一种可见的事实。而对当事人而言，法律术语在沟通中的“不可理解性”客观上产生了对当事人的提示，法官通过这种“润物无声的”方法，使争议双方意识到通过诉讼程序解决他们的纠纷也许并不是一个理想的选择。虽然从旁观者

---

① Arthur L. Corbin, *Legal Analysis and Terminology*, The Yale Law Journal, Vol. 29, No. 2, p. 163 – 173 (1919).

② See Heikki E. S. Mattila, *Comparative Legal Linguistic*, Ashgate, 2006, p. 3.

③ John Gibbons, *Language and the Law*, Annual Review of Applied Linguistics, Vol. 19, p. 156 – 173 (1999).

④ Roger Cotterrell, *The Sociology of Law: An Introduction*, Butterworths, 2nd ed., 1992, p. 140.

⑤ Roger Cotterrell, *The Sociology of Law: An Introduction*, Butterworths, 2nd ed., 1992, p. 140.

⑥ Rosemary Coombe, *Is there a Cultural Studies of Law*, in Toby Miller ed., A Companion to Cultural Studies, Wiley Blackwell, 2001, p. 45.

的视角出发，笔者并不能十分肯定法官是否明确地意识到了“法言法语”的结构性影响，但晦涩难懂的法律术语确实提高了当事人愿意通过另一种方式，即调解来解决该案件的意愿。又冗长、又复杂、又难以理解的法庭调查程序确实向双方当事人传达了一个半明确、半不明确的信号：“如果你们想通过可以理解的方式解决这个问题，那么就让我们转移到调解程序中吧。”

在经过半个多小时的法庭调查后，法官暂停了庭审过程，重新征询双方当事人的意见。在获得双方当事人同意后，解纷机制从诉讼转变为了调解。同之前的诉讼阶段形成对比的是，在法庭调解阶段，日常生活中的语言被广泛运用。法官告诉笔者“日常语言可以让法官和当事人之间更亲近”，而在调解程序中，调解员会侧重使用更为平实和易懂的语言。① 简单和具体的语言能够让当事人容易和舒适地了解解纷过程，②对此，最高人民法院也清晰地认识到平实的语言风格在解纷过程中的重要性。根据《最高人民法院印发〈关于进一步贯彻“调解优先、调判结合”工作原则的若干意见〉的通知》要求鉴于当事人在文化知识上的不同，我们应该用最普遍最通俗易懂的语言解释法律，最大限度地说明潜在的诉讼风险，并指导当事人在充分了解其权利和义务的情况下以平等和自愿的方式解决他们的纠纷。③

不仅是语言风格改变了，对话的环境与氛围也会随之发生改变。在当事人表示他们同意通过法庭调解解决纠纷后，法官将他们带到了楼上人民调解委员会的办公室。由于这个房间相比之前进行诉讼的会议室要小很多，法官和纠纷当事人的交流变得更为直接和亲密。同之前在大会议室进行诉讼时的氛围相比，更小、更随意的环境氛围更让人觉得放松。为了让每个人都能相对自在地表达

---

① See Laurence Boulle, *Mediation*: *Principles*, *Process*, *Practice*, Butterworths, 1996, p. 163.

② See John W. Cooley, *The Mediator's Handbook*: *Advanced Practice Guide for Civil Litigation*, National Institute for Trial Advocacy, 2nd ed., 2006, p. 131.

③ 参见《最高人民法院印发〈关于进一步贯彻“调解优先、调判结合”工作原则的若干意见〉的通知》。

意见，并让他们意识到他们已经转换到一个相对不那么正式的环境中了，法官开始抽烟，开始与当事人"谈笑风生"地唠家常。这些有意识或无意识地被经验丰富的法官所采用的小技巧是微妙的、细腻的、有效的，正是这些过程性技艺的运用使诉讼向调解的转变显得清晰而自然。这种转变，在机制上而不仅是名义上改变了纠纷解决的性质。在法院调解阶段，所有在场的人，包括争议当事人、法官、职员、法警、村庄调解员和村里的领导都成了纠纷解决的"协助者"（facilitator）。相应地，纠纷解决机制也就变成了一个生动和开放的对话场域，更多人可以加入其中，有机会参与和表达自己的观点。尽管法官仍然掌握着最终的裁断权，控制着整个对话过程，[①]但地方权威和一些了解情况的人也可以说出他们对于这一纠纷的观点和想法。[②] 相较于诉讼，各方对整个纠纷解决的过程拥有了更多的自

① 不同文化背景下的调解员拥有不同的权力和地位。例如，在中国，"有着儒家传统价值的国度里，作为和事佬的社区调解员有很高的权力和地位"，因此这种地位能够给予"中立方控制资源，使得补偿技术、信息收集和第三方的使用得以实现"。参见 James A. Wall Jr. & Ann Lynn, *Mediation: A Current Review*, The Journal of Conflict Resolution, Vol. 37, No. 1, p. 160 – 194 (1993); James A. Wall Jr. et al., *Mediation: A Current Review and Theory Development*, The Journal of Conflict Resolution, Vol. 45, No. 3, p. 370 – 391 (2001)。

② 调解程序如下：

……

法官："这是调解阶段。A（法官在诉讼过程中称呼原告时，直接用'原告'代替原告的名字），你自己说说你到底想要什么？你想要得到多少赔偿？"

原告："第一，我想要 B 赔偿我的损失。他和他妻子几乎每晚都来我家干扰我的新房子的建设，并且破坏桩和打桩设备。谁来支付我的损失？"

法官："你是否看到他们前来毁坏你的房子？"

原告："没必要亲眼见到。我知道他绝对做过！到现在为止他已经毁坏了 10 根桩！"

被告："废话！我只破坏了 3 根，不是 10 根！你还打伤了我老婆。法官，我告诉你，A 正在建房子的土地不是他的，而是我的财产！"

村主任："你们能否不要再翻旧账？关于土地财产权问题，你又拿不出证据。这个问题是老问题了，多少年了都。这个牛圈是谁的问题还重要吗？你们看看，虽然你们两家对这个牛圈有不同的看法，但那么长时间了，你们一直和谐相处，有 15 年了吧，对吧？我告诉过你们很多次了，两个邻居之间互相争吵是不好的。难道你们不怕被其他村民和法官笑话吗？"

法官："村主任说得对。如果你们关于土地所有权问题有争议，可以去村里调解办公室，可以去法院解决。不要整这些无聊的事情。A，你不喜欢 B，你可以搬出村子吗？你可以去县城，去昆明吗？你不能，对吧？所以，我们大家都来这里帮你们从不同的角度重

主权与参与能力,他们可以讨论自己真正关心的争议焦点,而不是仅仅去处理诉讼程序中的法律与证据问题,纠纷本身更为复杂、连绵、完整的层次面向被更为完全地呈现出来,并被各方充分讨论。这在一定程度上说明了为什么参与调解的当事人对解纷机制的满意度往往要高于诉讼的原因。①

通过这种开放性的纠纷解决机制,不同的解纷参与人会从不同的角度对当事人进行劝导,当事人也可表达出他们内心的愤懑与不满。在法院调解过程中,解纷机制不仅在处理问题,也在处理人,在帮助当事人实现情感压力的释放——这构成了调解的另一大优势,这些优势常常被有经验的法官充分利用。因为法官们心里清楚,相较于调解,诉讼过程"并不关注情感,取而代之的是按照死板的程序和法规来看待冲突"②。然而调解会允许各方充分地表达自己真实的情感。除了表达情绪,当事人之外的其他纠纷解决参与者(法官、

新考虑解决纠纷和问题的办法。"

法警:"在我看来,B,你做的也不对。如果你不同意 A 在这里建新房子,你可以去找村里的负责人……"

被告:"我有想去反映的……"

法警:"让我说完!不管谁对谁错,你们都不应该毁坏别人的财产。你说你毁坏了 3 根桩,对吧?你知道这是违法的吗?我可以去你家毁坏你的东西吗?我不能,对吧?在晚上做这种事情就像个贼,只会让你在村子里丢脸!"

法官:"好了,很清楚的是 B 承认他毁坏了 3 根桩。"

原告:"不止 3 根!"

法官:"你有证据吗?"

原告:(沉默)

法官:"A,我没有跟你讨论你所要求的极高的赔偿。你认为我们法官啥也认不得是不是?我告诉你我完全了解在我们这边盖新房子的成本是多少。你的要求太夸张了。"

村主任:"B 已经承认自己做了错事。这样的话,A,你能不能降低点赔偿要求?我们不应该为难法官。"

法官:"B,我们来谈谈你应该为你的破坏行为做些什么。你能赔给 A 多少损失?"

……

① See Nancy H. Rogers & Richard A. Salem, *A Student's Guide to Mediation and the Law*, M. Bender, 1987, p. 225 - 226。其实,"像调解和谈判这种协商一致的过程,提供了一种更大程度的程序控制,因此他们被各方视为'主观上更公平',并且是被优先选择的,不管他们是否最终导致更有利的结果"。参见 Robert A. Baruch Bush, "*What Do We Need a Mediator For?": Mediation's "Value - Added" for Negotiators*, Ohio State Journal on Dispute Resolution, Vol. 12, p. 1 - 36(1996)。

② Kimberlee K. Kovach, *Mediation in A Nutshell*, Thomson/West, 2010, p. 41 - 42.

法警、村干部、人民调解员）还会对如何有效解决纠纷提供一些创造性的建议。因此，在这种社区化、本地化、情景化的法院调解过程中，确实使各方不拘泥于固有的思维方式，而能够充分地发挥人的主观能动性以更好地探索问题的解决办法。[①] 换言之，“调解用最简单的法律程序，却最大限度地给双方提供了沟通和解决纠纷的途径”[②]。正如费孝通教授所言“解决乡村纠纷事实上就是一个讲道理的过程……这在现在叫作‘调解’，而过去叫作‘评理’”[③]。评理不仅是抽象的规范分析或逻辑推理，同时也需要更多高度属人的、情境性的分析。彭文浩（Michael Palmer）教授也曾经留意到法院所采取的这种复合型争议解决模式——“法院往往会利用争论方的亲属，朋友和同事，以说服准诉讼人来解决他们之间的分歧，而不是采取审判的手段”[④]。事实上，这种让双方亲戚、了解情况的人和地方权威参与其中的纠纷解决方式在中国古代非常常见。例如，秦朝时的“和事佬”，他们非政府雇员，却无处不在，并肩负着维护社会秩序的责任。[⑤] 同样地，这样一个解纷场景也容易让人想到有着悠久历史传统的“枫桥经验”。在化解纠纷的过程中，“枫桥经验”会以更加贴近群众的方式构建情境性的纠纷化解路径。因此，除了“事”维度的客观性历程与规范性准据，“枫桥经验”还会关注“人”维度的社会性脉络与个体性情愫。在此基础上，努力将事实、规则、关系、情绪这四个维度有机结合，使定分止争之事理分辨、爱恨情仇之感性平复、社会关系之有效复原整体完成，而不是机械地、粗糙地将社会冲突简单地视为法定权利、义务之失范状态，认为只要获得

---

① Kimberlee K. Kovach, *Mediation in A Nutshell*, Thomson/West, 2010, p. 43.

② John W. Cooley, *The Mediator's Handbook: Advanced Practice Guide for Civil Litigation*, National Institute for Trial Advocacy, 2nd ed., 2006, p. 7.

③ Fei Xiaotong, *From the Soil: The Foundations of Chinese Society*, trans. by Gary G. Hamilton and WANG Zheng, University of California Press, 1992, p. 103 – 104.

④ Michael Palmer, *The Revival of Mediation in the People's Republic of China (2): Judicial Mediation*, in W. E. Butler ed., Yearbook on Socialist Legal Systems, Transnational Publishers, Inc. 1989, p. 148.

⑤ See Jerome Alan Cohen, *Chinese Mediation on the Eve of Modernization*, California Law Review, Vol. 54, p. 1201 – 1226 (1966).

事实与规范,问题就能通过公权力强制介入的方式予以解决。换句话说,中国传统的,具有整体主义色彩的纠纷解决方式在今天的中国西南地区仍然生动而鲜活地存在着。

最终,经过法院调解,这个纠纷被顺利解决。双方同意 B 赔偿 A 400 元人民币。[①] 正如村干部所说,双方毕竟是邻居,无论他们是否喜欢对方,仍然要住在一个地方。这样一个从长远利益的角度出发的观点,确实有助于双方达成最终的和解,也和调解的价值相符。[②] 值得注意的是,原告最初的诉请(赔偿 10,260 元)和最终的赔偿款(400 元)之间有一个巨大的差距。从图 5 - 2 关于原告诉请的一段文字中可以看出,原告反复涂改了诉讼文书中损失数额的部分。这有可能是因为原告的计算能力比较弱,在计算损失总额时出现的算术错误,然后进行的更改,并通过按红手印的方式确认。

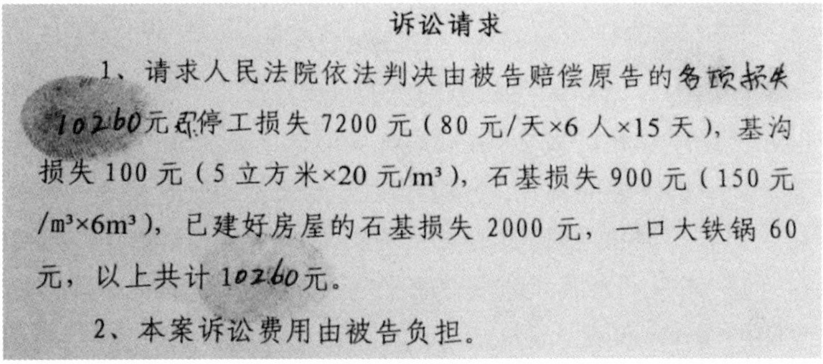
诉讼请求

1、请求人民法院依法判决由被告赔偿原告的各项损失10260元停工损失 7200 元（80 元/天×6 人×15 天），基沟损失 100 元（5 立方米×20 元/m³），石基损失 900 元（150 元/m³×6m³），已建好房屋的石基损失 2000 元，一口大铁锅 60 元，以上共计 10260元。

2、本案诉讼费用由被告负担。

图 5 - 2　原告起诉状截图

图 5 - 3 反映了村民的居住环境和条件。法官正在纠纷发生地调查事实。很显然,这个村确实贫困。考虑到当地的收入水平,要求 B 支付 10,260 元是不可能的。

① 同意应该被理解为一种狭义的自愿。与广义的自愿即当事人对局势有 100% 的自主权不同,同意是一种不反对的状态,这种状态当然有当事人自由意志的部分,但也是法官利用诸多微小的过程性技艺对当事人进行疏导的结果。

② See Stephen K. Erickson & Marilyn S. McKnight, *The Practitioner's Guide to Mediation: a Client - centered Approach*, Wiley, 2001, p. 25.

图 5-3 村民的居住环境

无论原告有怎样的主观原因,10,260 元都是一个天文数字,被告也无法偿还如此巨大金额的款项。事实上,在议价过程中,较高的要价是一种常见的策略。[①] 但与普通的议价不一样的是,由于原告缺乏相关知识和经验,其的开价显得有些荒谬,这些事实情况拼贴在一起,证明了当事人的文化水平与进入诉讼程序的知识配备要求之间的明显不匹配。

三、调解在中国西南地区的基层法院为何可行?

(一)为何调解对当事人可行

1.保全面子、修复关系

与诉讼相比,调解有着一个显而易见的优势,即其既能够解决问题,同时又能够保全面子,也就可以修复各方之间已经受到损坏的人际关系。[②] 以本案为例,尽管纠纷通过诉讼程序处理,赔偿也可

---

① See Joseph L. Matthews, *How to Win Personal Injury Claim*, Nolo, 7th ed., 2009, p. 186.

② See Kimberlee K. Kovach, *Mediation in A Nutshell*, Thomson/West, 2010, p. 42 - 43.

以实现，但真实的分歧与敌视却无法消除。案件的负责法官告诉笔者，A 之所以起诉 B，一大原因在于几个月前 B 在一场人身损害诉讼中赢得了 A。通过这次的诉讼，A 想赢回来的不仅是钱，还有他在当地社会中的面子。

在中国基层社会，面子和社会声誉极为重要。[①] 中国社会中具有这样一个典型的现象，"人们住得非常近，保护隐私极为困难。任何事件都会被当作共同话题并被无休止地讨论……人们有着非常敏锐的观察能力，并且事件发生后很快就会在当事人背后指指点点"[②]。因此，"（这些）不守规矩的人会成了闲话和八卦的对象。在中国农村，这些人因为没有能够……以农村人认为公平的方式行事而丢了面子，那他们也便把自己置于闲言碎语的攻击之下"[③]。此外，面子还有更为直接的功能性价值，这是因为日常的农活需要来自其他村民的协作与支持。换言之如果你丢了面子，村民之间的帮忙机制就会被破坏，诉讼的失败者将要承担一定的社会压力，其他农民可能会在农忙时间拒绝给他们帮忙。[④] 普通村民并不容易理解审判中关于某项争议的法律辩证，即胜利不意味着全然正当，败诉也不意味着即为邪恶。但无论法律适用、证据认定和是非曲直为何，诉讼会必然地产生一个"胜利者"和一个"失败者"。对于普通村民而言，重要的不是法律论证，而是谁最终赢得了官司。在获知了诉讼结果之后，村民就会用一个标签来"标记"诉讼中的失败者，

---

① 一直以来，面子（脸）被认为是决定中国式行为方式（无论是个人的或者集体的）的主要因素。相关讨论请参考 Barbara L. K. Pillsbury, *Factionalism Observed: Behind the "Face" of Harmony in a Chinese Community*, The China Quarterly, Vol. 74, p. 241 – 272 (1978); Hsien Chin Hu, *The Chinese Concept of "Face"*, American Anthropology, Vol. 46, No. 1, p. 45 – 64 (1944)。

② Julian Alfred Pitt – Rivers, *The People of the Sierra*, University of Chicago Press, 2nd ed., 1971, p. 31.

③ Kenneth Kressel, Dean G. Pruitt & associates, *Mediation Research: The Process and Effectiveness of Third – Party Intervention*, San Francisco: Jossey – Bass, 1989, p. 84.

④ 关于面子机制如何在中国乡村发挥作用，张艺谋拍摄的著名影片《秋菊打官司》为我们展示了一个非常生动的例子。苏力在其《秋菊的困惑与山杠爷的悲剧》（载苏力：《法治及其本土资源》，中国政法大学出版社 1996 年版）一文中为这一影片提供了更多讨论和相关法律分析。

而这个"标签"将会对当事人的社会名声产生负面影响。

为了洗刷在之前人身损害诉讼中失败的"耻辱",A 提起了诉讼,他希望能够通过这场诉讼来赢回一些尊重,从而改善自身的社会评价与社会声誉。所以就本案而言,如今这场诉讼本就是之前那场诉讼的结果,诉讼并没有解决纠纷,而是继续创设了纠纷。诉讼过程将无休止地产出"胜利"与"失败"的标签,而当事人为了洗刷掉"失败"的标签,将有可能发起另外一场新的诉讼。所以"法庭对争议的处理不可能给出真正的解决之道,即双方都接受的解决方法。非对即错的二元论式司法解决可能成为一个强加于诉讼双方的2(一方当事人和法官)对1(另一方当事人)式的解决方案,从而让维系双方关系变得困难甚至不可能"①。然而,与诉讼相比,调解中并无胜败之分,这让争议双方能够从根本上解决问题。从结果上来看,调解可以保全面子,可以降低社会成本,可以避免生活在同一村子里的争议双方再度提起报复性诉讼。应当牢记:"在许多案件中,争议双方之间存在长期关系。这种关系可能是人际上的或工作上的,亲密的或无关感情的。这种关系的例子包括邻居关系、家庭成员关系、雇佣关系、消费关系以及生意关系……调解提供了一个机会,让双方能够探索维系关系的各种方式。"②所以,凭借 ADR 在保全面子和修复人际关系方面的优势,法院调解在处理这一相邻权纠纷时发挥了明显的优势。

2. 采取诉讼方式的现实困难

从技术上来说,由于缺少证据,这起案件其实并不容易通过诉讼方式处理。本案原告因为不了解法律知识,完全没有意识到收集证据的重要性。尽管除了被告之外并无合理的嫌疑人,但原告方也并没有办法提供证据证明对自身房屋的损害是由被告造成的。然而,在调解的争论过程中,当原告指控被告损坏了超过 10 个基桩时,被告愤怒地回应称"我只弄坏了 3 个",从而造成了一种具有黑

---

① Roger Cotterrell, *The Sociology of Law: An Introduction*, Butterworths, 2nd ed., 1992, p. 211.

② Kimberlee K. Kovach, *Mediation in A Nutshell*, Thomson/West, 2010, p. 42 - 43.

色幽默意义的自认。但如果这场争议是在法律专业人士的帮助下通过诉讼方式进行的,那么律师肯定会建议被告否定原告的全部指控。考虑到《民事诉讼法》以及相关司法解释对于证据的要求,当原告无法举证,法庭将无法处理这一纠纷,原告不会得到任何补偿,两个家庭之间的矛盾也无法得到妥善化解。当然,在中国职权制诉讼的司法体制下,原告可以向法院提交申请请求法院进行调查取证。但原被告双方的知识水平不足以让他们充分地实现自己的诉讼权利。因此在某种意义上,适用调解就是避开了当事人进入诉讼的现实困难,并依然可以产生一个双方当事人都能够接受的问题解决方案。这向我们展示了一幅调解在法律与证据规范适用存在障碍时,依然可以有效化解社会矛盾的生动图景。

3. 可接近的公共产品

据笔者观察,当法官在法庭调查阶段询问争议双方时,当事人在面对一个正式、权威但无法理解的国家机器的情况下表现出了明显的紧张、困惑,甚至害怕,就仿佛站在他们面前的乃是一头怪兽。无疑,“单个公民对法律知识的缺乏使其难以援引法律维护自己,而国家、其他人及组织却可以使用法律对其实施压迫”①。这种状况在社会弱势群体中产生时,会变得更糟。

> “法律语言的技术性、书面性及饱含力量的特性使其对非法律人而言非常难以理解。对于那些对法律程序所用语言掌握程度不高的人,例如许多第二语言使用者以及失聪者而言,上述情况则更加糟糕。法律语言的书面性及技术性会降低儿童、文盲及智力不健全者在法律程序中的参与度,也会对其他地区方言或社会方言的使用者产生影响。力量不对称尤其会影响受创伤者、儿童、妇女以及已经处于不利地位的少数民族。法律也是一块文化领域,对于文化上的少数族裔(cultural minorities)所处的不利地

① Roger Cotterrell, *The Sociology of Law: An Introduction*, Butterworths, 2nd ed., 1992, p. 141.

> 位,伊德(Eades)(1994)、雅克梅(Jacquemet)(1996)和斯迪戈(Stygall)(1994)已经做出过有力的论述。这些不利代表着艰巨的人权问题,而这些问题中只有一部分可以通过立新法、修改程序(如在儿童房中放置摄像机)、法律教育和大众教育得到解决。"①

不应忘记的是,本案中的争议双方都没钱请律师。他们不喜欢法庭,但在人民调解失败后,他们不得不转向这个对他们而言过于复杂的公共争议解决机构以寻求救济。在这种情况下,如果法庭只能提供诉讼这种单一的公共服务,那么即使该案最终得到了法院的裁决,争议双方也依然会感到无助。但在调解过程中,双方感觉好多了。确实,"正义的非正式和传统机制更容易被贫困且处于不利地位的人们所接受,而且可能有潜力为后者提供快速、经济且有意义的救济"②。这一状况在理论上可以从"接近正义"(access to justice)的角度来理解为何法庭调解是更人性化的机构设置。

"接近正义"这一概念来自西方国家。以美国为例,由于民事诉讼所花费的金钱和时间成本大大限制了普通公民对于诉讼的参与,如何确保诉讼程序对各方的公平性成为一个巨大挑战。③ 有人抱怨称,法院的大门正被"快速关上"④,这使诉讼已经成为"美国中产阶级都负担不起的奢侈品"⑤。事实上,导致正义高高在上的不

---

① John Gibbons, *Language and the Law*, Annual Review of Applied Linguistics, Vol. 19, p. 156 - 173(1999).

② *Access to Justice: Practice Note* (9/3/2004), http://web. undp. org/governance/docs/Justice_PN_English. pdf.

③ See Joseph R Biden, *Equality, Accessible, Affordable Justice under Law: The Civil Justice Reform Act of* 1990, Cornell Journal of Law and Public Policy, Vol. 1, Iss. 1, p. 1 - 24 (1992).

④ See Joseph R Biden, *Equality, Accessible, Affordable Justice under Law: The Civil Justice Reform Act of* 1990, Cornell Journal of Law and Public Policy, Vol. 1, Iss. 1, p. 1 - 24 (1992).

⑤ See Joseph R Biden, *Equality, Accessible, Affordable Justice under Law: The Civil Justice Reform Act of* 1990, Cornell Journal of Law and Public Policy, Vol. 1, Iss. 1, p. 1 - 24 (1992).

仅是金钱和时间成本,还有正式诉讼对抗结构中的一系列不合理的制度安排,[①]以及那种对诉讼参加者的隐性门槛,即要求诉讼各方"有能力和有意愿意识到他们拥有的合法权利,并能够行使其救济手段"[②]。在此背景下,"接近正义"理念便破土而出,这一具有左翼与"大众正义"色彩的司法观念使正义获得了一个崭新的理论与实践维度。基于"接近正义"的理念,相应的司法改革已经在全世界范围内展开。这些改革遵循着一个基本的出发点,即在一个相对公平的社会,每一个人参与到法律程序中的现实性权利都应该得到保障;[③]以及"法律程序和援助组织的设计应最大限度地提高(当事人)自己解决法律问题的机会,而不需要昂贵的专业人士的帮助"[④]。据此,国家在制度设计层面需要向公民提供门槛不高、可以理解、可以参与的争端解决机制。

因此,"接近正义"要求我们从服务,乃至"用户"的角度来考察和研判制度设计的正当性。如果法院提供的公共服务的"正义性"仅仅具有文本意义、理论意义和专业意义,但却忽视了"用户",即当事人的感受和反馈——例如,对法院提供的司法产品当事人是无法理解的,那么这种制度设计便没有体现"接近正义"的原则精神。如果在这种情况下,那些贫困和弱势群体还只能被迫接受这种单一的公共服务产品,那这种制度设计便是不人道的。法治不是概念,而是需要提供切实可行的途径。[⑤]"途径"在这里应该是当事人可以理解的、负担得起的和能够参与的。在解纷过程中,"争议各方关

---

① See Austin Sarat, *The Litigation Explosion, Access to Justice, and Court Reform: Examining the Critical Assumptions*, Rutgers Law Review, Vol. 37, p. 319 – 336 (1984 – 1985).

② See Austin Sarat, *The Litigation Explosion, Access to Justice, and Court Reform: Examining the Critical Assumptions*, Rutgers Law Review, Vol. 37, p. 319 – 336 (1984 – 1985).

③ See Austin Sarat, *The Litigation Explosion, Access to Justice, and Court Reform: Examining the Critical Assumptions*, Rutgers Law Review, Vol. 37, p. 319 – 336 (1984 – 1985).

④ Deborah L. Rhode, *Access to Justice*, Fordham Law Review, Vol. 69, p. 1785 – 1819 (2001).

⑤ See Vicki Waye & Xiong Ping, *The Relationship between Mediation and Judicial Proceedings in China*, Asian Journal of Comparative Law, Vol. 6, p. 1 – 34 (2011).

心如何解决纠纷如同他们关心结果”[①]，对体验过程和主体感受的关切应该成为正义的切实一维。对于那些缺乏专业法律知识的村民而言，如果法治是由不得不接受和难以理解的诉讼来定义的，那么，它将是一个不人道的“法治”。[②] 所以，对于很多生活在中国西南地区的缺乏经济基础、教育背景和专业法律知识的普通人来说，法院调解是一个很好的选择，因为调解可以向他们提供廉价的、可理解的、可参与的正义。

（二）为什么法院调解对法官来说是可行的

1. 基层法院的审判质量

（1）法官的必备资质：法律教育和职业资格

判决是审判的结果。在很大程度上，产品的质量取决于生产者的质量。所以在裁判情景下，裁判的质量便取决于法官的素质。这在今天的中国也不例外，越来越多的人已经意识到，如果没有高质量的法官队伍，司法公正就是一句空话。“在正规且合理的法律制度中，法律工作者扮演的角色具有与官僚机构的专家相媲美的重要作用，因为他们在获取关于相关规定和相应程序的法律专业知识的基础上参与到管理之中。法律工作者是法律知识的专家，且知道如何操作。”[③]

和很多专业类似，进入法律行业并非不是自由的，[④]不同的法域都会对法律人的职业门槛进行限制。最基本的理由，来自法律的特殊性与法律知识的特殊性。[⑤] 考虑到能胜任的法律职业工作者必须

---

① Robert A. Baruch Bush, "*What Do We Need a Mediator For?*": *Mediation's "Value-Added" for Negotiators*, Ohio State Journal on Dispute Resolution, Vol. 12, p. 1 – 36 (1996).

② 参见熊浩：《思家诉讼：一个中国少数民族基层社区民事赔偿案件的法学与人类学观察》，载《学园》2010 年第 5 期。

③ Mathieu Deflem, *Sociology of Law: Visions of a Scholarly Tradition*, Cambridge University Press, 2008, p. 183.

④ See Richard L. Abel, *Lawyers and Legal Services*, in Peter Cane and Mark Tushnet eds., The Oxford Handbook of Legal Studies, Oxford University Press, 2003, p. 797.

⑤ 值得注意的是，法律知识有没有独特性是一个有争论的问题。参见苏力：《法律人思维？》，载《北大法律评论》2013 年第 2 期；孙笑侠：《法律人思维的二元论兼与苏力商榷》，载《中外法学》2013 年第 6 期。

具备独特的法律技能，美国在 1992 年的麦克特（MacCrate）报告中确定了法律人的通用技能和四个法律专业资质评估标准。[①] 获得这些专业技能、达到专业标准，普通的学习是不够的。越过法律职业的专业门槛，需要候选人在专业法律教育机构获得长时间的专业训练，以让他们适应法律制度的相关要求，以及更重要的，“习惯像一个律师一样思考”（thinking like a lawyer）。诚如布莱恩·比克斯（Brian H. Bix）教授所言，“法制教育是法律自治的内容，这不仅意味着法律推理的来龙去脉以某种形式在行业内的传递，还因为培训本身所表达的知识形式和决策是独特的，或者至少在一个特定的法律系统中是如此”[②]。

除了专业的教育与训练，考核对于法律职业的发展也是必要的。在大多数法域，无论是大陆法系还是英美法系，虽然过程不同，但候选人在被法律职业共同体接受之前，法律专业资格考试都是必要的。[③] 所以，《法官法》第 12 条第 1 款第 5、6、7 项对法官的任职条件提出了专业背景方面的如下要求：

> “（五）具备普通高等学校法学类本科学历并获得学士及以上学位；或者普通高等学校非法学类本科及以上学历并获得法律硕士、法学硕士及以上学位；或者普通高等学校非法学类本科及以上学历，获得其他相应学位，并具有法律专业知识；（六）从事法律工作满五年。其中获得法律硕士、法学硕士学位，或者获得法学博士学位的，从事法律工作的年限可以分别放宽至四年、三年；（七）初任法官应当通过国家统一法律职业资格考试取得法律职业资格。”

---

① See John Bell, *Legal Education*, in Peter Cane and Mark Tushnet eds., The Oxford Handbook of Legal Studies, Oxford University Press, 2003, p. 909.

② Brian H. Bix, *Law as an Autonomous Discipline*, in Peter Cane and Mark Tushnet eds., The Oxford Handbook of Legal Studies, Oxford University Press, 2003, p. 983.

③ 参见周菁：《两大法系司法考试制度之比较与借鉴》，载《山西省政法管理干部学院学报》2003 年第 3 期。

(2)国家统一法律职业资格考试与基层法官的素质不协调性

在我国，随着过去30多年的改革开放进程，法律职业化程度得到了提高和增强。① 促进法律职业化的其中一个重大举措，是在2002年建立了统一的国家司法考试体系。② 在一些中国的中心地区，法官甚至已经拥有了硕士、博士学位，这种高要求便导致了更为激烈的人才竞争。中国发达地区法院的招聘要求中，常常将已经获得本科甚至硕士学位和已经通过国家统一法律职业资格考试作为进入法院工作的前置性条件。

然而，这种所谓的法官素质的提升似乎并没有给中国西南部基层地区带来直接的益处。一方面，在中国的欠发达地区，合格的法官仍然十分稀缺。例如，在P县人民法院，仅有6名法官毕业于正规的法学院，大约10名在编人员通过了国家统一法律职业资格考试。③ 另一方面，统一的法律职业资格考试甚至可能会对中国西南地区的法律人力资源状况产生影响。因为一旦法官入职后通过了国家统一法律职业资格考试，他们便可以在中国的任何地方进行法

---

① See Hou Xiaodan, *Chapter Six: Legal Education and the Transformation of the Legal Profession*, in CAI Dingjian and WANG Chenguang eds., China's Journey towards the Rule of Law: Legal Reform (1978 - 2008), Brill, 2010, p. 270 - 282.

② See For a General Discussion on China's Legal Professions and Legal Education, see CHEN Albert H. Y., *An Introduction to the Legal System of the People's Republic of China*, Lexis/Nexis, 5th ed., 2018, p. 199 - 239.

③ 通过国家统一法律职业资格考试的法官人数包含在编人员。这个数据由这些基层法院的调研员于2010年和2011年统计所得。然而，上海市浦东新区人民法院具有硕士以上学历的有203人，在全院在编人员中占比约为33%。参见应届生求职网，http://www.yingjiesheng.com/job-000-990-113.html，最后访问日期：2011年5月14日。

律执业。[①] 这张证书将为一些大学毕业不久的年轻法官和其他在编人员打开另一扇大门，使他们得以在现代化的都市里追寻他们的法律执业梦想。在这种情况下，许多年轻的法学院毕业生可能会辞去他们在基层法院的工作转而去相对发达的城市地区执业，在那里，他们往往可以获得更多的机会和更高的收入，这可能会进一步恶化城市发达地区和农村欠发达地区法律人力资源的不均衡状态。一名基层法院院长对调研员说，一些通过国家统一法律职业资格考试的在编人员辞去了他们的工作，转而去所在省份的发达地市做律师。这个问题在最高人民法院层面得到了证实。2011 年 10 月，最高人民法院院长在全国人民代表大会常务委员会上就劳动力现状问题进行报告时强调指出，由于工作和生活压力较大，而收入相对较低，一些基层法院的人才流失情况十分严峻，特别是西部地区、边远地区、少数民族地区和欠发达地区。[②] 注意，笔者在这里并没有要否定或低估国家统一法律职业资格考试之价值的意图，仅是想指出可能这一制度产生了不易被我们察觉的一个副作用，即国家统一法律职业资格考试在一定程度上激化了法律人力资源分配的不均衡状态，合格的储备人才会在通过考试后，从不发达的乡镇地区迁移至发达的城市地区。最终，仍然留在地方法院工作的则是那些缺乏

---

① 根据 2021 开始实施的《法律职业资格管理办法》第 12 条的规定，“司法部根据下列情形，授予申请人法律职业资格，并颁发相应的法律职业资格证书：（一）符合《国家统一法律职业资格考试实施办法》第九条、第二十二条规定的条件，考试成绩达到全国统一合格分数线的，颁发 A 类法律职业资格证书；（二）符合《国家统一法律职业资格考试实施办法》第二十三条规定的条件，申请享受放宽政策，考试成绩达到全国统一合格分数线的，颁发 B 类法律职业资格证书；（三）符合《国家统一法律职业资格考试实施办法》第九条、第二十二条、第二十三条规定的条件，申请享受放宽政策，考试成绩达到放宽条件地区合格分数线的，颁发 C 类法律职业资格证书”。规定中所谓的放宽政策，按照《司法部发布国家统一法律职业资格考试实施办法》第 23 条的规定，指的是：“国家统一法律职业资格考试的实施，可以在一定时期内，对艰苦边远和少数民族地区的应试人员，在报名学历条件、考试合格标准等方面适当放宽，对其取得的法律职业资格实行分别管理，具体办法由国家统一法律职业资格考试协调委员会确定。在民族自治地方组织国家统一法律职业资格考试，应试人员可以使用民族语言文字进行考试。”

② 参见王胜俊：《最高人民法院院长王胜俊谈破解民事审判四大难题》，载最高人民法院官网，https://www.court.gov.cn/zixun-xiangqing-1702.html，最后访问日期：2023 年 11 月 3 日。

流动性的人。在这种情况下,司法判决的质量可能会相对较低且存在问题,要求这类法官使用裁判来解决纠纷,司法产品的质量也许会出现问题。①

同时,基于相同的原因,国家统一法律职业资格考试也提升了律师的流动性。如果人们顺利通过了国家统一法律职业资格考试,他就可能迁移至现代化城市去执业。法律资源,即当地的律师,也将会变得更加稀缺。一方面,国家统一法律职业资格考试确实建立起了更为规范、统一的法律职业准入门槛,它很好地保证了执业人员的专业素质。但另一方面,通过门槛的法律人将获得更多机会,这会使他们更容易向上流动。随着西南部欠发达地区的基层社会律师越来越少,当事人更难以找到代理人,这种供求关系不平衡使律师可以利用这一供需关系收取更高的服务费用。专业人士在数量上的不足和在价格上的优势,使更多的弱势群体在进入司法时无法获得专业化的法律服务。

(3)法学教育与基层法律需求间的不匹配

那些在基层法院工作的法官们即使获得了法学院的法学学位并通过了国家统一法律职业资格考试,然而,他们在法学教育以及资格考试中所习得的法律知识,在基层环境中也许不会如他们想象得那般有用。中国的法学教育在过去的几十年获得了巨大的进步,统计数据显示,法学院办学规模持续性扩张,法学毕业生数量持续性增长。② 关于课程,教育部为法学教育设置了最低限度的“条件”,即必须开设 14 门核心课程,包括法理学、宪法、行政法与行政诉讼法、中国法制史、民法、民事诉讼法、刑法、刑事诉讼法、商法、知

---

① 笔者在另一个县人民法院实地调研时,一名来自中央民族大学法学院的实习生告诉笔者,她曾就某个具体法律规制问题问过一名法官,而当她回到北京继续完成她法学院的学业时,她发现这些回答是完全错误的。

② See Hou Xiaodan, *Chapter Six: Legal Education and the Transformation of the Legal Profession*, in CAI Dingjian and WANG Chenguang eds., China's Journey towards the Rule of Law: Legal Reform(1978 - 2008), Brill, 2010, p. 261.

识产权法、经济法、国际公法、国际私法和国际经济法,[①]法学学生似乎可以由此获得系统而全面的法学教育。然而,这里仍然存在一种担忧,即统一的、城市化导向的法学知识并不能与复杂的中国不同地区和不同社会条件下的人们的多样化法律需求相配适。

事实上,中国的法制体系由于其过于明显的城市导向而遭受过批评,有学者就认为中国法律体系忽视了中国农村地区的法律需求。[②]“中国的法学学者沉迷于西方的理论潮流,从而忽视了中国除北京和上海以外地区中法律在社会的作用。”[③]苏力就曾对在中国引证率最高的法学家进行过统计[④],如果我们基于这一核单,进一步收集这些学者的籍贯、工作地点和单位,我们很容易就可以发现中国法学领域学术精英们的地理分布情况。总体而言,中国最有影响力的学者们虽然籍贯来源较为分散,但他们的工作地点毫无例外地居住在中国的核心都会地区,这其中的绝大部分都居住在北京,仅有少数生活和居住在吉林、武汉等地。虽然上面这个名单来自苏力教授多年前的统计,但笔者相信,如果我们在今天重新完成统计,这一“道路通向城市”的基本现实,依然不会有明显改变。

社会心理学和社会学的许多研究已经证明了个体思维与社会背景的关联关系,[⑤]因此,这些学者并非有意忽视了中国西南地区的基层现状,相反,他们乃是如一般人那样,受到自身所嵌入之社会背景的深刻影响,甚至在某种程度上被他们的社会嵌入所塑造。因此,法律知识生产自然不可避免地烙上了“made in bigcity”的标签。

---

① See Robert Lancaster & DING Xiangshun, *Addressing the Emergence of Advocacy in the Chinese Criminal Justice System: A Collaboration between a U. S. and a Chinese Law School*, Fordham International Law Journal, Vol. 30, No. 2, p. 356 – 373, note 49(2007).

② See Deng Zhenglai, *Criticism on the Urbanized Trend of Chinese Law Research*, Frontiers of Law in China, Vol. 1, No. 4, p. 514 – 523(2006).

③ Frank K. Upham, *Who Will Find the Defendant if He Stays with His Sheep? Justice in Rural China*, The Yale Law Journal, Vol. 114, Iss. 7, p. 1675 – 1718(2005).

④ 苏力:《也许正在发生:转型中国的法学》,法律出版社 2004 年版,第 51 – 53 页。

⑤ 人的观念实际上受到很多因素之影响,社会结构、秩序、具体人的生存和社会场域毫无疑问地形塑着人的认知,参见 Hans E. Jensen, *J. A. Schumpeter on Economic Sociology*, Eastern Economic Journal, Vol. 11, No. 3, p. 257 – 266(1985)。

对于生活在农村和中国欠发达地区的人们来说，他们对立法决策的影响力是相对较弱的。其结果是，来自生活在农村和欠发达地区的基层的人的经验、立场和知识不会进入主流的知识系统，也没有被主流学界普遍接受。在某些情况下，这些需求甚至会被认为是一个滞后于中国现代化发展的落后部位，他们只有更像、更靠近城市才能具有正当性、才是正确的。对此，Benjamin L. Liebman 教授作出了一个精当的概括：

> "在过去的十年里，西方式法律改革已经在基层遭遇困境。在不稳定性增强，对法律体系自信的观念日益减弱，并且承认过去二十年的司法改革并没有解决法律体系的基本问题的大背景下，我们看到了大众正义的回归。对司法改革的批判性意见认为法律体系日益被社会精英控制，并且对专业化和正式程序的强调催生了一个既不符合普罗大众利益也不追随大众道德标准的法律体系。与此同时，这些改革被认为只聚焦于主要发达地区的法律需求，却因此忽略掉地区差异。在这种背景下，法律体系领域内的民主正义不仅强化了大众正义，也确保了法律制度不忽视普通民众的利益。换句话说，法律体系内的问题不只源于一直以来的政治构造(party dominance)，还源自法院和其他制度安排过度偏离了依靠公众的自身传统。"①

而在中心城市之外，苏力教授发现那里的司法技术与城市有着明显的差别：基层法官将更多地关注诉讼结果而非审判程序；更多地依赖于实务技巧而非学术知识；作出判决也更多地靠直觉而不是推理；更多地考量社会经验而不是精确地适用法律；更倾向于说服争议双方达成共识、妥协以避免争端，而非鼓励双方积极争讼以保

---

① Benjamin L. Liebman, *A Return to Populist Legality? Historical Legacies and Legal Reform*, in Sebastian Heilmann and Elizabeth J. Perry eds., Mao' sInvisibleHand: the Political Foundations of Adaptive Governance in China, Harvard University Press, 2011, p. 183 - 184.

障权利;更希望能够创造一个新的、强制的"合同"分配权利义务而非通过对一方当事人进行惩罚的极端形式解决争议,因为那可能会破坏人际关系。① 这些知识与多数法学院里教授的知识明显不同。因此,不少有了实践经验的学生往往会抱怨"课程实在是太理论化了,和现实世界脱节",②或者"当我开始(在工作中)适用法律时,我从大学里学的知识就都还给老师了"③。除了来自法律毕业生的抱怨,法官们也告诉笔者一些在法院实习的名校毕业生并不好用。一些法官说最近的法学院毕业生和实习生在和当事人交流的时候既不能掌握交流方式也不能驾驭对方的情绪,他们能够教条式地理解法律,但有时却忽略掉"常识"。

这些来自"现实世界"的真实困惑反映出中国发达地区城市和尚不发达基层地区基本法律需求的差异性。从某种程度上,我们甚至可以说一个在现代都会环境下越高级、越先进的法律知识类型——如知识产权法、金融法、公司治理、国际贸易、证券、期货、海事等,越是与欠发达地区的真实法律需求距离遥远。因此,越是熟悉这套先进知识话语的法学院学生,对于欠发达地区的真实境遇,便会越陌生、越无所适从。举例而言,在基层人民法院,传统的案件包括婚姻家庭纠纷、财产纠纷、合同纠纷,这些案件占到了法院立案案件的90%以上。其他一些县人民法院的情况也类似。甚至根据2009年的统计数据,在整个我们完成田野的县市,法院系统受理了14,399件案件,审结了13,658件。其中基层法院受理了7356件民事案件和2132件刑事案件。在民事案件领域,有3329起婚姻和个人权利纠纷(涉案总金额达到678.59万元);132起劳动报酬纠纷

---

① 参见苏力:《基层法官司法知识的开示》,载《现代法学》2000年第3期。有趣的是,在谈到北京的法官培训经验时,一名法官在基层法院告诉笔者,苏力教授是他最喜欢的学者,也是接受法官培训时最喜欢的授课老师。

② See Gerard J. Clark, *An Introduction to the Legal Profession in China in the Year 2008*, Suffolk University Law Review, Vol. XLI, p. 833 – 850(2008).

③ 被苏力采访的另一名专门的政法大学毕业生说:"民法、民事诉讼法和在法理学教育中被传授的一些原则是有用的,但其他的东西在实践中行不通。模拟法庭训练恰恰是不适用的。"参见苏力:《送法下乡:中国基层司法制度研究》,中国政法大学出版社2000年版,第369、371页。

(涉案总金额达到455.08万元);2555起合同和买卖纠纷(涉案总金额达到4711.846万元);16起公司事务纠纷(涉案总金额达到1252.97万元);5起产权纠纷(涉案总金额尚不可知);以及50起三农问题纠纷,和其他一些类型的案件。

所以对这个中国西南部的欠发达地区而言,传统纠纷(一半民事、一半家事)是主流,传统技艺是关键。如果考虑到纠纷与纠纷解决机制的配适性,我们会发现这些纠纷是适合调解的。这就解释了无论是否有来自发达地区的政策推动和法院的内部考核,每年在P县人民法院处理的案件中,通过调解结案的案件比例都可以达到65%乃至以上。鉴于这些社会现实,对中国西南方(特别是农村地区)的法官来说,他们可以使用另外一套与城市相异的解纷技艺。

2. 为什么法院调解对于法官是可行的?

(1)匹配:经验导向的知识和法院调解

虽然乡村法官对于高阶的法律知识并不很"熟悉"或者没有通过国家统一法律职业资格考试,但是他们仍然是非常职业的——如果"职业"这个词在这里能够从城市之外的视角来进行定义。在那些处理了数以千计的调解案件中,不断积累下来的大量直接经验,使这些法官成了基层社会解决纠纷的专家。对于他们来说"法律的生命不在于逻辑,而在于经验……法其实蕴含了一个跨越许多世纪的民族历史,人们不能将法看成为仅包含着僵硬的公理和数学教科书式的结论那样去对待它"①。

事实上,纠纷解决是一项高度的经验导向型工作。对于一位优秀的调解人来说,经验是最重要的因素。一个被普遍确认的结论是:一名经验丰富的调解人要比一名经验匮乏的调解人更有可能在

① Oliver Wendell Holmes, *The Common Law*, American Bar Association, 2009, p. 3.

争议各方之间促成纠纷的解决。[①] 比如在美国，虽然有好几个州对调解人资质附加有专业学位、教育或培训上的最低要求，但在解纷领域积累的足够经验也可以作为获取调解人资质许可的一个途径。[②] 根据美国《调解员行为示范标准(2005)》，一名调解员需要具备“满足争议各方合理预期的必要能力……(并具有)培训、调解的经验、技巧、文化理解以及其他调解人能力中时常需要的素质”，[③]而非一个学位。相似地，冲突解决协会在 2010 年发布的《标准调解认证项目准则》中写道：“重要的调解经验应当是可预期的……认证项目应当设置合理的经验要求，参加认证项目的候选人必须以文件证明其过去 5 年内花费大量时间所获取调解/联合调解经历，或者在生活中具有除了观察和角色扮演调解操练时间以外的实践经历。”[④]

对于一个称职的调解人而言，其学历的重要性远不及其经验，[⑤]已有研究表明未获得相关学位的个人依然能够出色地胜任调解工作。美国部分州的冲突解决协会的调解课程标准中便指出：

> “因为研究者们并未发现学位与调解能力的关联性，

---

① See Thomas A. Kochan & Todd Jick, *The Public Sector Mediation Process: A Theory and Empirical Examination*, Journal of Conflict Resolution, Vol. 22, No. 2, p. 209 – 240 (1978); Thoennes J. N. Pearson & Vanderkooi, *The Decision to Mediation: Profiles of Individuals who Accept and Reject the Opportunity to Mediate Contested Child Custody and Visitation Issues*, Journal of Divorce, Vol. 6, p. 17 – 35 (1982); Peter J. D. Carnevale & Richard Pegnetter, *The Selection of Mediation Tactics in Public Sector Disputes: A Contingency Analysis*, Journal of Social Issues, Vol. 41, p. 65 – 81 (1985).

② See Edward J. Brunet & Chariles B. Craver, *Alternative Dispute Resolution: The Advocate's Perspective*, Lexis Nexis, 2nd ed., 2001, p. 259.

③ See *Model Standards of Conduct for Mediators* (2005), Mediate. Com (Mar. 20, 2011), http://www.mediate.com/pdf/ModelStandardsofConductforMediatorsf inal05.pdf.

④ 2010 *Model Standards for Mediation Certification Programs of Association for Conflict Resolution*, Acrnet. Org (Mar. 20, 2011), http://www.acrnet.org/News.aspx? id = 842.

⑤ See W. Lee Dobbins, *The Debate over Mediator Qualifications: Can They Satisfy the Growing Need to Measure Competence Without Barring Entry into the Market*, University of Florida Journal of Law and Public Policy, Vol. 7, Iss. 1, p. 95 – 112 (1995 – 1995).

所以学位不应被视为是获得调解证书的先决条件。虽然在过去的几年中在冲突解决领域出现了越来越多的研究生学位课程,这些课程可以为本科生进入纠纷解决领域的众多不同专业岗位做准备,但这种学术训练应当被视为是对调解实践经验的补充,而非替代品。”①

从这个角度来看,基层法院中合格的法官并没有那么少。在西南地区的基层语境下,一个合格的法官可能并不是一个获得法学学位或是一个通过了国家统一法律职业资格考试的人,而是一个了解当地社会情况,并在纠纷解决与当事人沟通方面有着丰富经验的人。总而言之,基层法院法官的判案质量也许会出现问题,但他们在调解工作中会有特别的优势。他们丰富的经验,可以让他们成为非常优秀的调解员。

(2)法官也嵌入在当地社会之中

苏力教授已阐明现代司法体系很大程度上是为规模性陌生人社会解决纠纷设计的。② 根据西方司法的历史经验,陌生人组成的社会确实更多地依赖法律及法定的纠纷解决方式。这一点我们已经在前面的章节中讨论过了。总之,在不断碎片化及多元化的社会,法律扮演了“最大公约数”或“重叠共识”的角色,陌生的人们通过法律来平衡不同的价值和利益,以维持社会秩序。

然而,工作在基层法院的法官的生活环境与陌生化的大城市有着明显的区别,他们生活在由熟人组成的社会。举例来说,P县人民法院九成以上的法官都是本地居民。在另一个被调查的法院,总共有50名工作人员,其中包括44名本地人,4名来自本市其他的县,1名来自重庆,1名来自湖北。也就是说,这两个基层法院主要是由本地人组成。所谓的本地人,用一位法官的话,“在县城广场上走时,我几乎认识每一个人”。毫不夸张地说,在这样一个基层社

---

① 2010 *Model Standards for Mediation Certification Programs of Association for Conflict Resolution*, Acrnet. Org(Mar. 20,2011), http://www.acrnet.org/News.aspx? id = 842.

② 参见苏力:《基层法官司法知识的开示》,载《现代法学》2000年第3期。

会，“大多数基层法庭的法官在他们成长的小县城里任职，在那里，无论从体制来说，还是从个人来说，他们都依赖于每天碰面的其他政府官员”①。一次与法官聚餐时，一名法官抱怨纠纷解决中面临的困难，原告和被告都是他的熟人。他问：“怎么解决这个尴尬的问题？”一个理想的解决办法当然是按照《民事诉讼法》的要求回避。然而，如果每一个案件中都严格地执行回避规则，基层派出法庭就会出现案件找不到合适法官的情况，因为边疆基层社会的人际关系就像大树一样盘根错节。嵌入在熟人社会中的法院，不可能具有一种超越社会条件的独立性。同样地，日常生活中绵密的交织，也使得法官会与当地社会建立非常细腻的连接，这种连接会让诉讼的超然性遭遇挑战。

然而，在这种尴尬的情况下，调解却可以提供一条出路。首先，它可以帮助法官更容易地解决熟人案件。法官也是普通人，不可避免地也要考虑自身的在地利益。经过或输、或赢的诉讼裁判，不仅纠纷双方的关系，法官的私人关系网络也可能遭受损害。而调解则为当事人提供了一个对话性场域，法官也有机会较为充分地表达自己的看法。这样一种机制更容易产生所有利益相关方之间的理解，避免较为极端的“输赢结果”，从而使所有利益相关方（包括法官）的长期人际关系在某种程度上被照顾到。其次，法庭调解事实上使当事人更容易监督法官的解纷活动，这也会有利于解纷结果的公正。如果纠纷发生在“熟人社会”，当事人有理由怀疑对方是有可能认识法官的。与其被非对称的信息蒙蔽，调解过程中当事人自身对结果的控制权力（调解以自愿为原则）事实上可能形成一种对结果的直接制约。与诉讼程序中由法官裁决胜负不同，在调解程序中，双方的参与可以限制法官的权力，并以某种方式监督法官的活动，可以更多地了解法官的心证过程，从而更多地了解自身所处的现实状况到底为何。尽量尊重自愿，不要显失公平地进行解纷活动，从而让双方当事人达成合议，这也会使解纷工作更具有透明度。

① Frank K. Upham, *Who Will Find the Defendant if He Stays with His Sheep? Justice in Rural China*, The Yale Law Journal, Vol. 114, Iss. 7, p. 1675 – 1718(2005).

四、小结

本章是对中国西南部欠发达地区基层法院的一个质性研究。通过“深描”一个相邻权纠纷法庭调解的全过程,笔者展示了调解员所使用的技巧,以及这些技巧所折射出的老道经验与细致用心。研究发现在当今中国西南部的基层,法院调解是可行的。这是因为,第一,从当事人角度看,调解可以保存面子,避免因缺乏证据导致不恰当诉讼,调解还为双方当事人提供可理解的、可接近的、人道的正义实现方式。第二,从法官角度看,考虑到基层法官的教育背景、解纷经验及社会嵌入,调解对他们来讲也是合适的,他们在类型个案中积累的经验使他们确实可以成为优秀的调解专家。第三,从纠纷性质角度看,经调查法院处理的案件多是家庭婚姻、财产及民事合同等传统纠纷类型,它们也更适合通过调解来处理。所以在很大程度上,法院调解对于当事人和法官来讲是一个更好的选择。

从整体上看,本章得出的结论是法院调解在中国西南基层地区的适用是可行的。但在方法论的意义上我们需要注意,这一判断是对一系列纠纷解决要素细致分析的结果。所以我们也应该敏感地意识到,一旦社会条件变化,结构要素不同,例如,市场经济的发展进一步增加了乡村社会的流动性,法官们的职业化水平不断提高,案件类型趋向多样等,本章的结论也便需要随之加以调整。尽管本章讨论的是一个中国西南部基层地区的个案,但本章对个案底层机制的梳理,可以帮助我们理解其他地区的调解之适用性。换言之,基于对纠纷、当事人和调解员的特征分析,我们可以对其他地区调解的可行性进行有效性分析与可行性判断。作为一个理论性的延伸,笔者认为不同的在地背景、社会环境会从根本上影响纠纷解决机制的适用效能,因此有关纠纷解决的法律制定与政策调试,一定要纳入法社会学、法人类学的视野,从而使规范设计与真实的文化、社会及经济背景相适应。考虑到纠纷解决的这一语境性特征,我们很难设计一个全国通用的,不考虑社会环境的标准化调解法。因此,本章的知识结论应该被限制在中国西南部的欠发达地区,而方法结论则可以适用到超越中国西南部欠发达地区的其他社会情景。

这在一定程度上提示我们,对中国法律问题的分析需要建构一种“区域主义范式”,而非一步到位地跳跃到全国层面进行大而化之的统合。这就像裴宜理(Elizabeth J. Perry)所说的“中国也许更宜看作一块拼图,而非一片森林。只有将相关的碎片(这些碎片的内在联系是模式化,而非偶然的)组合到一起,我们才可以看到完整的图形”①。

值得进一步阅读的文献

Barbara L. K. Pillsbury, *Factionalism Observed: Behind the "Face" of Harmony in a Chinese Community*, The China Quarterly, Vol. 74, p. 241 - 272 (1978).

Benjamin L. Liebman, *A Return to Populist Legality? Historical Legacies and Legal Reform*, in Sebastian Heilmann and Elizabeth J. Perry eds., Mao' sInvisibleHand: the Political Foundations of Adaptive Governance in China, Harvard University Press, 2011.

Donald C. Clarke, *Empirical Research into the Chinese Judicial System*, in Erik G. Jensen and Thomas C. Heller eds., Beyond Common Knowledge: Empirical Approaches to the Rule of Law, Stanford University Press, 2003.

Elizabeth J. Perry, *Trends in the Study of Chinese Politics: State - Society Relations*, The China Quarterly, Vol. 139, p. 704 - 713(1994).

Hans E. Jensen, *J. A. Schumpeter on Economic Sociology*, Eastern Economic Journal, Vol. 11, No. 3, p. 257 - 266(1985).

John Bell, *Legal Education*, in Peter Cane and Mark Tushnet eds., The Oxford Handbook of Legal Studies, Oxford University Press, 2003.

John L. Comaroff & Simon Roberts, *Rules and Processes: The Cultural Logic of Dispute in an African Context*, The University of Chicago Press, 1981.

Kimberlee K. Kovach, *Mediation in A Nutshell*, Thomson/West, 2010.

Roger Cotterrell, *The Sociology of Law: An Introduction*, Butterworths, 2nd ed., 1992.

苏力:《送法下乡:中国基层司法制度研究》,中国政法大学出版社 2000

---

① Elizabeth J. Perry, *Trends in the Study of Chinese Politics: State - Society Relations*, The China Quarterly, Vol. 139, p. 704 - 713(1994).

年版。

熊浩:《思家诉讼:一个中国少数民族基层社区民事赔偿案件的法学与人类学观察》,载《学园》2010 年第 5 期。

第六章　ADR的量化研究：女性更喜欢调解？*

一、引言

长久以来，中国人都更倾向于借助协商、调解的方式来解决纠纷，而非通过互有胜负的诉讼对抗。自1949年中华人民共和国成立以来，调解制度在不同的历史时期经历过不同的兴衰起伏。① 自21世纪初开始，基于现实的政治与社会考量，调解迎来了新一轮复苏。② 而在新时期，习近平总书记高度重视“枫桥经验”在纠纷化解与社会治理中发挥的重要作用，并提出“把非诉讼纠纷解决机制挺在

---

* 本章内容曾获第十三届中国法学会法律青年论坛“枫桥经验与社会治理创新”主题征文优秀作品奖，并在山东大学青岛校区“第四届中国法律实证研究年会”发表，感谢左卫民教授、于晓红教授对本章内容提出的中肯建议。

① See Stanley B. Lubman, *Mao and Mediation: Politics and Dispute Resolution in Communist China*, California Law Review, Vol. 55, Iss. 5, p. 1284 – 1359 (1967); Donald C. Clarke, *Dispute Resolution in China*, Journal of Chinese Law, Vol. 5, No, 2, p. 245 – 296 (1991); Peerenboom, Randall & He Xin, *Dispute Resolution in China: Patterns, Causes and Prognosis*, East Asia Law Review, Vol. 4, p. 1 – 61 (2009).

② See Shahla Ali, *The Jurisprudence of Responsive Mediation: An Empirical Examination of Chinese Peoples Mediation in Action*, Journal of Legal Pluralism and Unofficial Law, Vol. 45, Iss. 2, p. 227 – 248 (2013).

前面”的宏观政策要求，[①] ADR 由是呈现强劲的积极发展态势。[②] 虽然调解在中国司法境遇内的复兴已是既成事实，但对此学术界一直存在争论。[③] 这些争论大多聚焦于理论与意识形态层面的宏大议题，如调解和法治之间的关系，或者以中国特色调解制度之整体为研究论域，将之纳入以对抗制司法文化、法律形式主义为代表的西方法治文化与中国落后本土资源对峙的张力之维予以分析。[④] 然而平心而论，现实中对调解之真实情景、实践状况、经验历程的深入研究依然较为匮乏。这种研究的匮乏会催生话语的匮乏，会进入话语依附的误区，即“忽视中国问题的特殊性，把中国的问题与外国的问题同质化，把用来解决外国问题的理论和制度作为理论根据和设计标准，提出解决中国问题的方案”[⑤]。

如果我们理性、平和地，而不是政治化地理解中国社会纠纷化解的具体经验，在方法论意义上剖析以“枫桥经验”为代表的中国基层社会纠纷化解的质感过程，我们就会发现这一中国纠纷化解的成功范式是一种内嵌在社会结构内部的语境性经验与地方性知识。有效的中国纠纷解决制度建构，需要真实熨帖这种经验与知识，这就要求我们在理解新时代纠纷解决机制的时候，不仅要关注抽象的

---

① 习近平：《完整准确全面贯彻新发展理念　发挥改革在构建新发展格局中关键作用》，载人民网 2021 年 2 月 20 日，http://jhsjk.people.cn/article/32032267。

② 参见周强：《全面深化多元化纠纷解决机制改革》，载中华人民共和国最高人民法院官网，https://chinacourt.org/article/detail/2015/04/id/1581080.shtml；周强：《要重点推进多元化纠纷解决机制建设》，载中华人民共和国最高人民法院官网 2019 年 7 月 20 日，http://www.court.gov.cn/zixun－xiangqing－172002.html。

③ See Benjamin L. Liebman, *A Return to Populist Legality? Historical Legacies and Legal Reform*, in Sebastian Heilmann and Elizabeth J. Perry eds., Mao's Invisible Hand: the Political Foundations of Adaptive Governance in China, Harvard University Press, 2003, p. 181；周永坤：《论强制性调解对法治和公平的冲击》，载《法律科学（西北政法学院学报）》2007 年第 3 期；苏力：《关于能动司法与大调解》，载《中国法学》2010 年第 1 期；Zhang, Xianchu, *Civil Justice Reform with Political Agenda*, in Yu Guanghua ed., Development of the Chinese Legal System: Change and Challenges, Routledge, 2010, p. 255。

④ 参见廖永安等：《中国调解的理念创新与机制重塑》，中国人民大学出版社 2019 年版，第 350 页。

⑤ 张广兴：《法学研究应强化中国问题意识》，载宣讲家网，http://www.71.cn/2017/0209/933986.shtml。

制定法,更需要把视角安放到基层社会纠纷解决的经验现场。[①] 只有基于扎根土地的中国经验,才可能提炼、发展、整合中国纠纷解决的基本现实与特征,并据此构造中国纠纷解决的规范内容与理论叙述,这使经验研究的方法应该被放置在更为优先的位置。然而在现有经验研究中,一个几乎被完全忽视的面向,就是在适用法院调解过程中不同性别的法律职业人的倾向性,即不同性别的法律职业人对调解机制与政策的态度与认知。经验地理解调解过程中的女性参与者的行为特征之所以特别重要,不仅仅是因为在司法实践中女性大量介入具体的调解过程中(如家事纠纷),[②]更是因为作为一个完整的纠纷解决理论框架,调解过程的主体——人,是不能,也不应该在研究过程中缺位的。[③]

本章中笔者使用的数据来自中国西南部基层地区,覆盖了 162 名司法人员和 92 名律师,我们收集相关数据以比较不同性别之法律职业人对调解使用的认知状况与态度倾向。基于这些数据,本文尝试回答如下问题:在实证层面,不同性别的法官对于调解和调解政策有什么相同或不同的认知?在理论层面,“嵌入理论”与“性别理论”中哪种理论对于法律职业人的行为偏好更具解释力?在分析了收集到的数据后,笔者发现虽然女性受访者展现出了她们对法院调解的支持,但男女之间并没有明显差异。这一结果表明嵌入性理论,即一种偏向社会结构的解释比性别理论,对中国西南部基层社会法律职业人的认知与行为偏好更具解释力。下文将首先介绍研究的理论背景——性别视角(女权主义)与社会视角(嵌入性理论)的争鸣;其次介绍研究中所用的田野和数据采集方法;再次将展示我们的数据发现;最后在文章中基于数据发现的理论分析将会展开,并得出相应的结论。

---

① 参见刘磊:《通过典型推动基层治理模式变迁——“枫桥经验”研究的视角转换》,载《法学家》2019 年第 5 期。

② 参见娄必县:《离婚案件中的法官性别与知识生产——兼论家事审判制度的建立与完善》,载《山东法官培训学院学报》2018 年第 3 期。

③ See James A. Wall Jr. & Ann Lynn, *Mediation: A Current Review*, The Journal of Conflict Resolution, Vol. 37, No. 1, p. 160 – 194 (1993).

二、理论的竞争:女权主义 ADR 与嵌入性理论

如第三章中我们讨论过的,女权主义是西方现代 ADR 发展的重要思想基础之一。由于意识到男性与女性在行为和认知模式上存在差异,不少理论家将女性与非诉解纷机制关联了起来,男女性别差异随着现代心理学的发展被越来越多的研究者注意到。卡罗尔·吉利根就认为女性会主张关怀的伦理,这种伦理特别强调女性与他人之间通过对话来建构连接的现实可能与本体意义;凸显女性这种蕴含温度与情谊的行为取向可以产生的精神价值,以帮助处在对峙中的人们实现人际关系的成熟和自我认知的进步——"在一些情境下有些观点可能同等有效(而非黑白对立,译者注)……我们需要依靠他人,而且如果可以的话,这不仅是一个物理性的需要,而且是自我完善的需要,即个人的生活是通过与他人合作来充实的,是通过与他人一起而达致和谐繁荣的"①。

卡罗尔·吉利根的理论反映了女性思维模型在冲突解决环境下的一个重要特征,即女性在争议解决过程中对主体之间的合作与同理更为关切,"女性会通过思考不同解决方案对他人的影响来解决问题,而男性通过参考抽象的标准来解决问题"②。这一洞察使得女性与 ADR 的关联性得到了理论论证——因为以调解为代表的 ADR 确实更在意人,更在意人际互动的意义过程,而不是白纸黑字的抽象规则被强制贯彻。也正是因为这种关联将 ADR 与女性连接,并不是一个"独特"的理论视角,而是西方 ADR 理论研究中一个非常重要的阐发路径。在很大程度上,女性主义视角甚至是孕育和推进 ADR 产生与发展的重要思想资源之一。③

而在实证层面,似乎也存在一些经验观察支撑这种女性与

---

① Carol Gilligan, *In a Different Voice*: *Psychological Theory and Women's Development*, Harvard University Press, 1993, p. 20 – 21.

② Judith G. Greenberg, *Introduction*, in Mary Joe Drug, Postmodern Legal Feminism, Routledge, 1992, p. 13.

③ 参见熊浩:《知识社会学视野下的美国 ADR 运动——基于制度史与思想史的双重视角》,载《环球法律评论》2016 年第 1 期。

ADR 相互连接、彼此偏好的理论判断。例如,有研究报告就表明在维和调解的情境下,女性的介入对于冲突解决非常有效。[①] 与此同时,有数据报告表明在荷兰,女性比男性更能明显地觉察到争议解决程序与人际互动过程中正义实现的有效性。[②] 虽然在汉语学术界对此还没有直接研究成果,但一些现象似乎也在印证女性偏好调解的事实。例如在我国,诸多女性模范法官以她们卓越的调解技艺而闻名,[③]以至于国家司法系统中的纠纷解决之典型范例,大多符合女性主义理论所凝练的要素特征——在处理这些案例中,这些模范法官们展现出了“服务大众的坚定意愿、日复一日耐心地去做受害人家访,倾听他们的内心抱怨,逐步引导他们走向和解之路,以及恢复了社会和谐”[④]。所以,目前 ADR 的主流观点认为“女性展现出来更加在乎伦理以及更强烈的同情心,证明女性法律人可能对将调解作为当事人解决纠纷机制抱有特别的兴趣”[⑤]。然而在目前无论是汉语还是英语的研究作品中,还没有经验研究较为系统地检验过女性与调解的这种内在勾连,也没有研究系统性地检视过女权主义

---

① See Carrie Menkel - Meadow, *Portia in a Different Voice: Speculations on a Women's Lawyering Process*, Berkeley Women's Law Journal, Vol. 1, p. 39 - 63, note 78 (1985); David Maxwell, *Gender Differences in Mediation Style and Their Impact on Mediator Effectiveness*, Conflict Resolution Quarterly, Vol. 9, No. 4, p. 353 - 364 (1992); Center of Humanitarian Dialogue. 2005, We the Women: Why Conflict Mediation is not just a Job for Men, ISN (May. 15, 2014), http://www.isn.ethz.ch/Digital - Library/Publications/Detail/? fecvnodeid = 129370&dom = 1&groupot593 = 0c54e3b3 - 1e9c - be1e - 2c24 - a6a8c7060233&lng = en&fecvid = 21&v21 = 129370&ord582 = grp2&ots627 = 0c54e3b3 - 1e9c - be1e - 2c24 - a6a8c7060233&id = 20277; International Peace Institute. 2013, Women in Conflict Mediation: Why it Matters, IPINST (May. 15, 2014), http://www.ipinst.org/media/pdf/publications/ipi_e_pub_women_in_conflict_med.pdf.

② See Katalien N. L. Bollen et al., *Computers Work for Women: Gender Differences in E - support Divorce Mediation*, Computer in Human Behavior, Vol. 30, p. 230 - 237 (2014).

③ 例如,最高人民法院嘉奖的模范法官很多都为女性,其中很多都有类似的性格且以擅于调解著称。这些国内著名的女性法官包括宋鱼水、金桂兰、詹红荔、陈燕萍、黄雪菊等。参见苏力:《中国法官的形象塑造——关于“陈燕萍工作法”的思考》,载《清华法学》2010 年第 3 期。

④ Carl F. Minzner, *China's Turn against Law*, American Journal of Comparative Law, Vol. 59, No. 4, p. 935 - 984 (2011).

⑤ Carrie Menkel - Meadow, *Portia in a Different Voice: Speculations on a Women's Lawyering Process*, Berkeley Women's Law Journal, Vol. 1, p. 39 - 63, note 78 (1985).

ADR 理论在中国司法现实情景中的有效性。

与女性主义的视角不同,社会心理学和认知科学领域的研究揭示了个体身份、行为逻辑与他们的社会背景、社会结构之间的关系。[①] 在这一脉络中,“社会方位毫无疑问是形成我们思想的有力因素”[②]。这类观念和认知可以用“结构主义”的理论路径加以概括,它强调物质性要素,强调主体存在之外的因素对个体的影响与形塑。[③] 与性别理论这种聚焦个体内部身份(identity)的视角不同,社会结构理论会更加关注社会环境对个体的建构性力量,[④]突出人的行为不是自由、自主的,而是被社会环境制约、被社会结构塑造的。在社会学语境下,这种社会结构对人的影响被形象地概括为“嵌入性理论”。作为最早提出嵌入性概念的理论家之一,马克·格兰诺维特(Mark Granovetter)就明确表示“被分析的行为和机构其实受到进行中的社会关系的强烈限制,以至于将其诠释为独立的(行动主体,作者注)是严重的误解”[⑤]。马克·格兰诺维特进一步解释了主体与社会结构之间的互动逻辑——“行为主体的举止和决定并非如同一个外在于社会环境中的原子一般……他们对于目的性行为的尝试乃是嵌入在具体的、持续的社会关系系统中”[⑥]。

在将“嵌入理论”运用于对中国的法律生态的解释时,研究者们也发现了中国法律体系中的政治嵌入。研究者指出中国的法律体系以及司法环境中的个体和组织,都会受到由来已久的“关系”

---

① See Elliot Aronson, Timothy D. Wilson & Robin M. Akert, *Social Psychology Upper Saddle River*, Prentice Hall, 2002, p. 59.

② Hans E. Jensen, *J. A. Schumpeter on Economic Sociology*, Eastern Economic Journal, Vol. 11, No. 3, p. 257 - 266(1985).

③ See Thomas Armbruster, *The Economics and Sociology of Management Consulting*, Cambridge University Press, 2006, p. 15.

④ See Alison Assiter, *Althusser and Structuralism*, British Journal of Sociology, Vol. 35. No. 2, p. 272 - 296(1984).

⑤ Mark Granovetter, *Economic Action and Social Structure: The Problem of Embeddedness*, American Journal of Sociology, Vol. 91, No. 3, p. 481 - 510(1985).

⑥ Mark Granovetter, *Economic Action and Social Structure: The Problem of Embeddedness*, American Journal of Sociology, Vol. 91, No. 3, p. 487.

的影响。[①] 从律师角度看，律师的行为逻辑与行动方式是被社会环境建构的，然后逐渐形成了与环境相适配的生存策略。而从法官角度看，经验研究也表明中国的法官与法院也深深嵌入当地的社会语境中，社会关系与社会结构会成为法官在行使司法权力时的意义变量。[②] 总之，根据嵌入理论，法律职业人的行为在很大程度上是被社会环境所建构和塑造的。这当然不是说行动者在社会环境中只能成为社会结构的绝对奴仆，而是试图凸显结构要素对人的显著影响。既然如此，人便是嵌入具体的环境中的，他们不可能外在于这些结构性限制而独立存在。根据这种理论预设，我们可以推论，嵌入类似社会情景中的法律职业人应该有类似行为，这种行为不会如女性主义 ADR 理论家们所认为的，因为性别不同便产生思想认知与行为方式的显著差异。

三、研究方法与样本收集

本文的数据来自云南省的八个县，包括八个基层法院以及若干当地的律所。云南省位于中国的西南部，以其文化和族群多样性著称。和中国东部相比，云南省的社会和经济发展水平相对落后，但研究这些相对欠发达的地区对于中国法律研究而言是有意义的。我们应该看到，由于“道路通向城市”，中国的法律研究太过专注于城市，中国欠发达地区的法律现实，以及不同区域法律运作的差异性往往被研究者忽略。[③] 有学者不无失望地发现，“中国法律学者专注于流行的西方理论，却忽略了北京、上海以外的中国社会的法

---

① See Ethan Michelson, *Lawyers, Political Embeddedness, and Institutional Continuity in China's Transition from Socialism*, American Journal of Sociology, Vol. 113, No. 2, p. 352 – 414, p. 399 (2007).

② See Xiong Hao, *The Feasibility of Court Mediation in the Grassroots Southwest Grassroots Society of Southwest China: A Case Study from Yunnan*, Hong Kong Law Journal, Vol. 44, p. 277 – 302, p. 298 (2014); Xiong Hao, *The Two Sides of the Court Mediation in Today's Southwest Grassroots China: An Empirical Study in T Court, Yunnan Province*, Asian Journal ofLaw and Society, Vol. 1, p. 367 – 394 (2014).

③ See Deng Zhenglai, *Criticism on the Urbanized Trend of Chinese Law Research*, Frontiers of Law in China, Vol. 1, No. 4, p. 514 – 523 (2006).

律职能”[①]。在进行本项研究期间,笔者通常会在每个县花费几天到十几天的时间,观察法院调解过程,采访法官、律师和部分当事人,并完成调查问卷。在田野调查期间,笔者会尽可能接触每一位法官和律师,为了克服以实证为名的调查数据并不真实的常见问题,[②]笔者不仅在问卷设计时尽量保持了“或然性”的问题预设,并且尽量让问卷嵌入田野中完成。而问卷也的确多是在笔者进入田野、进入法院,并获得受访者基础信任的情境下完成的。例如,笔者会无偿地为法院提供一次与研究主题相关(主要是调解)的学术讲座,在讲座的过程中获得有共鸣的法官的互动,形成人际链接,实现信任建立,然后再进行数据信息的收集和滚雪球式的数据扩张。同时,笔者试图将经验研究的“最大差异原则”应用于研究中以确保具有不同特质的受访者能够被兼括,以期给研究带来丰富多样的信息。[③] 以下数据说明了研究的样本组成,包括工作与职位、性别比例(见表6-1和表6-2),以下所有数据都是有效数字。

表6-1　样本结构:工作与职位

职位	人数	占比/%
书记员	16	6.3
法官	90	35.4
助理法官	6	2.3
高级法官	19	7.5
执行法官	4	1.6
法警	4	1.6

① Frank K. Upham, *Who Will Find the Defendant if He Stays with His Sheep? Justice in Rural China*, The Yale Law Journal, Vol. 114, No. 7, p. 1675-1718(2005).

② 参见侯猛:《实证“包装”法学?——法律的实证研究在中国》,载《中国法律评论》2020年第4期。

③ See Michael Quinn Patton, *Qualitative Research*, in Brian S. Everitt and David C. Howell eds., Encyclopedia of Statistics in Behavioral Science, Vol. 3, John Wiley & Sons Inc., 2005, p. 1635.

续表

职位	人数	占比/%
律师	26	10.2
律师助理	5	2.0
缺失	84	33.1
总计	254	100

表 6－2　样本结构：性别比例

性别	人数	比例/%
男性	147	57.9
女性	89	35.0
缺失	18	7.1
总计	254	100

调查问卷主要关注中国西南地区不同性别的基层法律职业人对适用调解的偏好。问卷中除了收集受访者的个人信息，还通过三个维度了解职业人对调解的认知：第一是调解与判决的直接比较，例如受案情况比较、解纷效果比较、案件适用范围比较等；第二是从纠纷解决机构和解决者的角度出发，比较基层法律职业人对不同纠纷解决机制的使用偏好，并尝试探究产生这种偏好的原因；第三是整体评价，这个部分涉及对调解机制与调解政策的整体评断。在下文的数据报告部分，所有数据都根据性别被分为两组，数据报告中的百分比是某一性别的受访者回答相关问题的比例。例如，如果某一问题女性数据为 30%，就意味着在女性受访者中有 30% 的人选择了该题的某个特定答案。收集数据后，通过 SPSS 对数据进行了输入、整合和分析。本章中的数据都是通过 SPSS 处理后的有效百分比（去除缺失样本后的比例），缺失数据将会有选择地进行报告。

四、主要发现

（一）女性对法院调解的支持

当被问及“法院调解能否提高案件受理数量”时，68.2% 的女性受访者认为法院调解能够提高案件受理量，比男性高了13.8%（见表6－3）。认为法院调解能够帮助争议双方节约金钱和时间的女性受访者较之男性受访者略多，达到了91.9%（见表6－4）。

表6－3　法院调解能够提高案件受理量

性别	人数	占比/%
男性	80	54.4
女性	60	68.2

注：再次强调，表格中报告的是有效百分比，比例仅指组内占比。例如，之于本题目，男性受访者中有54.4%人认为法院调解能够提高案件受理量，持有相同观点的女性受访者在女性总数量中占比则达到了68.2%。

表6－4　法院调解为当事人节约金钱和时间

性别	人数	占比/%
男性	128	89.5
女性	79	91.9

此外，从表6－5可以看出，83.0%的女性受访者认为有必要在法律层面对法院调解的适用范围进行清晰界定；而她们中95.3%的人认为有必要进行调解专业培训。此两项数据都略高于男性。

表6－5　有必要明确调解适用边界/有必要进行调解专业培训

性别	有必要确立清楚的界限		调解专业训练有必要	
	占比/%	人数	占比/%	人数
男性	81.0	115	92.4	133
女性	83.0	73	95.3	81

在论及为什么偏好法院调解时，从表6－6、表6－7可以看出，97.7%的女性承认在争议解决时选择调解能获得法院的绩效奖励。对于一些更一般的问题，98.9%的女性受访者认为法院调解在维系社会和谐方面更有效，持有相同观点的男性受访者占98.6%。此

外,认为法院调解更适合各方解决纠纷的女性和男性受访者的百分比相同,均达到了 96.6%。

表 6-6　使用法院调解能获得绩效奖励

性别	人数	占比/%
男性	125	89.9
女性	84	97.7

表 6-7　法院调解能有效维系社会和谐、适合对争议各方解决纠纷

性别	法院调解能有效维系社会和谐		相较于诉讼,法院调解更适合于争议各方	
	占比/%	人数	占比/%	人数
男性	98.6	145	96.6	142
女性	98.9	88	96.6	86

(二)男性对法院调解的支持

在调查问题中,相当一部分对法院调解的支持来自男性。虽然数据差异较小,在所有问卷问题的 23 个题目中有 12 个问题男性法律职业人表现出较女性受访者更多地对法院调解之价值、功能、效果等方面的支持。在一些问题上,诸如依法独立行使审判权,67.4% 的女性认为法院调解能保障独立审判权的行使,这一比例低于男性受访者。当问及"提倡法院调解是中国法律建设和法制的进步象征,还是退步象征"时,91.0% 的男性被调查者选择了进步象征,而只有 87.5% 的女性被调查者持有相同看法(见表 6-8)。

表 6-8　保护社会正义、保障司法机关依法独立行使审判权是进步的象征

性别	法院调解能保护社会正义		法院调解保障司法机关依法独立行使审判权		提倡调解是进步的象征	
	占比/%	人数	占比/%	人数	占比/%	人数
男性	81.0	119	75.0	108	91.0	131
女性	79.5	70	67.4	60	87.5	77

谈及法院调解政策对法院和法官的影响时，79.5%的男性受访者认为政策可以使法院的作用和地位得到增强和提高。75.3%的男性受访者也认为，法院调解政策能够增强和提高法官在从事司法活动中的作用和地位，这两个问题的男性数据均略高于女性（76.4%和73.0%）（见表6－9）。

表6－9　法院调解对法院和法官作用和地位的影响

性别	增强和提高法院的作用和地位		增强和提高法官的作用和地位	
	占比/%	人数	占比/%	人数
男性	79.5	116	75.3	110
女性	76.4	68	73.0	65

对于一些更加具有细节性和技术性的问题，例如，当被问及“在争议解决中，你会选择哪一个：法院调解还是诉讼”，85.3%的男性被调查者选择了调解，而女性人数比率则为83.7%。此外，根据法律职业人的经验，90.9%的男性受访者认为法院调解能够有效保障当事人的权利和利益，女性在该问题上的数据则为89.5%。（见表6－10）

表6－10　首选法院调解和法院调解能够保障当事人的权利和利益

性别	争议解决时，法院调解是首选		法院调解能够保障当事人的权利和利益	
	占比/%	人数	占比/%	人数
男性	85.3	122	90.9	130
女性	83.7	72	89.5	77

作为争议解决者，在被问及“法院调解在多大范围内具有可行性和适用性”时，在被调查的男性受访者中，有60.8%的人认为法院调解对于大多数类型的争议具有可行性和适用性；37.1%的男性受访者认为法院调解应被适用于某些类型的争议；1.4%的人则认为法院调解仅可适用于极少数特定类型的争议。男性受访者的数据与被调查的女性受访者的数据略有差异，尽管女性受访者同样认

为不能将法院调解一概而论地当成争议解决的“万金油”——其中，58.1% 的人认为法院调解可适用于大多数类型的争议；而认为法院调解适用于“某些类型的争议”和“极少数特定类型的争议”的比例分别为 36.0% 和 5.8% 。（见表 6 – 11）

表 6 – 11　适合调解的争议（调解在争议解决中的适用范围）

性别	大多数类型的争议		某些类型的争议		极少数特定类型的争议		不确定	
	占比/%	人数	占比/%	人数	占比/%	人数	占比/%	人数
男性	60.8	87	37.1	53	1.4	2	0.7	1
女性	58.1	50	36.0	31	5.8	5	0.0	0

曾有学者指出法官和调解员所具备的知识和技能是存在差异的，[①]然而被调查的男性受访者中，64.8% 的受访者认为法官诉讼与调解的知识和技能总是具有一致性的，只有 27.5% 的人认为诉讼和调解这两种制度的要求有时候是相冲突的，6.3% 的人则认为诉讼和调解在价值、技术方面的要求总是存在冲突。被调查的女性受访者中，59.3% 的人认为诉讼和调解这两种制度的要求总是一致的；有 33.7% 和 7.0% 的女性受访者则认为这两种制度的要求“有时”或“总是”存在冲突。（见表 6 – 12）

表 6 – 12　诉讼与调解的知识和技能的一致性程度

性别	总是一致		有时候冲突		总是冲突		不确定	
	占比/%	人数	占比/%	人数	占比/%	人数	占比/%	人数
男性	64.8	92	27.5	39	6.3	9	1.4	2
女性	59.3	51	33.7	29	7.0	6	0.0	0

① See John M. Haynes & Charlesworth Stephanie, *The Fundamentals of Family Mediation*, The Feferation Press, 1996; Erickson, Stephen K., McKnight, Marilyn S., *The Practitioner's Guide to Mediation: a Client – centered Approach*, John Wiley & Sons Inc., 2001.

五、数据分析

通过数据分析我们可以发现，并不存在女性与调解显著的内在关联。换言之，无论是在机制、角色还是政策维度，女性受访者并没有更加倾向、热衷、偏好、支持调解。从数据情况看，男性受访者对法院调解和相关政策的支持与女性相比差异不大，甚至在部分题目中还表现出了略微超过女性受访者的状况。正如前所述，尽管西方女性主义 ADR 理论者的主流意见——女性会更倾向于“强调社群价值高于个体价值……（所以）女性建立起的争议解决体系会更加注重发挥调解（的作用），而不是过分倚重于对抗制诉讼”[①]——但这一结论显然还需要更多的实证资料予以支持。根据收集来自中国西南部基层社会的数据，我们很难说调解机制更多地受到了女性受访者的支持，或者调解在女性法律职业群体中会更受推崇。恰恰相反，女性受访者和男性受访者在选择争议解决途径时并无显著差异。如表 6－13 所示的不同性别就相关问题的偏好分布和显著性比较。从中我们可以看到在对待调解的态度上，男性受访者与女性受访者几乎没有差别。

表 6－13　男女法律职业人士对待调解的偏好统计显著度检定

偏好	性别偏好差异显著性检定		
	卡方/*Fisher* 精确值	*p* 值（双尾）	偏好差异显著否
维护社会和谐	0	1.000 > 0.05	不显著
捍卫社会正义	0.069(b)	0.792 > 0.05	不显著
增强法院的功能和威信	0.302(b)	0.582 > 0.05	不显著
增强法官的功能和威信	0.155(b)	0.694 > 0.05	不显著
更有效地解决争议	0	1.000 > 0.05	不显著
符合法治	0.049(b)	0.825 > 0.05	不显著

---

① Judith G. Greenberg, *Introduction*, in Mary Joe Drug, Postmodern Legal Feminism, Routledge, 1992, p. 13.

续表

偏好	性别偏好差异显著性检定		
	卡方/*Fisher* 精确值	p 值(双尾)	偏好差异显著否
扩大案件受理范围	4.328(b)	0.037 <0.05	显著
法治建设进步的标志	0.710(b)	0.399 >0.05	不显著
争议解决的首选途径	0.105(b)	0.745 >0.05	不显著
对争议当事人更合适	0.533(b)	0.465 >0.05	不显著
能为争议当事人节省时间和费用	0.342(b)	0.559 >0.05	不显著
对法官来说更耗时费力	0.129(b)	0.720 >0.05	不显著
能保护争议当事人的合法权益	0.117(b)	0.733 >0.05	不显著
适用于大多数争议	3.879	0.235 >0.05	不显著
适用于农村地区的争议当事人	7.172	0.172 >0.05	不显著
调解员和法官的角色和功能是一致的	1.075(a)	0.584 >0.05	不显著
调解要求的知识和技能与诉讼的要求一致	1.878	0.596 >0.05	不显著
采用调解会获得奖励	4.526	0.087 >0.05	不显著
法学院毕业生和通过国家统一法律职业资格考试的人更能胜任法院调解工作	0.035(a)	0.851 >0.05	不显著
需要专业的调解(技能)培训	0.751(b)	0.386 >0.05	不显著
推进调解的政策合乎时宜	0.201	0.654 >0.05	不显著
有必要明确界定法院调解的(适用)范围	0.141(b)	0.707 >0.05	不显著
合计:23 题	性别差别不显著:22 题 性别差别显著:1 题		

虽然性别的理论无法解释男性与女性在对待调解问题上的相似,但嵌入性理论却可以为这一现象提供相对圆融的说明。因为身

处同一地区，同一社会语境，这是男性与女性法律职业人所拥有的共同特质，是这种嵌入结构的类似导致了他们对法院调解偏好的类似。我们在被调查区域对法律人的访谈中可以进一步印证上述数据特征，同时也可以更为细腻地为我们勾勒出这种社会嵌入的具体状况。“嵌入性”这一概念是较为抽象的，我们把访谈中收集到的质性素材进行了重新归纳，由此将嵌入性这个概念进一步类型化，分为政治嵌入性和社会嵌入性来进行分析。

首先，这种嵌入性是政治嵌入。男性法律职业人和女性法律职业人都置身于同一政治结构中，进而导致他们对法院调解具有类似的偏好。众所周知，中国的法律制度深深地植根在具有中国特色的政法结构中，这就意味着中国法院的工作开展，包括司法政策的制定，需要将党和国家确定的基本任务和发展重点纳入考量。[①] 无论是在国家机构层面，还是在个人层面，中国的司法实践都深受宏观大政的影响。从新民主主义时期到今天，基于社会动员、大众正义、群众路线、和谐社会、“枫桥经验”等不同的政治主张，调解确实在承载法律功能的同时，亦肩负着政治使命，它与社会稳定和政治和谐的国家现实需求紧密相连。对此，彭文浩（Palmer）教授曾做出过非常清楚的归纳：

> “在中国，建设‘社会主义和谐社会’这一新的发展目标显然也是导致（各界）对调解产生态度转变的一个重要因素。随着党和国家的日益紧密结合，妥协和外在一致的决策在当前被认为尤其适合于解决国家和人民之间的矛盾。‘和谐’的思想观念糅合了儒家思想、社会主义和共产主义的价值观，并以社会控制和权利压制为内在驱动，同时也被视为中国人这一群体对抗外部世界的一种表达

---

① See Zhu Suli, *The Party and the Courts*, in Randall Peerenboom ed., Judicial Independence in China: Lessons for Global Rule of Law Promotion, Cambridge University Press, 2010, p. 52.

方式。”①

从上述问卷调查数据中我们不难发现,在被问及哪种(争议解决)方式更有利于维护社会和谐时,98.6% 的男性和 98.9% 的女性的回答均为调解而非诉讼。这反映出即便是中国西南地区的基层法律职业人也能理解国家推进调解政策的初衷,以及调解与社会和谐、政治稳定之间的关联关系。在田野访谈中,法律职业人会娴熟地运用诸如“社会和谐”、“社会治理”、“多元纠纷化解”、“民族团结”和“非诉程序前置”等主流的司法政治话语以正当化自己对调解的选择偏好。他们在论述调解时的语词运用体现出了被调查的基层法律职业人对主流政治叙事的使用和连接。当然,政治嵌入不仅仅是一个意识形态问题,它也体现在具体的司法政策和经济激励机制中。《最高人民法院印发〈关于进一步贯彻“调解优先、调判结合”工作原则的若干意见〉的通知》要求实现调解结案率和息诉服判率的“两上升”,并要求结案的同时实现定分止争,案结事了。与之相配套,最高人民法院要求各级法院系统建立、健全各自的激励机制以鼓励和奖励人们参与调解工作。在田野中,笔者发现许多基层法院已建立了各自的指标体系,这些指标体系具体到法院各个岗位人员适用调解的奖惩标准。例如,案件如能被调解,并且当事人可以自愿执行调解协议,处理案件的法官就可以获得额外的积分,这个积分会超过判决结案所得的积分,而这个积分最后会转化为经济或政治回报,所以法官们对调解的偏好便被这种政策导向和激励体系影响和塑造。法官按照法院内部的评价体系调解结案可以获得更多的 KPI 激励,而在纠问制诉讼的结构环境下,律师的行为策略也不可避免地受到法官偏好的影响。

其次,除了政治嵌入,社会嵌入是嵌入性的第二个重要维度。一些研究已经证实,在中国欠发达的西南地区“中国法官已经深深

---

① Michael Palmer, *Compromising Courts and Harmonizing Ideologies: Mediation in the Administrative Chambers of the People's Courts in the People's Republic of China* (2010), in Andrew Harding and Penelope (Pip) Nicholson eds., New Courts in Asia, Routledge, 2011, p. 266.

地嵌入当地的社会环境中，这就意味着，引用一位法官的话，'当走在一个县城的广场上，我们几乎认识每一个人'"①。面对相似的社会情形、纠纷当事人及纠纷，基层法律职业人对法院调解的基本判断和认知便自然地趋向一致。换言之，当嵌入类似的社会环境中，处理类似的社会纠纷时，不同性别的法律职业人对他们的司法实践拥有决然不同的偏好是不可能的。在中国西南部欠发达地区，纠纷类型相对单一，一般为民事和家事纠纷，在这些纠纷形态下无论法官还是当事人本来就不排斥调解的适用。在这样具体的社会嵌入中，女性呈现出有别于男性对调解的迥异偏好是脱离社会现实的。嵌入这一特定社会语境中的法律职业人必须对这些相似的社会现实作出相似的回应，于是他们逐渐形成了相似的纠纷解决的偏好。

与此同时，社会嵌入同样也可以更为精微地解释为何女性法律职业人没有能如 ADR 女性主义理论所设想的一般体现出更多的对调解的支持——这可能是因为适用法院调解之机会成本对于生活在中国基层社会的女性法律职业人而言往往是更高的。在社会主义革命和建设时期晚期，调解在定分止争中的使用就被注意到往往非常消耗时间。② 更为新近的经验研究也表明，在我国，法院调解需要更多的人力与时间；③一些当事人甚至还会策略性地运用调解以达到其拖延诉讼的目的，调解协议也可能在执行阶段遇到障碍，这些问题都会使调解相比诉讼更为耗费法律职业人的时间。上述说法也可以得到中国西南地区基层社会的印证——在调研中，多数受访者对法庭内调解比诉讼花费更多的时间与精力表示赞同。如下

① Xiong Hao, *The Two Sides of the Court Mediation in Today's Southwest Grassroots China: An Empirical Study in T Court, Yunnan Province*, Asian Journal of Law and Society, Vol. 1, p. 367 – 394 (2014).

② See Philip C. C. Huang, *Court Mediation in China, Past and Present*, Modern China, Vol. 32, No. 3, p. 275 – 314 (2006).

③ See Fu Hualing & Cullen Richard, *Mediatory to Adjudicatory Justice: the Limits of Civil Justice Reform in China*, in Margaret Y. K. Woo and Mary Elizabeth Gallagher eds., Chinese Justice: Civil Dispute Resolution in Contemporary China, Cambridge University Press, 2011, p. 35 – 36.

面表 6 - 14 则进一步显示了女性法律职业人对调解消耗时间更为敏感一些。

表 6 - 14　法院调解相较于诉讼耗费更多时间

性别	人数	比例/%
男性	78	54.5
女性	49	57.0

所以,如果国家在司法宏观政策导向上要求法院系统更加全面和频繁地适用调解,就意味着为了达到这一政策目标,法律职业人必须付出更多的努力,花费更多的时间。对此,苏力教授曾有过如下论述:

> "若强调调解并要获得成功,法官肯定要比判决支付更多时间、精力,要搭上更多个人休闲时间,花费更多心力,设计更多方案。这进而会增加法院的成本。如果调解比判决更费时间,那么单个法官处理的案件数量就一定会下降,但由于社会提交法院解决案件的数量至少在短时间内不会急剧下降,因此除非原来法院人力非常宽松(事实是,中国目前绝大部分的各地法院都人力紧张,最突出的表现是大量法官加班),否则各法院的人力就会马上进一步紧张。"①

因此,苏力教授认为如果有人抵制法院调解政策的实施,主要是基于经济与现实问题的考虑。有论者就曾指出,女性法官有其特殊的成长特征,25—35 岁这一期间正值风华正茂,是她们职业生涯黄金期,同时也是生育期和哺乳期,女性法官的成长需要比男性克服更多的家庭、事业乃至特殊生理状况和身体健康等诸多困难,才

① 苏力:《关于能动司法与大调解》,载《中国法学》2010 年第 1 期。

能创造出不平凡的业绩。[①] 我们的研究间接地印证了这种说法。在数据分析中我们发现已婚的受访者会对调解对时间的消耗更加敏感,而未婚的受访者对同一问题的敏感度明显比已婚人士更低(见表6-15)。此外,我们还可以看到已婚的受访者认为法院调解适合多数争议的数量也少于未婚的受访者。因为已婚的受访者需要承担更多的家庭与社会责任,介入调解的机会成本更高,所以他们会对相对耗时的调解更为审慎。

表6-15 已婚与未婚受访者

	法院调解更费时间和精力		法院调解适合多数争议	
	占比/%	人数	占比/%	人数
已婚	61.3	95	58.7	91
未婚	42.4	28	63.6	42

同理,由于女性在中国会承担更多的家庭和社会责任,她们对调解的适用也会有更多的因素需要理智衡平。在我国,女性承担了更多的家庭责任。在悠久的历史传统中,儒家构建了一个很强的社会分工结构,它使女性的从属性地位变得正当。[②] "在这个系统里,女性从属于男性,年轻的女性在这个阶层的底层。"[③]尽管从1949年开始,通过社会与法律改革,女性的地位已经得到了极大的提高,但是性别的不平等性仍然存在。它表现在各个方面,其中之一便是妇女需要更多地兼顾全职工作和家庭责任。[④] 特别在相对欠发达的中国基层社会,尽管男性与女性一起分担家务,但用在家务中的时间

---

① 参见刘文锋、黄建红:《浅议我国基层法院女法官的成长状况》,载《法制与社会》2011年第20期。

② See Yuan Lijun, *Reconceiving Women's Equality in China: A Critical Examination of Models of Sex Equity*, Rowman & Littlefield Publishers, 2005, p. 1-22.

③ John Bauer et al., *Gender Inequality in Urban China: Education and Employment*, Modern China, Iss. 18, No. 3, p. 333-370(1992).

④ See Lin Jing, *Chinese Women under the Economic Reform: Gains and Losses*, Harvard Asia Pacific Review, Vol. 7, p. 88-90(2003).

还是由传统的性别角色决定。[①] 嵌入社会秩序和结构中的女性基层法律职业人不得不完成更多的家务，承担更多的照顾子女和老人的责任。通过对女性法律职业人的访谈，我们发现她们较为普遍地认为成功的调解往往需要占据更多的工作时间，而女性在基层社会的复合型责任与负担，会使她们对适用法院调解而产生的时间消耗更加敏感，因为追求高调解率与家庭责任，例如抚养孩子、做家务、赡养父母和参加社会活动之间，确实存在时间上的冲突。“上有老，下有小”几乎是我们访谈过的所有已婚女性法律职业人挂在嘴边的口头禅，因此当女性法律职业人决定采用法院调解解决纠纷时，就需要付出更高的机会成本，她们将会感觉更忙，或者休闲的时间变得更加有限，而这种现实状况则会影响她们对法院调解的态度和认知。这就是社会嵌入的后果，它在某种意义上很好地解释了与男性相比较而言，为什么女性并没有更多地支持调解，并在一些问题上持有对调解适用相对保留和谨慎的态度。

六、小结

本章对中国西南地区不同性别法律职业人纠纷解决的偏好做出了经验研究，研究发现在中国西南地区大多数法律职业人都支持法院调解，这种支持既表现在他们会在现实中更多地将调解作为解决争议的主要手段予以适用，也表现在他们对于“将纠纷化解在基层”这类宏观司法政策的认可上。

通过数据对比我们发现，女性法律职业人虽然明确地支持调解的适用，但她们的支持力度并没有体现出西方女性主义法学或 ADR 主流理论所设想的那样明显高于男性法律职业人，而是和男性法律职业人类似。由此可见，西方女权主义法学所建构的性别与 ADR 之间的内在关联在中国西南部基层社会的司法实践中并未被证实。相反地，结构性的嵌入理论是一种强调行为主体所依附的社

---

① See Catherine So – kum Tang, Zhiren Chua & O Jiaqing, *A Gender Perspective on Chinese Social Relationships and Behavior*, in Michael Harris Bond ed., The Oxford Handbook of Chinese Psychology, Oxford University Press, 2010, p. 537.

会环境之作用的结构主义路径，能为这一现象提供相对圆融的解释——既然男性与女性法律职业人都身处类似的社会结构，都面临类似的纠纷类型，都被类似的司法政策要求，都需要达到类似的工作目标与考核指标，都拥有类似的生存境遇，换言之，他们深深地嵌入在具体而相似的基层社会环境中，他们深深地被这种具体而相似的社会嵌入影响和塑造，因此他们不可能展现出具有显著差异的解决纠纷的取向与偏好。是这种具有“共性”的社会结构，导致他们做出了具有“共性”的选择，产生了具有“共性”的认知。我们的质化访谈与田野调查则进一步印证了这种嵌入性理论在解释中国基层法官行为偏好与共性认知上的有效性。

在方法论维度，本章内容具有两个重要意义：第一，我们的发现再次陈明了“什么是一个有效的理论”。理论是指：其一，一个能阐释事物深层机理的逻辑叙述；其二，能解释规模性的客观事实。[①] 所以，一个无论在思智意义上如何精巧、如何顺滑的理论叙事，都需要经历实证的洗礼。要知道逻辑的有效不等于理论的有效，逻辑的有效只是一个有效的理论构造的必要条件，而不是充分条件。我们在社会科学的意义上使用理论一词，意味着我们认为这是一种具有普遍意义的知识（generalized knowledge）。但“普遍”的意义，乃是以能够解释相当部分的客观真实为前提的。我们在这里揭示了女性主义 ADR 理论的限度，并不是彻底地取消了这种理论，而是凸显了这一理论在试图穿越中国现实时面临的障碍。但这种障碍遭遇不是坏事，它显示出了既有理论的限度，同时昭示了理论发展、优化、批判的崭新可能。所以当我们在讨论中国基层社会的司法实践时，中国的政治和社会语境不应该从分析框架中被抹去。西方的理论，应该被看作一种具有普遍意义的理论或理论假说，而不是一种普适的真理，这些理论的有效性不能仅仅在思辨或意识形态的意义上被批判，还应该将之放置到具体的中国语境与中国经验中被仔细检视。这既是理论批判与理论发展的契机，也是建构具有真实意义的

① 参见熊浩：《论文写作指南：从观点初现到研究完成》，复旦大学出版社 2019 年版，第 44 页。

中国理论话语的契机。

第二,本章的研究应和了社科法学所倡导的法学研究不仅需要关注规范解释,还需要关注社会机制运作的细致过程和参与其中的角色意义。在固化的法条主义的思考框架下,规范的文本意涵,以及系统内部规范之间的逻辑构造被放置在了至高的位置,但正如苏力老师所言,"法官首先不是自动售货机,是而且必须是有利益追求、兴趣爱好、性格特点和能动性的人,他们在司法中不可能仅仅消极适用法律,即使他们声称如此"①。当我们将研究法律的视野抽离出规范,而关注在调解制度中的行动者,关注嵌入具体社会语境中具体的人,这种关注会为我们提供理解和研究中国司法制度重要的另类视域。只有这种视域与规范研究有机结合,我们才能有效地、实事求是地理解、分析、评价中国司法的实践过程,才能让政策设计与规范构造"接地气",最终有效地、真切地推进中国法律实践的进步。

值得进一步阅读的文献

Donald C. Clarke, *Dispute Resolution in China*, Journal of Chinese Law, Vol. 5, No. 2, p. 245 – 296 (1991).

Peerenboom, Randall & He Xin, *Dispute Resolution in China: Patterns, Causes and Prognosis*, East Asia Law Review, Vol. 4, p. 1 – 61 (2009).

Carrie Menkel – Meadow, *Portia in a Different Voice: Speculations on a Women's Lawyering Process*, Berkeley Women's Law Journal, Vol. 1, p. 39 – 63 (1985).

Hans E. Jensen, *J. A. Schumpeter on Economic Sociology*, Eastern Economic Journal, Vol. 11, No. 3, p. 257 – 266 (1985).

Mark Granovetter, *Economic Action and Social Structure: The Problem of Embeddedness*, American Journal of Sociology, Vol. 91, No. 3, p. 481 – 510 (1985).

Liu Sida & Terence C., Halliday, *Political Liberalism and Political*

① 苏力:《经验地理解法官的思维和行为——代序言》,载[美]理查德·波斯纳:《法官如何思考》,苏力译,北京大学出版社2009年版,第3页。

Embeddedness:*Understanding Politics in the Work of Chinese Criminal Defense Lawyers*, Law and Society Review, Vol. 45, No. 4, p. 831 – 865(2011).

Xiong Hao, *The Feasibility of Court Mediation in the Grassroots Southwest Grassroots Society of Southwest China*:*A Case Study from Yunnan*, Hong Kong Law Journal, Vol. 44, p. 277 – 302(2014).

Zhu Suli, *The Party and the Courts*, in Randall Peerenboom ed., Judicial Independence in China: Lessons for Global Rule of Law Promotion, Cambridge University Press, 2010.

侯猛:《实证“包装”法学? ——法律的实证研究在中国》,载《中国法律评论》2020 年第 4 期。

苏力:《经验地理解法官的思维和行为——代序言》,载[美]理查德·波斯纳:《法官如何思考》,苏力译,北京大学出版社 2009 年版。

苏力:《中国法官的形象塑造——关于“陈燕萍工作法”的思考》,载《清华法学》2010 年第 3 期。

苏力:《关于能动司法与大调解》,载《中国法学》2010 年第 1 期。

第七章 ADR的教学方法：体验式案例与法律职业能力生成的知识发生学

一、引言

法学教育问题一直是中国法治发展的重要课题之一。在新的历史时期，如何进一步优化中国法律人才培养模式是法律教育领域所面对的重大课题。我们必须看到改革开放以来，中国在法律教育领域获得了举世瞩目的成就，但就教学方法与教学设计而言，一些现实缺陷依然明显——“在授业上主要采取‘满堂灌’的讲义形式，偏重背诵条文、标准答案以应试，缺乏专业素养和技能的训练。科目设置、教学方法等比较因循守旧，与法律实务和社会需求脱节，与国际标准相比更是相去甚远”①。与之相类似的状况同样发生在法律专业硕士（JM）教育中。正如有学者指出的，在明确以职业知识与职业技能为中心的专业硕士项目中，课程设置仍以传授基本法学理为主，忽视法律素养、实务操作技能

① 季卫东：《我国法学教育改革的理念和路径》，载《中国高等教育》2013年第12期。

等方面的知识,致使学生缺乏解决实际问题的能力。[①] 而作为对宏观法律教育政策的回应,教育部与政法委共同推动的“卓越法律人才培养计划”中,明确要求“加大实践教学比重,确保法学实践环节累计学分(学时)不少于总数的 15% 。加强校内实践环节,开发法律方法课程,搞好案例教学,办好模拟法庭、法律诊所等……切实提高学生的法律诠释能力、法律推理能力、法律论证能力以及探知法律事实的能力”[②]。所以在当代中国的法律教育体系中,进一步强化实务能力与实践精神是一个值得进一步推动的前进方向。

从理论角度看,法律是一门实践科学,重视理论与实践的深度融合,重视职业技能的有效锻造是其题中应有之义。从外域的经验看,法学教育往往会包含某些清晰的技能指针。法律教育目标之最终实现,有赖于在教育过程中法律研习者能够完成专业技能的习得。[③] 美国 1992 年发布的 mac crate 报告就清晰地勾勒出了法律职业人应该具备的基本技能,这些技能包括:解决问题、法律分析与推理、法律研究、事实调查、口头及笔头表达、咨商与顾问、谈判、理解诉讼程序和非诉讼纠纷解决机制、组织和管理法律工作、辨认和处

---

① 参见王利明:《我国法律专业学位研究生教育的发展与改革》,载《中国大学教学》2015 年第 1 期。

② 《教育部、中央政法委员会关于实施卓越法律人才教育培养计划的若干意见》,载教育部官网,http://www.moe.gov.cn/srcsite/A08/moe_739/s6550/201112/t20111223_168354.html。

③ 法律知识与法律技能是否具有独特性这个问题在西方学术界曾引发激烈的争论。William L. Twining 教授就认为:“很多可迁移的(Transferable)技能诸如阅读、写作、清晰言说、询问、分析和论证,以及现代术语所谓之‘学习学习’能够在多种学科的研习中得到发展……法律学科并不能超越其他学科,而是大概与其他学科教育例如英语、历史、政治及社会学相类似。”参见 William L. Twining, *Blackstone's Tower: The English Law School*, Stevens & Sons, 1994, p. 60。而 Brian H. Bix 教授则持有不同的意见,他认为:“法律及法律知识是一套古典内行人技艺(Jargon)的反映。然而,具有某种相对独立学科品性的法律学科应该是可以被论证的,法律独特的推理路径、决策方法可以被理解为一种源于法律实践的具体形态:一种行为指向的实践,在那里一般规范是基本的行为指引,具体规则则通过一个科层的法院被解释和适用,先前的裁决被赋予先例的意义。”参见 Brian H. Bix, *Law as an Autonomous Discipline*, in Peter Cane and Mark Tushnet eds., The Oxford Handbook of Legal Studies, Oxford University Press, 2003, p. 985 - 986。虽然对这些专业技能的法律职业专属性存在争议,但法律职业人需要掌握专业技能这一点是没有争议的。

置伦理困局。[①] 所以,无论是政策导向、现实需求还是理论认知,法律的技能本质、操作面向和职业能力均需要被有效强化。虽然法科教育在不同层次之宗旨与目标设定上会有所差别,但在目前法律教育的大环境下,更加重视理论与实践的深度融合,更加重视职业实务技能的有效锻造,应该已经成为法律人才培养的重要指导原则和法律教育界的共识。[②] 但对法律教育而言,也许真正的问题并不是"what"(什么)而是"how"(如何),即如何将重视实务技能的观念真正内化为法律研习者可以上手的实践技艺。基于此,本文将为 ADR 案例研习课程提供一个全面的指引和教学的说明,以促进"学生为本"的法律技能性教学的课堂达成。注意,冲突解决的技能习得固然会关涉学理,但更重要的是创造体验。我们时刻要提示冲突解决的学习者,需要细致用心地建立自己体验性知识和在场性逻辑,这些知识不仅来自课堂知识和文本资料的阅读,同时来自你在课程角色扮演过程中的实际获得。通过课堂体验和理论提升,学生将有可能逐步发展出适合自己的谈判工具箱(toolbox)[③],这些具有个性特征和情景属性的"工具箱"可以帮助学生体会(而不仅是了解)什么样的谈判策略与自己的个性与风格更加匹配。学生可以和同学及教师讨论和交流个人化的工具,并在教师的指引下,将个体习得与理论进行对话,在这种知与行、抽象理论与具身经验的相互

---

① See John Bell, *Legal Education*, in Peter Cane and Mark Tushnet eds. , The Oxford Handbook of Legal Studies, Oxford University Press, 2003, p. 909。中国学者也曾对法律人才的实践技能做出过概括,参见周世中、倪业群等:《法学教育与法科学生实践能力的培养》,中国法制出版社 2004 年版,第 67 页。

② 例如,作为官方口径,教育部与人力资源和社会保障部在《关于深入推进专业学位研究生培养模式改革的意见》中,专门提及了课程教学的改革。该意见强调"培养单位应紧密围绕培养目标,优化课程体系框架,优选教学内容,突出课程实用性和综合性,增强理论与实际的联系。创新教学方法,加强案例教学、模拟训练等教学方法的运用。完善课程教学评价标准,转变课程考核方式,注重培养过程考核和能力考核,着重考察研究生运用所学基本知识和技能解决实际问题的能力和水平"。参见中国政府网,http://www. gov. cn/gongbao/content/2014/content_2567185. htm。

③ 关于谈判中工具箱的讨论例如 Michael Watkins, *Breakthrough Business Negotiation: A Toolbox for Managers*, Jossey – Bass, 2002。另外,一个调解员工具箱的例子可以参见廖永安主编:《如何当好调解员:中美调解培训启示录》,湘潭大学出版社 2012 年版,第 177—180 页。

参照中，形成“我的”即具有主体性意义的技能性知识。而对这样一个带有主体自觉的知识形成过程笔者称为“知识发生学”。在本章的正文部分，笔者会先对“案例”这个概念进行解释，然后再以“知识发生学”的课堂进展为序，对体验式案例教学的全过程做系统展开和介绍。

二、案例不是示例

对案例的明晰界定并将案例和示例有效地区别开来是我们开展案例教学的前提。案例之英文为 case，其具有多重含义。[①] 在社会科学的意义上，所谓的案例即个案，是指一个具有边界的系统，一种经验实存状态，是一个真实发生的事件。[②] 而所谓的个案方法，依据《牛津社会学词典》是指：

> “一种研究方法，密切而详细地检查一个样本或现象。在某些情况下，它可能是一个呈现性的（Ideographic），而非通则性的（Nomothetic）调查——寻求更加深入和透彻地了解一个现象，而不是对一类现象的一般规律性认知。在其他情况下，案例研究是明确地作为比较研究的一部分，因为即使在单独的样本中，某些比较的元素总是不明示的。案例研究方法的拥护者认为，知识的获得并不限于手头的样本，因为研究的结果可以被使用与发展来测试理论和普遍化的结论……案例研究的成果常常被民俗学家、参与者、观察研究者和历史研究人员发表。研究‘经典’的案例在一些学术领域中对于学术训练起着核心作用，特

---

① 参见王伟臣：《法律人类学个案研究的历史困境与突破》，载《民族研究》2017 年第 1 期。

② See Robert E. Stake, *Qualitative Case Studies*, in Norman K. Denzin and Yvonna S. Lincoln eds., The Sage Handbook of Qualitative Research, Sage Publications, 2005, p. 444.

别是人类学、法律和心理分析。”①

因为我们在乎个体生命的意义面向和好奇这种意义面向在研究过程中的深度展开,所以我们才会对个案深度保持兴趣。“个案研究实质上是通过对某个(或几个)案例的研究来达到对某一类现象的认识,而不是达到对一个总体的认识。”②这种对个案的兴趣与具有自然科学方法论预设的社会研究有着本质不同。正如鲁宾等人所言:

> “假定研究者关注的对象和时间独立于人们的认识而存在,因此它们只是一种真实的面貌……那种认为事件可以因为参与者的构建而呈现出不同的面貌,且每种面貌都在某种意义上具有真实性的观点构成了质性访谈的基础。但这并不被实证主义者认可。例如,根据实证主义的基本原理,调查研究设计出诸如‘你的年龄多大了?’或者‘上次选举中你投票给谁?’之类的标准化的问题来询问被访者。在他们看来,这种简单的标准定义是无可置疑的,因为大多数人对问题的含义持有共识。但是人们对于公平、幸福或宗教信仰的认识是不同的。诠释主义者指责这种把标准定义强加给不同人群的做法容易带来误解与混淆——两个被同样回答‘是’的时候,可能包含了不同的意义。”③

而在法学教育的意义上,所谓的案例是指“朗代尔案例教学

---

① John Scott & Gordon Marshall, *Case – Study*, In *A Dictionary of Sociology*, Oxford University Press, 2009, Oxfordreference (Jan. 2, 2015), http://www.oxfordreference.com.eproxy1.lib.hku.hk/view/10.1093/acref/9780199533008.001.0001/acref-9780199533008-e-219.

② 王宁:《代表性还是典型性?——个案的属性与个案研究方法的逻辑基础》,载《社会学研究》2002 年第 5 期。

③ [美]赫伯特·J. 鲁宾、[美]艾琳·S. 鲁宾:《质性访谈方法:聆听与提问的艺术》,卢晖临等译,重庆大学出版社 2010 年版,第 21 页。

法”(langdell method),即哈佛大学法学院19世纪末的法学院院长克里斯托弗·哥伦姆布斯·朗代尔发起的全面法律教育改革中使用的课堂教育方法。在朗代尔案例教学法被广泛采用之前,占据主导地位的教学方法是以“背诵”、“练习”和“讲解”为三大支柱的德怀特教学法(dwight method)。[①] 在德怀特教学法下,尽管学生能够概览法律体系之全貌,但是他们习惯了被动地接受知识。按照教育学的理论,被动学习的成果更容易随着时间流逝而记忆递减,并且通过讲解而获得的知识缺乏活性,一旦遇到复杂案件便难以施展。根据教育学的主动学习理论,高纬度的学习目标例如运用、批判、掌握需要通过主动学习设计才能实现。[②] 面对这种情况,克里斯托弗·哥伦姆布斯·朗代尔发起了教学方法的系统性改革,这种教育方法的核心是利用案例重现争议,学生在课堂学习过程中需要通过案例研讨来完成案件的推理过程,以此来掌握分析案件的原理和方法。[③] 这样一种教学方法会建构课堂环境下学习者的主体性——学生不再是被动的知识接受者,而是主动地去体验情境和推导结果。后来,克里斯托弗·哥伦姆布斯·朗代尔的学生陆续成了美国其他顶尖法学院的领衔学者,他们将克里斯托弗·哥伦姆布斯·朗代尔的案例教学法引入各自任职的法学院。

那么朗代尔案例教学法究竟是如何操作的呢?首先,朗代尔案例教学法需要配备案例教材。克里斯托弗·哥伦姆布斯·朗代尔主张法律是一门由特定的原理和学说组成的科学,一个真正的律师

---

① See Thomas Fenton Taylor, *The "Dwight Method"*, Harvard Law Review, Vol. 7, No. 4, p. 203 – 212(1893).

② See Farah L. Vallera & Yameng Cui, *Mindful Minutes: Reigniting Students' Active Engagement Online Through Mindful Practices*, in JaredKeengwe, Handbook of Research on Active Learning and Student Engagement in Higher Education, Information Science Reference, 2022, p. 31.

③ 参见袁博:《传统法律教育与诊所式法律教育》,中国政法大学出版社2014年版,第65页。

应该掌握如何将法律应用适用于错综复杂的社会事件中的技艺。[①]因此,教师的职责不是罗列一串由自己或者别人从司法判决中总结出来的观点,他的职责应该是精心挑选反映法律发展和变化的一系列案例,将法官和律师据以得出解决方案的方法教给学生。为此,克里斯托弗·哥伦姆布斯·朗代尔编撰了以上诉案件为原型的案例教材(casebook),要求学生在课前进行阅读和准备。到了课堂上,学生需要主动参与,扮演案件当事人,处理真实的困境,对争议进行表态。教师与学生以问答的形式(hub - and - spoke)开展案例的讨论,这种形式亦称为"苏格拉底盘问"(socratic method)。[②] 案例讨论流程大致如下:在讨论的开始,要么由一方学生陈述案件事实、争点和推理,要么由教师对教材中的案例在细节上稍作改动,构成一个新的假想情境,并要求学生重新整理焦点、判决和说理。教师不断追问学生,直至其认为学生已经理解了案件并且纠正了学生的误解。[③] 朗代尔案例教学法锻炼了学生的至少三种能力——细察周遭、调度知识和运行逻辑,[④]这是其与传统教学方法的主要区别。朗代尔案例教学法引发了全美法学院教育方式的改革,美国法学院协会(the Association of American Law Schools)自1900年成立起便

---

① 当今的律师事务所高度的专业化,许多律师在职业生涯中专门处理某一领域的案件,如能源、银行、电信、环境污染、保险、基建、养老金或者慈善机构等。这些专业案件极其精微复杂,需要律师具备高水平的法律分析和处理能力,这也正是法学院的教育应当加强实务技能培训的原因。参见 Christopher Columbus Langdell, *Law School Curriculum:A Replay to Kennedy*, *Seton Hall Law Review*, Vol. 14, p. 1077, p. 1080 - 1081 (1984)。

② 参见哈佛大学法学院官方网站案例教学简介, See https://casestudies. law. harvard. edu/the - case - study - teaching - method/。

③ See James M. Dente, *Century of Case Method: An Apologia*, Washington Law Review, Vol. 50, p. 93 - 107(1974 - 1975).

④ 如果学生仅接受课堂讲授,那么他们只能获得知识。倘若教师要求学生事先阅读案例材料并在课堂上进行讨论,那么他们将不得不仔细思考。当他们作出"判决"的时候,又必须根据"案件事实"比较相似案例,进行司法推理,这就是逻辑的运转。参见 Gene R. Shreve, *Two Cheers for the Case Method*, New York Law School Law Review, Vol. 30, p. 601 - 607(1985)。

对向该协会申请办学资质的机构推广朗代尔案例教学法。[①] 这种教学方法遂成为美国法学院课堂教育的典型形态,其影响之大甚至使"法学教育科学化成为美国法学教育的主流意识"[②]。

虽然所谓的案例教学是否在中国法学教育中适用在20世纪90年代初期存在一些争议,[③]但当下中国法学教育界还是可以批判地继承朗代尔案例教学法的精神或原则的。在法学教育领域,案例研究和案例教学已然成为一个颇为热络的教学手段和研究论域。但在国内普遍的法律教育实践中,所谓的案例教学,更多变成了"以案释法",或者用何美欢教授的讲法,这不过是中国式的"例证教学式的案例教学法"而已。[④] 这种方法最大的缺陷就是个人体验和学生

---

① 哈佛大学法学院的历史参见维基百科,https://en.wikipedia.org/wiki/Harvard_Law_School。

② 王晨光:《法学教育的宗旨——兼论案例教学模式和实践性法律教学模式在法学教育中的地位、作用和关系》,载《法制与社会发展》2002年第6期。

③ 一些批评意见参见王利明、叶林:《试论法学教育中的案例教育学法》,载《法学家》1993年第3期。而其他一些西方学者对于案例教学法的批评意见还包括:仅仅注重上诉审、法律技能训练的偏狭以及培养目标的受限等。这些批评可参见 Derek C. Bok, *A Flawed System of Law Practice and Training*, Journal of Legal Education, Vol. 33, No. 4, p. 570 – 585(1983)。朗代尔案例教学法挑选部分案例,供学生进行练习,因此无法让学生了解法律体系的全貌。退一步讲,传统的教学方法也并非一无是处,即使教学形态是教师讲授,但如果教师站在理论与历史的纵深维度,带领学生对案件形成洞见性的理解,这种理论思维对学生能力的形成其实也非常重要,而这是学生在学习特定案件时无法做到的。参见 Edmund M. Morgan , *Case Method*, Journal of Legal Education, Vol. 4, No. 4, p. 379 – 391(1951 – 1952)。而在真实的课堂实践中,学生在准备过程中如果没有老师的指导,难以直击案件要点,这对于初学者而言极为不利,会使得教学过程缺乏效能。参见 David, Slawson W. , *Changing How We Teach: A Critique of the Case Method*, South California Law Review, Vol. 74, Iss. 1, p. 343 – 346(2000 – 2001)。问答式的教学模式对教师的要求极高,一旦授课老师水平有限整个课堂将会丧失方向、失去灵魂。参见 Gene R. Shreve, *Two Cheers for the Case Method*, New York Law School Law Review, Vol. 30, p. 601 – 608(1985)。基于以上朗代尔案例教学法的缺陷,在设计我国法学教育的理想形态时,有学者就认为应当以案例练习为重点。相比德国的"研习小组",朗代尔案例教学法在我国的可借鉴性较小。参见葛云松:《法学教育的理想》,载《中外法学》2014年第2期。

④ 参见何美欢:《理想的专业法学教育》,载《清华法学:"法律现代性·法学教育"专辑》第9辑,清华大学出版社2006年版,第127 – 128页。

主体的缺失。[①] 对于初涉法律的年轻学人而言,毫无疑问,法律是一套迥异的规范和语汇系统,即在法律职业主义意义上独特的“人造理性”。[②] 这些陌生的修辞和抽象的学理需要让年轻学子知悉,必然存在一个形象诠释的过程。我们所谓的“案例教学”在很大程度上仍然是一个规范的诠释方法,或者用中国话语表达,是一个“比附”的方法,即将抽象规则放置到具体情境之中,用示例来厘清其含义。在这样的案例之中,知识是既存的,是定在的,是无须学习者主体性介入、建构和发现的,学生纯然只是接受知识和被教学场域支配的客体,仅仅是恭顺地从带有启蒙光环的教师那里获得知识——在这种知识哲学的背后,是一种支配与被支配、主体与客体的权力结构——这是一种典型的启蒙秩序结构,或者说是福柯所称的“知识与权力”的共生结构。

即使我们不发动这种形而上学的反思,仅仅从纯粹实用主义的角度检视当下的法律案例教学,其现状也是无法令人满意的。学界的一些通常论述虽然确认了案例教学之目的乃是使得学生具备法律实务工作所要求的实践技能,但对这一目标的实现路径依然停留在“采取‘请进来’和‘走出去’相结合的形式”,或“进一步贴近实务工作,凸显司法实务的真实思维”[③]这样的泛泛而谈。另外,一些较为武断的判断,例如案例课程的授课规模不宜超过 20 人,[④]显然与

① 参见陈建民:《从法学教育的目标审视诊所法律教育的地位和作用》,载《环球法律评论》2005 年第 3 期。

② See Edward Coke, *Prohibitions Del Roy*, in Steven Sheppard ed., The Selected Writings and Speeches of Sir Edward Coke, Liberty Fund, 2003, p. 481.

③ 张翔:《法律实践技能培养与本科法律专业课程的分层设计》,载王翰主编:《法学教育研究:第 1 ~ 10 卷精选本》第 10 卷,法律出版社 2014 年版,第284—285 页。

④ 杨小军:《行政法案例教学心得》,载王翰主编:《法学教育研究:第 1 ~ 10 卷精选本》第 10 卷,法律出版社 2014 年版,第 11 页。

西方法学院案例教学现实相违背,[①]至少不是案例教学方法应该遵循的通例。再如,即使在更为贴近实务的谈判课教学中,所谓的案例体验事实上变成了案例分析,法律谈判的体验性介入过程变成了研究问题的回答,这更是暴露出案例教学理解上的误解。[②] 这样一些常见的混淆大概源于对两个根本问题的误解:一是不熟悉案例教学的呈现方法;二是忽视了案例教学需要将学生的主体性纳入的这个本体设定。

三、如何教?——谈判案例教学的“深描”[③]

纠纷/冲突解决的案例教学发轫于美国。1979 年 Roger Fisher, William Ury 和 Bruce Patton 出版了谈判学经典教材 *Getting to Yes: Negotiating Agreement without Giving In*,[④]该书成了哈佛大学法学院冲突解决实践教学的缘起。借此成书之机缘,哈佛谈判项目

---

① 至少在纠纷解决课堂中,20 人组成的课堂规模明显太小。主要原因是纠纷解决的案例教学需要花很多时间让学生进行“角色扮演”,而角色扮演分组如果不够充分、数量有限,值得复盘的经验、值得反刍的细节、值得对话的状况及值得参照的不同都会减少,所以纠纷解决案例课堂的人数不宜太少。根据笔者在中国域内和域外学习和教授 ADR 的体验中,一般 30—70 人的课堂都算正常,少数课堂人数还会更多。值得注意的是,反倒是人数较少,例如人数不到 20 人才会严重地影响案例教学的效果。而在美国传统部门法案例教学的课堂上,学生数量有可能更多。“采用判例教授法的法律教授,虽然课堂内学生多至 150 人或 200 人,也很少正式授课。他利用试探式问答和提出一系列难题的方式,引导学生对当日指定的司法意见作详细分析。”参见[美]伯纳德 · 施瓦茨:《美国法律史》,王军等译,中国政法大学出版社 1997 年版,第 168 页。根据笔者的教学经验,一个 40—50 人的班级是比较理想的教学规模,如果能配合称职的助教,上课的人数则可以继续增加。

② 参见孙占利:《法律谈判课程教学的总结与思考》,载杜承铭主编:《法学教育改革与法学实验教学模式探索》,厦门大学出版社 2011 年版,第 209 页。

③ “深描”(thick description)是一个人类学用语。该词最早被 Gilbert Ryle 使用,之后被著名文化人类学家 Clifford Geertz 在其作品,特别是“巴厘岛斗鸡”的研究中发展。深描是指通过集中、小规模和聚焦式的对社会生活的观察,以获得对研究对象具有普范性的文化解释。参见 John Scott & Gordon Marshall, *A Dictionary of Sociology*, Oxford University Press, 2009, Oxford Reference Online (Mar. 22, 2012), http://www.oxfordreference.com/views/ENTRY.html? subview = Main&entry = t88.e2354; Clifford Geertz, *Thick Description: Toward an Interpretive Theory of Culture*, in Clifford Geertz ed., The Interpretation of Cultures, Basic Books, 1973, p. 3 - 32。

④ 中文版本为[美]罗杰 · 费希尔等:《谈判力》,王燕、罗昕译,中信出版社 2012 年版。

(program on negotiation)于 1983 年成立,并成为世界上第一个专门从事谈判和冲突解决的教学和研究机构。哈佛谈判项目是一个校际教研组织,其团队构成来自哈佛大学、麻省理工学院和塔夫斯大学。① 根据不同大学的专业特色和实践面向,在各个大学的课程组织会有所差别。在过去超过 30 年的发展历程中,哈佛谈判项目及其配套的诊所教育不断发展,不断编写和延伸出新的冲突解决案例。到今天,哈佛大学法学院谈判课项目已经成为世界法律诊所教育、实务技能习得及冲突解决领域的世界级旗舰,这种特殊的实务技能培养机制也渐渐影响到世界其他地区。哈佛纠纷解决课程的核心要旨是以角色扮演的方式直接接入具体的角色情景之中,让学习者成为学习的主体,直接进入知识生成的现实过程之中,而非知识的承受对象。通过理论与经验的结合,建构与自身知识结构、偏好和风格相贴合的情境性知识(situational knowledge)。所谓的角色扮演模拟就是对真实实践情景的仿效。在实际操作中"教师提出假设(或使用案例中的情节),要求学生将自己置身于一方当事人代理人的位置"②。在教学过程中,教师往往要求学生对案件事实有细腻了解,在人物设定上与案例身份尽量贴合,避免天马行空的即兴发挥。

ADR 教学的核心技艺,无论是谈判还是调解,大多需要通过体验代入的角色扮演才能有效习得。根据 Paul Ferber 的概括,体验式的角色扮演需要通过四个步骤的循环才能完成。第一,学习者亲身参加了现实经历。第二,学习者对现实经历进行反思和评价。第三,引导学习者在评价经历的基础上,形成抽象的原理、概念和概括。第四,在新环境中积极地运用这些原理、概念和概括。③ 依循类

---

① 关于哈佛谈判项目的具体资讯可以参见其官网:http://www.pon.harvard.edu/。

② [美]Paul S. Ferber:《成熟的学习方法与模拟练习——策划模拟培训律师》,载李傲、[美]Pamela N. Phan 编:《实践型法律人才的培养——诊所式法律教育的经验》,法律出版社 2005 年版,第 418 页。

③ 参见[美]Paul S. Ferber:《成熟的学习方法与模拟练习——策划模拟培训律师》,载李傲、[美]Pamela N. Phan 编:《实践型法律人才的培养——诊所式法律教育的经验》,法律出版社 2005 年版,第 428 页。

似的教学步骤，笔者认为一般的 ADR 案例角色扮演教学可以被分为以下五个阶段：(1)保密案例信息的分发、阅读和准备；(2)角色模拟过程；(3)结果陈列；(4)复盘(debrief)；(5)建立经验过程与理论的连接。下面，我们以一个典型的谈判案例教学过程为例，分步骤将这一教学过程加以详细说明。

（一）保密案例信息的分发、阅读和准备

在角色扮演模拟开始之前，老师将学生分成若干组，给各位或各组同学各发基础信息一致但又保密信息不一致的案例资料（案例体验的重点就是信息的不完全对称，这也才更为贴近实践情景中的真实状况）。保密信息涉及冲突解决中当事人的核心利益或底线，双方获得案例信息后在案例角色扮演完成前不允许相互沟通，该案例信息也不能让对方看到。进入谈判时，双方不需要在意案例和具体在地法律规则的冲突，因为这些案例是以技能训练为中心而非法律适用为中心。当学生拿到案例后，他们需要花 5—10 分钟对即将进行的角色扮演进行准备。例如下面这则案例中，学生需要依据谈判的基本要素，即利益(interests)、标准(criteria)、解决方案的各种选项(options)和不能达成合意时的替代方案(non - agreement alternative)，对文字材料进行分析。[1] 所以案例从准备过程开始，就已经要求学生调动既有的知识对信息进行分析，他们介入了真实的问题情境，这是一个“经验性上手”的探索性过程，因此具有了主动学习的意味。我们在下面展示的，是发给不同阵营学生的，谈判双方各自的保密信息。

克里夫的保密信息(甲方的保密信息)[2]

你和杰克被辞退了。

你在本地一家最大的连锁超市“快乐家”工作，在仓储部门的

---

① 参见[美]格兰德·卢姆：《没什么谈不了：谈判实战指南》，姜丽丽等译，世界图书出版公司 2012 年版。

② 本案例由笔者对哈佛谈判案例改写而成，并加入了笔者的重新创作。这个案例可以处理成调解和冲突解决教学，所不同之处就是是否在其中增加一个中立调解员。案例中，我们预设辞退员工的行为是合法的，并不违反劳动法相关规定。

工作一直都很愉快。你是一个很敬业的员工,在公司里一直深受尊敬和好评。

上个星期二下午,你收到了学校的电话说你的孩子又发烧了。实际上你女儿已经病了一个多星期了,上周二稍微好转你才在上午送她回到寄宿学校,结果又开始发烧。孩子的母亲上周在外地出差,你没有办法只好提前去学校接她。你了解公司关于提前离岗的规定,由于仓储部分需要负责为销售配货,没有到下班时间是一定不可以离岗的。但你实在太艰难了,你还能怎么选择呢?重视孩子是你的价值观,也是"快乐家"超市的价值观,公司的管理层时常说企业应该善待员工和员工的家人。所以你怀着侥幸的心理,请杰克帮你处理员工离岗前的刷卡考勤登记。虽是初犯,但就这样被发现了。你非常懊恼,因为你知道这种行为属于严重违反公司纪律的行为,而且依据本地法律,这样的违纪行为公司完全可以开除你。但你非常希望能留在"快乐家"工作,你很喜欢这份工作,为了留下来工作你愿意做出一些让步和牺牲。你也希望公司能让杰克留下来,你昨晚去了他家,他也非常沮丧,这让你非常难过。你们俩的情况太相似了,他也是业务骨干,也非常敬业。他全权让你也代表他和公司进行谈判。总的来说,你们的状态都不太好。

你在事发之后的第二天就去找了你们的总经理怀特先生,他是一个忠厚而睿智的人,他对这件事感到惋惜。是的,无论如何,是你们破坏了公司的制度和规则。怀特先生要去首都的公司总部开重要的年度会议,所以他没有时间处理你和杰克的这件事。你在前天收到总经理办公室的消息,总经理委托人力资源总监杜伦负责和你接触,你不了解这个人,只是希望尽最大的努力能留下来。真的,希望你和杰克能够留在"快乐家"继续工作。

在今天与人力资源总监碰面之前,杰克和你打了电话。他说他通过朋友联系了你们本地的另外一家连锁超市,其实就是第二大的连锁企业"利为",他们也需要你们这样的熟练工,如果你们愿意,他们可以在两周内给你们安排好工作,而且可以去谈提高工资。你稍微松了一口气,因为最坏的结果已经不是在家喝西北风了。但是,去"利为"不是你们最好的选择,即使那里可以支付更高的薪资。如果老东家能够把你们留下,只要不是非常过分的条件,留在“快乐家”还会是你们的第一选择。杰克只是提醒你,你们这样的仓储熟练工在市面上并不多,如果你们离开了“快乐家”,那么他们在短时间内恐怕不容易找到接手的同事。这大概说明了你们在市场上至少有一些特殊的价值吧。但你也清楚,仓储配货的这套手艺虽然不简单,但按照自己的经验大约2个月就可以比较熟练地上手了。目前公司给你和杰克每人每个月的工资和奖金共计是2400美元,有风声说在“利为”这个工资有望上涨到3000美元左右,但你并不能确定这个传闻的真实性。

你还有5分钟时间准备一下今天谈判的计划,虽然你没有谈判经验,但为了杰克,也为了自己,你需要特别认真和审慎地面对今天的对话,你要想想你们目前已经了解的信息到底有哪些了,哪些应该告诉杜伦,而哪些不应该。你需要为你们自己在可能的范围内多争取一些利益。

深呼吸,相信一切都会好的。

杜伦的保密信息(乙方的保密信息)

“快乐家”是本地最大的一家连锁超市,管理规范、业绩优良。你们的企业重视与员工的关系,你们以彼此善待为处事原则。但同时,作为一家全国最大的零售连锁企业,你们也面临激烈的竞争。管理这样一个大型企业,你们深知规则的重要性——规则就是规则。就克里夫这个个案而言,你需要在两难中找到平衡。

总经理怀特先生是一个忠厚、睿智的人,他在离开公司去首都开集团年度会议之前见了你。他说:“也许以你的聪明和阅历,杜伦,你可以为公司留住这两个优秀的员工。”“哎……”怀特先生叹了一口气,“但不能明显地违反我们的规则,要让他们为他们的错误承担责任,否则我们的公司还如何运营?我知道你的难处,规则和现实。但我信任你——无论你留住了他们还是炒了他们鱿鱼,我都会支持你。坦率说,我脑子里也没有什么好办法。也许你真正需要的,是一些灵感与创意吧”。

作为“快乐家”的人力资源总监,你了解你们的企业,你了解你们的员工。虽然从未结识,但你早有耳闻,克里夫和杰克都是你们的好员工。他们善良、努力,具有很好的专业技能。你听说克里夫这次这样做,也确实是有他的难言之隐,虽然你还不知道具体为何。你明白总经理的意思,简单地宣布他们违反了公司规定然后将他们开除是一种双输的做法。一方面,你们找到仓储部分的配送员并将他们训练到克里夫和杰克的熟练水平至少需要 3 个月的时间,这 3 个月所产生的成本远远超过克里夫和杰克两人 3 个月的工资,大约是他们两人 3 个月工资的 1.5 倍到 2 倍。也就是说,从招募到培训到上岗,既消耗时间,又消耗人力财力。另一方面,在本地著名的招聘网站上,你们最大的竞争对手"利为"从今年年初就一直都在招募仓储物流的熟练工人,根据你们的内部消息,他们给熟练工人的薪资比你们高出 15%—25%。所以,克里夫和杰克要是离开不会找不到工作,他们很有可能为你们的竞争对手工作。目前,你们给克里夫和杰克每人每个月的工资和奖金共计是 2400 美元。对于他们这样的熟练工,公司今年已经确定视他们的表现,给他们加薪 10%—20%,但这些消息还没有向员工公布。

你们真正的困难,除了在公司内部缺少像克里夫、杰克这样的熟练工,就是公司的规则。公司的规则规定"代替他人打卡者,本人及代替者均开除"。这是一个非常僵硬的规定,没有其他补充、限定、细化、解释的条款。你曾经在公司内部开会时和几位副总讨论过你们条款中的一些问题,但只是谈及,没有实质措施跟进。但这里真的就没有任何变通的可能性了吗？你不相信是如此。

无论从哪个角度,你都想留住这两个优秀的员工。老板让你全权处理,你知道他是认真的,你可以在多个方面与克里夫和杰克协商,争取双赢的解决方案,但底线是不能违逆公司规则。你确实处在一个艰难的位置,你目前并不清楚怎么办才好,好在如怀特先生临走前说的:"无论你留住了他们还是炒了他们鱿鱼,我都会支持你。"

你还有 5 分钟就要见克里夫了,让你先静一静,你真的需要认真想一想等会儿怎么和他谈。

(二)角色模拟过程

在冲突解决课堂上,我们使用的案例非常多元,会涉及邻里矛盾、博弈理论、对价争议、人力资源、部门冲突、公共利益、并购谈判、国际交往、战后重建、多方竞标、严重的价值观对立等。好的案例教学课程会设定非常清晰的教学目的,并使用一个案例有的放矢地去解决一个理论或实践问题。案例分发和准备完成后,学生要按照之前的分组一对一地进行角色扮演的谈判模拟,角色扮演的练习时间视案例复杂程度而定。我们在这里使用的这个案例,谈判时间可以设定在25分钟到30分钟。

(三)结果陈列

案例讨论完成后,教师需要在课堂上收取大家的谈判结果。对成果的陈列无须覆盖所有的谈判结果,但应该遵循"最大差异化"原则(需要纳入极端状况),将具有代表性和典型性的谈判结果纳入陈列,并用板书的形式按照某种顺序(如赔偿金额由低到高)记录在黑板上。我们在这里列选了一些常见的谈判结果如下。

第一组:不予解约,继续让克里夫和杰克在企业工作,扣除他们今年的奖金。

第二组:召开职工代表大会,对于是否开除克里夫和杰克进行表决;在会议开始之前,克里夫和杰克有15分钟的申诉机会。如果表决结果为不开除,那么再和两人讨论其他细致的处罚方案。与此同时,无论职工代表大会结果如何,企业随即启动规则修改程序,分别召开管理层和员工的听证会,用恰当的程序对这个僵硬的规则进行修正。

第三组:谈判破裂,没有达成任何协议。

第四组:将克里夫和杰克开除,然后再重新雇用。雇用后,薪资一样但扣除今年内的奖金。

第五组:将克里夫和杰克开除,然后将两人介绍到连锁店的其他店面工作。如果3个月表现优良,可以重新回到原来的超市。3个月工作期间的工资不变。

第六组:将克里夫和杰克留用察看2个月。在这2个月内,克里夫和杰克除了完成原先的本职工作,还要和人力资源部门充分配合,招录 1—3 名新员工,并负责完成这些新员工的技能培训,使他们能够掌握克里夫和杰克作为熟练工人的技术技能。在两个月工作期间,工资不变,没有奖金。如果工作顺利,两人就可以留在企业继续工作,而且可以同时担任员工技能培训部门的负责人或导师。

……

就谈判而言,谈判双方之间存在一个成交的区间,这个区间被称作"可能的成交区间"(zone of possible agreement),包括对双方而言可以接受的所有方案的可能性。例如,如果谈判的标的是价格,买方能够接受的价格范围是 100—700 元,价格越低越好;而卖方可以接受的价格是 120—90 元,价格越高越好,那双方"可能的成交区间"便是 90—100 元。"可能的成交区间"的图示如图 7 - 1:

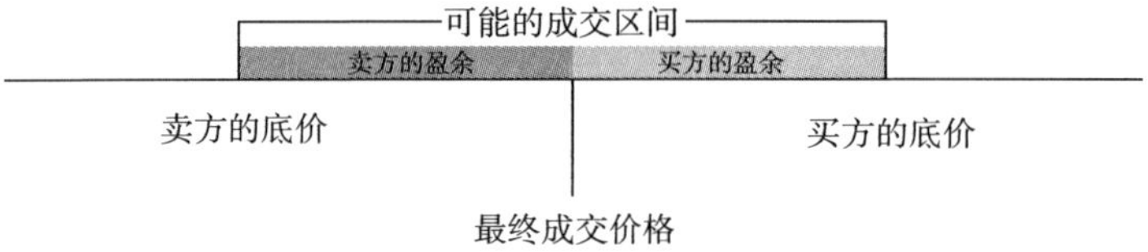

图 7 - 1　可能的成交区间

正是因为"可能成交区间"不是一个点而是一个区间,所以同一个案例的成功谈判结果会有多元的可能;另外,由于谈判标的的复杂性(不仅是金钱,还有可能涉及其他需求),所以可能的成交区间会更具有弹性。正因如此,我们在 ADR 课程中会反复和学生强调,纠纷解决是一种情景性知识(situational knowledge),也就是说不同的情景、冲突参与者、对话技艺、经验和纠纷类型,都会成为最终结果的形塑力量。正如有学者指出的:

"经验丰富的谈判者知道,仅仅是一个战略要在所有情况中发挥作用就有很多环境和人的因素。为了使自己在谈判中变得高效,就必须超越诸如此类对谈判的简单认识。你需要应对自己的焦虑不安,接受一个事实——没有两个谈判者和环境是相同的,而且要学会现实地、灵巧地适应这些差异，同时兼顾道德和自尊。”①

基于具体情境要素的差异，不同组别的学生完全有可能贡献出完全不一样的谈判结果。作为教师，我们有机会遭遇到让我们感到惊讶的那些创造性的解决方案。由此可见，主动学习的维度便又被拓展了，即除了教师和知识文本，群体中的同伴乃至学生自己的反思，都可以成为学习的素材。这就是为什么 ADR 实训课程的授课人数不宜太少的原因。上课人数若是较少，看似可以“小班教学”，但规模不大的课堂将无法催生出多元的解决方案，没有办法形成不同方案的对比、参照与反思，这会使学生学习的可能性受到限制，降低教学效果和学习质量。

（四）复盘

当不同的谈判结果被陈列后，不同的谈判结果之间自然会引发有趣的问题和讨论，例如第二组的结果：

“召开职工代表大会，对于是否开除克里夫和杰克进行表决”——为什么会有这样的想法？谈判中是谁提出的？是怎么提出来的？为什么需要召开职工代表大会？对方对这个建议如何回应，为何同意？召开职工代表大会对企业而言会不会是一个可行的办法？

“在会议开始之前，克里夫和杰克有 15 分钟的申诉机会。如果表决结果为不开除，那么再和两人讨论其他细致的处罚方案。”——这个附加的条件是基于怎样的初衷？其他组想到了类似的问题面向了吗？对这样的安排有什么回应的意见吗？

以及第三组“谈判破裂，没有达成任何协议”——为什么会谈判破裂？是什么阻碍了你们？哪一个关键的障碍让你们觉得谈判无法继续？是人、思路、利益还是别的什么原因导致了这样的谈判失败？你们是否调用了之前课程的相关知识尝试解决所面对的僵局？其他组的成果给了你们什么启示？如果有机会再谈一次，你们

① ［美］G. 理查德·谢尔：《沃顿商学院最实用的谈判课》，林民旺、李翠英译，机械工业出版社 2013 年版，第 3 页。

的做法会有哪些不同?

在谈判教学过程中,复盘和后面的理论讨论都是重要的环节,同时也是在教学中难度较大的部分,仅仅陈列不同的纠纷解决方案或者描述性地加以归纳的意义是有限的。复盘在某种程度上是对案例过程的精读和深描还原,这个过程需要学生的主体叙事被展开,但又需要精致地引导、概括和提炼。在小组内部,小组之间当然应该进行坦诚、充分、开放的分享和讨论,但这个过程不能太长,因为案例流程的汇报过于冗长,学生会因此失焦,从而在课堂上"闪神"或"离场"。而如果仅仅是教师预设的概括而没有和学生高效深度互动,学习者在经验场域中的主体性就会被完全忽略,谈判案例中的经验介入和创意交织亦将流于形式。所以教师的技术性介入与学习者的体验性展开需要一个微妙的平衡,这需要教师一方面对常见的谈判结果较为谙熟,另一方面对谈判结果与理论问题的连接也较为熟悉。如果教师能做到这两点,复盘就会变成一个"夹叙夹议"的过程,即有学生的表达、团体的讨论,但一旦相关案例素材能激活经验与理论的连接,教师就需要利用这个契机,将经验拉伸到理论层面,从而展开一段专题性分享。这个过程会打断高度碎片化、个人化的学生的体验报告。当这一段理论介绍完成后,又可以重新回到复盘的互动现场,重新调取学生的各种谈判结果与过程素材。此外,复盘的顺序也大有讲究,哪一组优先,哪些组之间可以形成有益的参照,这就需要教师对谈判的过程和大致的结果类型有一个基本的了解。所以当学生们在进行模拟谈判时,教师并不能休息,而是需要通过观察和串场(但不会介入谈判过程中)了解、记录部分组别的运作状况,并做好复盘准备。总之,教师在复盘过程中与学习者的互动会涉及较为细致的质询和访谈的技术,需要相关的训练和经验的积累。如果从事谈判教学的教师缺乏谈判的教学经验,复盘的过程需要在上课前就认真予以准备,一些理论和经验归纳的要点可以在备课笔记中清晰罗列,以在复盘过程中更容易建立经验过程与理论的连接。①

（五）建立经验过程与理论的连接

虽然在纠纷解决教学中，一些基础技能和规范动作会比较通用——例如积极聆听（active listening）、利益分类、概念厘清、语言净化（language washing）、同意转述（paraphrase）、意义重塑（reframe），但越是贴近实际、精心规划的案例，越会精准地处理谈判或纠纷解决中的一个特定的问题面向，而不是以“综合”的名义让教学过程中的技能习得失焦。笔者常常用“健身房”这个隐喻来帮助学生理解案例教学的过程。体验式案例教学不是对真实客观法律纠纷的完整模拟，而是抽取其中一个局部、一个问题、一个理论断面来精致琢磨。就如健身房中的各种器械，它们能锻炼的肌肉是局部的，例如有的锻炼大腿，有的锻炼手臂。每一个器械只有精准地锻炼一个局部肌肉，才能让健身者获得聚焦体验，熟悉发力方法，也才能更好地理解和记住。如果一个案例过于复杂或教学目标涵摄过广，会使学习过程中的信息超过大脑负荷，反而妨碍有效的成效习得。所以类似地，一个案例就像一个专门的健身房器械，需要实现有限的、明确的技能和理论学习目标。

就本章所列的这个个案而言，我们的案例设计是想让学生掌握一类困难状况的处理方法。这种困难状况是：双方具有共同利益——就上述案例而言，维持雇佣关系是符合双方利益的，但这一方案的达成存在一个明显的障碍，即企业的僵硬规则。在笔者整理的过往教学经验中，已然存在一些非常有趣的问题解决方案，例如召开员工大会；解雇后到其他店面工作，设定考察期，然后再决定是否返聘等。这样的想法为什么会发生；是谁贡献的解决方案；当新想法从一方口中出现时，另一方是什么想法——这些都是在复盘中需要仔细回溯的重要问题，我们在复盘中可以较为细腻地揭示这些

---

① See Lawrence E. Susskind & Jason Corburn, *Using Simulations to Teach Negotiation*：*Pedagogical Theory and Practice*, Working Paper 99 – 1, Program on Negotiation at Harvard Law School, MIT（Dec. 15, 2022）, https://web. mit. edu/publicdisputes/teach/corburn. pdf.

微妙的共识过程是如何进行的,以至于它最终创生了一些有趣的问题解决方案。这些方案也许是来自角色扮演的学生们集思广益、相互启发的结果,但是,学生们虽然可能贡献了很好的想法,但他们对自己的决策行为并没有清晰的理论自觉,所以超越经验层面的一般整理,将经验过程提炼为具有原则高度的理论概念,就是教师在体验式学习教学中需要完成的重要工作。否则这门课会变得仅仅有趣,但却深度不足。在本案例的教授中,学生的一些创造性想法事实上已经自然地连接到纠纷解决中的一个重要理论概念——“问题外化”(externalization of a problem)。明确将这个重要的理论目标与体验式案例结合,并与体验式案例的复盘过程结合,教师便可以借案例复盘中的过程性描述,将这些个别化、偶然性的“体验”和“创想”与理论发生连接。

外化在解决争议领域是一种重要的思想,将“人和问题分开”是原则谈判的四个基本原则之一。[①] 但给予这个原则以更为清晰的理论与实践说明的,则是心理学家迈克尔·怀特(Michael White)和大卫·艾普斯顿(David Epston)。在心理咨商领域,迈克尔·怀特和大卫·艾普斯顿认为简单把咨询对象病例化,例如将患者和医学诊断标准进行对照,然后即将孩子病理化为多动症患者,这样的处理方式是不恰当的。理由是这样一个病理化过程分明暴露出强大的主流叙述对个体的压迫。多动症有其确诊标准,而孩子由于不是成年人,通常在就医过程中无法为自己发言,无法完整地讲述自己的病况,不需要表达自己的态度、感受与处境,他们的情况往往都由父母代为表达,因此被治疗者本人也就是孩子会沦为这些标准的纯粹客体。一旦孩子的行为特征与这些标准符合,医生即可做出诊断,并开出药方。基于对这种传统治疗方法的洞察,迈克尔·怀特和大卫·艾普斯顿进一步指出在现代化的知识构架中,往往会催产某些特定知识的优越地位,即某些知识比其他一些知识更加权威、

① “人和问题分开”是纠纷解决中的一般原则。这个原则要求冲突解决者厘清人的问题与利益问题的交织状态,需要用较为精致的思维处理谈判过程中的复杂部位,需要就事论事并将人和问题分开。对这一问题的一般讨论参见[美]罗杰·费希尔等:《谈判力:新版》,王燕、罗昕译,中信出版社 2012 年版,第 17 页。

更具价值，由是便产生了一种知识对另外一种知识的奴役或臣服。[①]我们上面提到的这个多动症儿童的个案来访者，他接受治疗的过程便体现了这种知识压制，他丢失了自觉、自立的主体意识，被紧紧压制在疾病标准之下。这里当然不是说这套病例标准是错误的，或者在治疗过程中完全不应该参考病理标准，而是从病理标准和治疗者的关系上进行的一种理论批判，即在一套病理学标准面前，只能臣服于心理医生的处方，就医者的主体性价值几乎丧失殆尽。迈克尔·怀特和大卫·艾普斯顿因此认为这样一种臣服状态包含着令人不安的绝对论，这使需要心理治疗的来访者丢失了对自身什么的把握与控制。他借用福柯关于精神病历史的研究，说明主流知识对个体知识压迫的暴力性：

> "我们只能假设我们总卷入权力/知识的领域当中。所以我们努力设定一些状况，鼓励并批判自己在这一领域形成的做法。我们要辨识自己的做法所处的观念脉络，探索这些观念的历史。这样，我们才能清楚地认识这些观念和我们的做法可能的效应、危险和局限。"[②]

与病理化的路径完全不同，迈克尔·怀特和大卫·艾普斯顿借由福柯的思想方法，希望能够创设一种非支配性的、多主体参与的心理咨商过程，这一过程需要摆脱一种知识比另外一种知识更权威或更有力量的误区。实现这一目标，就需要心理治疗师能在治疗过程中将来访者遭遇到的问题和他本人的主体性存在分开。例如，来访者因为生活不顺利而抑郁，对于心理治疗师而言，那种现代性知识奴役的治疗方法是继续遵循病理化的思路，比照来访者病症和抑郁症医学病理特征的符合性，然后做出诊断、开出药方。而迈克尔·怀特和大卫·艾普斯顿所主张的"叙事疗法"则不同，它不是将来

---

① 参见［澳］Michael White、［新西兰］David Epston：《故事、知识、权力：叙事治疗的力量》，廖世德译，华东理工大学出版社2013年版，第18—19页。

② 参见［澳］Michatl White、［新西兰］David Epston：《故事、知识、权力：叙事治疗的力量》，廖世德译，华东理工大学出版社2013年版，第23页。

访者看成病人,然后依据病理化知识开展工作,而是去陪伴来访者,和他或他们一起去探索那些“外在于”来访者的问题。这一过程会使心理治疗师与来访者成为具有平等关系的伙伴,使来访者所携带的个人知识是一种和治疗师的专业知识一样珍贵、一样有力量的资源。不是“我”治愈了“你”,而是我们一起直面那个“问题”,当我们并肩站立去面对那个“问题”时,你和我所拥有的知识是可以相互参考、彼此借鉴的,“我们”可以充分而平等地利用这些知识,去处理那些“外在于”来访者的“那个问题”。“那个问题”可以被命名,例如我们称为“阿尔法”(如这个阿尔法是抑郁症或多动症),于是咨询师和来访者便可以开始讨论那个让我不快乐的“阿尔法”到底是什么,我们应该如何面对“阿尔法”。这样的过程使心理专家成了来访者克服“阿尔法”的盟友,他们肩并肩站立、合作处理“阿尔法”。一旦来访者从病理化状态中走了出来,那么他便仍然是自己生命的主体。“阿尔法”是“阿尔法”,来访者是来访者;问题是问题,主体是主体;病是病,人是人,而不是问题贴合在人身上而无法外化的“病人”。在这个脉络中,只有和咨询师一起前进,相互合作,彼此陪伴的想要“打败”那个“阿尔法”的具有生命力与可塑性的“人”,而没有按照某个标准被标记出来的“病人”。这样的理论在冲突解决中对辨别分歧非常有帮助。如果我们有共同的目标和基本的信任,但我们之间仍然存在困难、障碍或分歧,那这时的我们要做的并不是归责、博弈或妥协让步,而是借助“外化”的思想,移动当事人与问题的相对位置,使问题被放置到彼岸去——“我们共同面对着一个挑战,即如何一方面体现对公司规则的尊重;另一方面能让你们两人继续留在公司工作。这不是你的问题,也不是我的问题,这是一个我们需要一起想一想办法来共同解决的问题。”——这样的话语使当事人原本对抗的相对位置发生了移动,即从不同立场的对峙者,变成了解决共同问题,相向而行的协作者。所以,问题外化的思路可以将问题从当事人身上抽离出去,让问题成为共享的、放置在“彼岸”的目标,而当事人则是共同站在此岸的,想要去解决这个问题的行动伙伴。

理解了问题外化的理论背景,我们就不难理解在实践操作层面,问题外化技术的开展需要经过三个具体步骤:第一,确认我们有共同的目标——“我们一方面需要尊重规则;另一方面想要留住你和杰克”,这是双方都同意的目标。第二,开始移动问题和当事人的相对位置——“这是我们共同的问题,我们不妨集思广益,一起想一想这个问题应该如何解决”——让局势中没有“有问题的人”,而是清楚地看到“问题是问题”,而人是解决这个问题的资源,因此各方需要相互合作、需要集思广益的伙伴。第三,完成问题外化,合作解决问题。问题外化后,双方的对立情绪会松解,建设性思维会恢复,当事人可以进入合作状态,一起面对问题,相互支持,应对挑战。我们必须承认,不是所有的冲突都可以很容易地实现外化,同时外化不能解决所有问题。但外化可以通过促使冲突中的双方或多方当事人都成为具体问题解决者,所以外化可以使僵局状态重新获得活力和可能性。

当然,我们在复盘中还会发现另外一些同学的问题解决方案会涉及另外的一个重要的理论问题,即“冲突转化”。例如,在复盘中,有一些小组提出的问题解决方案是“将克里夫和杰克留用察看2个月。在这2个月内,除了完成原先的本职工作,还要和人力资源部门充分配合,招录1—3名新员工,并负责完成这些新员工的技能培训,使他们能够掌握克里夫和杰克作为熟练工人的技术技能”。在复盘阶段如前所陈,教师可以与学生探究他们“为什么会想到这样的想法?”和“为什么会要做这样的安排?”然后将这些经验素材与“冲突转化”连接,从而让学生们超越这种在对话中零碎、偶发的奇思妙想,而是能从理论维度出发,对冲突化解的一些本质机制形成更为深入的理解。

那何谓“冲突转化”?我们在传统语境下理解的纠纷或冲突往往是一个负面概念,是一个贬义词。纠纷与冲突意味着个人和社会资本的耗散,意味着情绪化的对抗过程,是一种不安的状态。但现代冲突理论为我们理解冲突提供了完全不同的视角。诚然,纠纷与冲突确实会导致资源的耗散,但同时,纠纷也提供了一种重要的可能性,即让我们有可能真正洞见深埋在管理方式、人际关系、制度构造、文化环境与社会结构中的真实问题。换言之,冲突是问题的“显灵”状态,冲突使得问题被暴露,被发现。所以,如果我们对冲突采取一个反身性的立场,即不仅关注冲突,还关注问题——“到底是哪里出现了问题,以至于我们出现了现在这个冲突?”——是产权关系的不明确?是制度规范的太滞后?是团队建设有瑕疵?是有寻租行为钻漏洞?还是有什么其他具体原因?一旦我们透过冲突,完成对问题发生原因的寻觅与诊断,我们就会发现令人不悦的冲突中埋藏着催生结构变革、个人自省、方式调整的正向契机。万豪集团总裁小马里奥特的例子可以为我们理解冲突转化提供说明:

“小马里奥特是万豪集团第二任 CEO。万豪集团是世界上最著名的酒店管理集团,是他的父亲老马里奥特创办的。小马里奥特跟他父亲一样,喜欢亲自去各个酒店巡查工作。有一天,小马里奥特来到万豪旗下一家酒店巡查,发现餐厅的服务员得到的顾客评分不高。他问酒店经理:‘为什么服务员得分不高?’经理说拿不准。小马里奥特注意到,经理的神情有些紧张。他又问经理:‘服务员工资是多少?’经理说了一个数字。小马里奥特发现,这个数字低于市场待遇。小马里奥特又问:‘为什么工资比市场待遇低?’经理是这么说的:‘哦,给服务员涨工资需要总部批准,我怕麻烦,没有去向上级申请。’小马里奥特和经理的对话到此为止了。小马里奥特说,他通过这段对话发现了三个问题……第一,总部的权力过大。给餐厅服务员涨工资都要总部批准,总部的权力太大了。小马里奥特去改变总部的权力,解决的就不是这一家酒店餐厅的问题,而是总部管辖下的所有酒店餐厅的问题,这就是一次解决一批问题。第二,这个经理的上级是一个糟糕的倾听者……首先,这个经理的上级不善于倾听。这个餐厅有问题,为什么非要等小马里奥特来发现,而不是这个经理的上级来发现呢?而且,这个经理的上级不愿意倾听。酒店经理说是怕麻烦,所以没有去找上级。这句话其实有‘弦外之音’,被小马里奥特听出来了:如果你的上级是个很愿

> 意倾听下属的人,你会有问题不去说吗?……第三,万豪的企业文化出现了一个不好的倾向:把利润放到了服务之上。他去改变万豪的企业文化,影响的就不是一个酒店的餐饮业务,而是万豪旗下的所有酒店、所有业务。”①

所以,所谓冲突转化,是指当冲突产生时,不仅关注冲突的局部,还看到冲突的整体,站在一个更大的,更具有脉络意义、时序意义、结构意义的立场上,重新关照冲突产生的机制、源流与根源,并由此激活一个建设性处理冲突的崭新视角。所以,理解冲突,不能将之仅仅理解为一种负面资产,还应该将之理解为一种变革和自我反省的闪耀契机。所以我们在社会生活中才会发现,一些重要的社会冲突,其后果往往可能催生种种积极的社会变革;②而在个人的意义上,冲突使那些需要我们重新界定的规则被凸显,我们可以从中看到那些我们真正珍视的价值,重新找到让系统重新平衡的方法。③所以一个冲突的方式,其实为我们处理结构性问题、脉络性状况、机制性紧张、个人性成长提供了一个重要契机。在中文世界,一个与冲突相关的概念便内含了这种相互辩证的认知,这个词就是“危机”。“危机”中当然包含负面与调整,即“危”,一种迫切临近的紧张状态;但这个概念中还包含着积极的一面,即“机”,某种新角度、新事物、新观念、新变革的酝酿与诞生。正因如此,“对于社会发展而言,纠纷具有一定的积极意义,纠纷作为新的利益、观念和行为方式与既定秩序冲突的体现,在一定条件下,不仅是权利和法律生成和发展的契机,甚至可能成为社会变革的先导或动力”④。所以根据罗纳德等学者的观点,将冲突视为洪水猛兽并试图消灭的观念是

① 刘澜:《领导力必修课:动员团队解决难题》,北京联合出版公司 2019 年版,第 211—213 页。

② See Carrie J. Menkel - Meadow et al., *Dispute Resolution: Beyond the Adversarial Model*, Aspen Publishers, 2005, p. 7.

③ See Lewis Alfred Coser, *The Functions of Social Conflict*, Free Press, 1956, p. 34 - 35.

④ 范愉、李浩:《纠纷解决——理论、制度与技能》,清华大学出版社 2010 年版,第 12 页。

既不现实,也不必要的。冲突是无法被消灭或完全避免的,但冲突可以被管理、被控制、被转化。所以真正正确的观念并不是"冲突解决",而是"冲突转化"。因为在现实生活中我们必须承认有些尖锐或旷日持久的冲突很难解决,但这并不意味着冲突无法管理、不能转化。通过这种管理和转化,控制冲突的负面影响,放大冲突的积极可能,将冲突转化为一种信号、提示与催化剂,用以积极地改善个体、群体关系,促进变革,推动社会结构的深刻与正向的变化。① 这种观念,就是"冲突转化"。

回到本章的劳资谈判。在谈判中,双方会意识到僵硬的规则是导致这场纷争的重要原因。事实上在杜伦的经验中,他和另外一些企业高管已经意识到了这样一种僵硬规则的问题,只是始终没有付诸行动,而此次事件恰好提供了重新检视并修改这样一个规则的真实契机。从策略性的角度考虑,也许立刻修改规则并不合适,这会让其他员工觉得这个规则的修改完全是为克里夫、杰克"量身定做"。但关于规则修改的工作完全可以开始,如何修订文辞,如何增加一些恰当的例外条款从而使得管理更人性化,如果双方在谈判中讨论了这些问题,那这个冲突的积极意义便已经显现了。除此以外,如果站在企业的立场思考,之所以在遭遇纠纷后显得如此局促和被动,是因为熟练工人的缺乏,这从另外一个角度折射出了企业对于技术性员工有效的培育机制的缺位。所以通过这个纠纷,企业也应该以某种形式,建立对技术员工的培养计划与培育方案。我们在复盘中发现有的小组设计出了这样的方案:既然克里夫与杰克都是熟练工,那么完全可以与他们讨论,如果公司以某种方法留下了他们,他们就需要在工作之余,花适当的时间建立一个培训项目,对企业中的新手进行指导和训练。这样的做法也使冲突被转化了,使当事人个别的纠纷解决产生对其他人有益的公共价值。根据制度经济

① 参见[美]罗纳德·S.克雷比尔等:《冲突调解的技巧:调解人手册》(上册),魏可钦、何钢译,南京大学出版社2011年版,第8页。在调解语境下,这种观念和转化型调解(transformative mediation)关系密切。囿于篇幅,这个新的理论问题就不展开了,有兴趣的读者可以参见熊浩:《域外调解的类型范式及其变迁的思想之根:基于法律人类学的视野》,载《世界社会科学》2023年第5期。

学的观点，即使是私人纠纷也有可能产生“外部性”（externality）。[①]所谓“外部性”，就是当事人的交易和决策行为的（包括谈判）最后结果会影响第三方或公众。这样的影响可能是积极的，那便是正外部性（positive externality），也可能是消极的，那便是负外部性（negative externality）。非诉讼的纠纷解决过程也被证明会产生外部性。[②] 当我们在谈判时，我们不应仅仅关注如何把冲突“消化”“搞定”，而是能看到冲突解决过程中可能滋生的正负外部性，将负外部性管理妥当，将正外部性充分发挥，由此，我们便将冲突转化为了一种可以进一步挖掘的资源，也是在这个意义上，我们就不仅是在完成冲突解决，而是在一个更为开阔的整体性立场努力实现着纠纷解决的设计（dispute resolution design）。由此，学习者会真真切切地意识到“人类以及我们的生活的社会能够变得更好，而冲突提供了通往这些变化不可多得的机会。作为和平的建设者，我们的责任是如何在发生冲突的那一刻，寻求冲突产生最大积极变化的一个途径”[③]。

四、知识的内生：体验式案例教学的人类学注解

必须承认，作为研究纠纷解决的学者，笔者的太多灵感源于人类学的福泽。2009 年笔者参与了云南大学人类学、民俗学暑期田野调查学校官纯调查组，我们一行 30 人在刘江教授和马居里教授的带领下抵达云南省德宏州盈江县官纯寨，展开了为期两周的对官纯傣族土司属官寨的多学科的田野调查工作。团队成员来自各种学科背景，怀抱不同的问题意识，我们在村落中连续走访老人、青壮年、妇女、社干（村小组干部）、村主任、乡土精英（如该村的大学生）、卷入家庭纠纷的当事人及其亲属、邻里。[④]

---

① See Andrew T. Guzman, *Arbitrator Liability: Reconciling Arbitration and Mandatory Rules*, Duke Law Journal, Vol. 49, Iss. 5, p. 1279 – 1334(2000).

② See James A. Wall & Timothy C. Dunne, *Mediation Research: A Current Review*, Negotiation Journal, Vol. 28, Iss. 2, p. 216 – 244(2012).

③ [美]罗纳德·S. 克雷比尔等：《冲突调解的技巧：调解人手册》（上册），魏可钦、何钢译，南京大学出版社 2011 年版，第 9 页。

④ 一个相关的研究成果参见熊浩：《思家诉讼：一个中国少数民族基层社区民事赔偿案件的法学与人类学观察》，载《学园》2010 年第 5 期。

在与村落各类人士连续密集互动后的田野后期,我们所有团队成员如常在村委会的会议室里开总结会。

一位老师突然问:“十天田野,什么是田野?”

田野是村头的榕树落地生根的信仰笼罩,是族群的冲突对水源的连年抗争,是现代经济作物造就的贫富分化与亲疏,是村里的老太太识得的那些年轻世代已经忘怀的傣家文字、历法。这时,纷乱的讨论被一个声音打断——“我们,我们就是田野。”是的,30 位学人的乡土,在这个炎热的南国村落和热情的傣族同胞们际遇,每日的相伴、走访、小结,跨学科的询问、试探与交谈,从陌生的距离到告别的哭泣。在这段时间里不断累计的熟络,一直增进的洞察,层层加深的嵌入,这就是田野。外在于我们的田野一点点与我们的视域融合、交织、同构。所以,原本作为研究者的我们,也变成了田野的一个嵌入构成,或者田野的一部分。“主位”与“客位”的融合是人类学研究的经典型范畴,但我们真实地站立在祖国大地上,理论范畴一下子变成了某种具有质感的体验。从主体与外部世界初初相遇时看,田野当然意味着一个研究者打算深切进入的研究对象,田野是主体对客体化外部世界的深深“凝视”。但真正在田野中的人们会有体会,主体与田野的二分关系会在人类学所主张的研究过程(其实就是生活过程)中渐渐模糊。我们从遇到田野、进入田野,然后嵌入田野、成为田野,并不是一直都在凝视着作为对象的田野,很多时候,那种迎面而来的冲击与反思,是田野为我们点亮的指向自我的真切道路。经由田野的灵光,我们在很多时候其实是在由衷地寻思自我。所以田野是“外视”的对象,即在认识论意义上被对象化的“田野”;也是“内观”的过程,即在主客交融后在认识论意义上,田野过程会呈现的一个反身性的、融通性的内在性视角。主体与田野的互动关系,会从主客之间的对话(inter – dialogue)转化为内在于主体的自我交谈(intro – dialogue)。

延续这样的启发走入 ADR 教学,我们便不难发现,如果教育仅仅从对象化的知识本体角度来开展,这将是偏狭的。教育不仅要关注知识,也要关注知识与学习主体的互动与交织。从这样一个基本思想出发,教学论意义对传统课堂的反思与革命似乎就从来没有停止过。以现代知识观为基础的认识论如今在人文智识的冲击和课堂教学的实践中越来越暴露出严重的问题。[①] 这种问题深刻地体现为在压力情景下，对学生的知识灌输；教学过程沦为由接受、记忆和重复所支撑的“银行式教学”。[②] 在这种传统教学论的支配下，学习的目标、流程与方法：

> “在与学生进行相互作用之前便固定地存在着，而评价也只是将经验与预先设定的目标相联系，却不对学生反思经验之后获得的个人思考成果进行讨论。因而，这种预设性的、封闭的、线形序列的课程标准，从已经发生了大变化的、开放的、非线性的生成、反思、转变的后现代视野来审视和反观时，它的不合时宜是显而易见的了。”[③]

出于对传统课堂的控诉和反叛，大量教育领域的拓新者开始尝试以新的教育本体论重建课堂秩序和教学场域。这其中一个典型的代表就是杜威（Dewey）。杜威的思想发轫于经验主义传统，他认为学习者的大脑并非空置的，并非只是在等候外在知识的凭空抵达；相反地，学习者的学习与他所具有的社会条件（social condition）密切相关。这种社会条件很大程度上由经验构成。因此，课堂的展开应该是一个经验的展开过程，只有知识与经验发生了交织，才会催生出一个具有主体性意义的学习过程。[④] 而为了使经验得以展开，教学就不能只是从书本到学生头脑的搬运，而是需要创设适当的情景，赋予学生解决问题的机会，使他们将学习与经验，乃至与自我联系起来，从而促进知识与经验的过程性交互，以达到更好的教学效果。对此，美国著名后现代课程专家小威廉姆斯·多尔提出了著名的“4R”理论——丰富性、回归性、关联性、严密性，这四个原则

---

① 参见周先进、赵风雨：《从现代知识观到后现代知识观的转变——论课程设计的变革》，载《当代教育科学》2004年第9期。

② See Paulo Freire, *Pedagogy of the Oppressed*, Penguin Books, 1970, p. 53 – 54.

③ See Paulo Freire, *Pedagogy of the Oppressed*, Penguin Books, 1970, p. 53 – 54.

④ See John Dewey, *Experience and Education*, Macmillan, 1938, p. 36 – 49.

是后现代课程模式具有代表性的标准。在 ADR 的教学场域内,教学内容不仅源于体系化、结构化的理论知识,更多地具有主体性意义要素(如感受、情绪、反思)也都参与到了职业能力的生成过程中,这使学习过程具有了师生之间、知识与自我之间的主体间性。主体的觉察、群体的参照、与他者经验和理论对照后的反思,乃至人际互动的真实过程(兴奋、沮丧、懊恼、怨恨),都会成为 ADR 职业能力习得过程中丰富的学习资源和学习材料。回归性则体现在课程滚动式前进、螺旋形上升。学习会从对理论的基础性认知出发,然后学习者变成经验主体,直接介入鲜活而具有挑战性的经验现场,之后又将散碎的、偶然的经验回归向理论洞见,并在这个过程中实现反思。关联性则体现在课程中知识与体验性学习之间,在教学设计上的对应关系,使案例教学不是成为一种对复杂真实的模拟,而是成为一种"知识的健身房",即特定的案例实践,它要解决的是与之关联的一个或几个知识要点。知识与案例,案例与体验,体验与知识之间的关联性咬合是清晰的、明确的、可辨识的。一个案例只训练一个局部认知,就好像健身房中的一个器械只锻炼人体的局部肌肉一样。严密性则意味着在不同的案例体验式学习完成之后,学习者的"主要肌肉群"都分别接受过了训练,因此从整体上看,不同阶段的学习安排会共同构造一个结构完整、脉络清晰的知识体系。课程还会为学生提供展开内生性反思的清单,引导学生将这种学习的主体性过程导向深入。最终能够形成劳伦斯·E. 萨斯坦德(Lawrence E. Susskind)和杰森·科尔本(Jason Corburn)所概括的那种纠纷解决课堂:一个学习者主动参与的,具有互动性的、开放的,同时具有建构主义色彩的,知识、体验、理论与反思在复盘中相互支撑的有效的学习过程。① 知识的开放性、体验的多元性、互动的有效性、反馈的针对性共同构成了一个动力充分、机制鲜活的 ADR 职业素养之生成过程。

---

① See Lawrence E. Susskind & Jason Corburn, *Using Simulations to Teach Negotiation: Pedagogical Theory and Practice*, Working Paper 99-1, Program on Negotiation at Harvard Law School, MIT (Dec. 15, 2022), https://web.mit.edu/publicdisputes/teach/corburn.pdf.

表 7－1　ADR 课程学生内省对话问题清单

序号	问题	说明
1	触动你发动反思的那个问题是什么？	一个问题就好，对问题的聚焦有利于帮助学生将内在对话导向深入。
2	是什么行为导致或引发了你需要反思的这一问题？	回顾案例研习的过程，用行为确定反思的具体场景。
3	是什么目标设定产生了这一行为？	开始把客观过程导向主体认识维度。
4	是什么心智模式产生了这一目标设定？	心智模式是我们长期形成的理解和认知事物的意识形态、预设前提与认识框架，这是我们产生种种思考的逻辑与价值前提。例如，在谈判中你不容易信任陌生的对手，并对变化非常敏感，这种反应是一种积习，扎根于“不要轻易信任陌生人”以及“稳定是好的”这样的前提假设之上。基于体验式案例研习所提供的现实处境，学习者可以反思自己为什么会用这样固定的心智模式来理解和应对崭新的谈判对手与变化的冲突情景。
5	是什么生命经验、过往经历让我产生了这样的心智模式？	对话者的教育背景、专业阅历、地域、家庭、阶层、信仰、个人情感经历、创伤的历史，这些在更为深刻的层面上建构参与者认知、塑造参与者感受、催动参与者情绪，使参与者成为一个独一无二的自我的不在现场的力量，便是弗莱雷所谓的对话者的“社会性特征”。“是什么生命经验、过往经历让我产生了这样的心智模式”——类似这样的自我回忆与自我寻觅问题是在试图找寻到底是什么结构性力量，例如家庭、教育、学科、亲密关系、社会阶层塑造了“我”，塑造了“我”如此这般的心智模式，造成我与他人之间的认知差异。将结果导向行为，将行为导向目标，将目标导向心智模式，将心智模式导向社会性存在（或结构），这使内在对话抵达了个人存在的深层的历时性维度。这样一种反思的发生毫无疑问需要运用到前面论述过的认同冲突的化解方法。

续表

序号	问题	说明
6	在完成上述反思后,有什么特别困惑的问题你希望在下节课与同学或老师交流?	将反省的内在对话过程重新倒流回对话教育的课堂现场,使个人深度反思的所得与困惑成为课堂中对话教育的养料与素材。

资料来源:熊浩:《"对话教育"视野下的非诉讼纠纷解决课程再造——以复旦大学非诉讼纠纷解决课程的教学改革为例》,载《昭通学院学报》2022 年第 4 期。

五、小结

弥补我国当下法学教育的不足,改变那种以知识识记为中心的知识立场,以及忽视实务技能的课堂形态,既是政策号召、现实需求,也是理论共识。站在经验主义的角度,知识的发生必须通过经验,而体验式案例教学能为学生提供这种经验,创造一个知识从主体之外逐渐走向内生的过程。然而,在推进体验性案例教学时,一些概念认知与操作流程,都需要予以澄清。在概念部分,本章首先明确了案例不是示例。尽管我国法学教育早已存在"案例教学",然其实质是以"比附"的方式将抽象规则置于案件演示中。这一过程可能是有趣的、真切的、生动的,但示例教学中的学生依然是课堂结构的课题。这种蕴含启蒙秩序的教学方法违背了案例教学法在本体论上的设置,即学生是通过体验性的情境来创造和发现知识的,他们是学习的主体。因此,明确案例教学的真实含义,并以此改造课堂学习过程,才有可能触达案例学习的真实状态。

案例是将学习主体卷入并促使其知识醒觉的过程。本章完整演示了一个经典纠纷解决案例的教学全过程,分别介绍了案例学习从分发保密信息、阅读和准备、角色模拟、结果陈列、复盘、将学员呈现的不同解决方案与理论发生连接的主要教学步骤。[①] 最后,本章

① 事实上在复旦的 ADR 课堂中,基础博弈论、积极聆听、原则谈判的基本要素、基本需求理论、认同冲突理论、结构理论、调解的开场等环节,都已经完全可以通过不同的体验式案例教学,按照本章的基本教学顺序来实现。

回到法律职业知识发生学的脉络上来,指出案例如同田野,它并非只是作为客体存在,学习者与案例交织时的主体性感知,也是案例学习的重要内容。如果说第一种案例是知识发生的外在部分,那么第二种案例便是主体与经验交互后的具身性、反身性过程,它构成了知识发生的主体性维度。这种内生视域的灵感来自人类学的两种田野,即田野中主体对客体的“凝视”,以及田野与主体交互后,主体对田野中自我的“凝视”。我们将这“双重的田野”移植到教学论上,便可发现对象化的知识论所存在的不足,那种以存取式的“银行式教学”会遮蔽知识发生的内在维度。只有立体的知识发生被全面开启,对纠纷解决的学习才会导致实践能力与专业素养的真正实现。

值得进一步阅读的文献

Brian H. Bix, *Law as an Autonomous Discipline*, in Peter Cane and Mark Tushnet eds., The Oxford Handbook of Legal Studies, Oxford University Press, 2003.

Clifford Geertz, *Thick Description: Toward an Interpretive Theory of Culture*, in Clifford Geertz ed., The Interpretation of Cultures, Basic Books, 1973

John Bell, *Legal Education*, in Peter Cane and Mark Tushnet eds., The Oxford Handbook of Legal Studies, Oxford University Press, 2003.

Lawrence E. Susskind & Jason Corburn, *Using Simulations to Teach Negotiation: Pedagogical Theory and Practice*, Working Paper 99 – 1, Program on Negotiation at Harvard Law School, MIT (Dec. 15, 2022), https://web.mit.edu/publicdisputes/teach/corburn.pdf.

Lewis Alfred Coser, *The Functions of Social Conflict*, Free Press, 1956.

PauloFreire, *Pedagogy of the Oppressed*, Penguin Books, 1970.

[澳] Michael White、[新西兰] David Epston:《故事、知识、权力:叙事治疗的力量》,廖世德译,华东理工大学出版社2013年版。

[美] G. 理查德·谢尔:《沃顿商学院最实用的谈判课》,林民旺、李翠英译,机械工业出版社2013年版。

[美]罗杰·费希尔等:《谈判力:新版》,王燕、罗昕译,中信出版社2012年版。

[美]罗纳德·S. 克雷比尔等:《冲突调解的技巧:调解人手册》(上册),魏

可钦、何钢译,南京大学出版社 2011 年版。

何美欢:《理想的专业法学教育》,载《清华法学:“法律现代性·法学教育”专辑》第 9 辑,清华大学出版社 2006 年版。

廖永安主编:《如何当好调解员:中美调解培训启示录》,湘潭大学出版社 2012 年版。

熊浩:《“对话教育”视野下的非诉讼纠纷解决课程再造——以复旦大学非诉讼纠纷解决课程的教学改革为例》,载《昭通学院学报》2022 年第 4 期。

袁博:《传统法律教育与诊所式法律教育》,中国政法大学出版社 2014 年版。

周先进、赵风雨:《从现代知识观到后现代知识观的转变——论课程设计的变革》,载《当代教育科学》2004 年第 9 期。

参考文献

一、中文文献

1. 专著、论文、析出文献

［澳］Michael White、［新西兰］David Epston：《故事、知识、权力：叙事治疗的力量》，华东理工大学出版社 2013 年版。

［比］让－皮埃尔·科恩、［比］马克·雅各布斯：《跨国谈判本土化战略》，复旦大学出版社 2019 年版。

［德］克里斯特尔·弗雷：《化解冲突的黄金法则》，王尚方译，中国铁道出版社 2010 年版。

［德］马克思、恩格斯：《马克思恩格斯选集》（第一卷），人民出版社 1995 年版。

［法］AlainDister：《摇滚年代》，黄伯逸译，世纪出版集团 2002 年版。

［法］亨利·斯科夫·托尔格：《我们知道什么？——流行音乐》，管震湖译，商务印书馆 1997 年版。

［荷］海尔特·霍夫斯泰德：《美国的动机、领导和组织的管理理论适用于国外吗?》，载［美］史蒂夫·莫滕森编：《跨文化传播学：东方的视角》，关世杰、胡兴译，中国社会科学出版社 1999 年版。

［美］Ed E. Jacobos 等：《团体咨询的策略与方法》，洪炜等译，中国轻工业出版社 2000 年版。

[美] G. 理查德·谢尔:《沃顿商学院最实用的谈判课》,林民旺、李翠英译,机械工业出版社 2014 年版。

[美]S. E. Taylor 等:《社会心理学(第 10 版)》,谢晓非等译,北京大学出版社 2004 年版。

[美]艾伦·布鲁姆:《走向封闭的美国精神》,缪青等译,中国社会科学出版社 1994 年版。

[美]安杰洛·基尼齐、[美]布莱恩·威廉姆斯:《认识管理:管什么和怎么管的艺术》,世界图书出版公司 2013 年版。

[美]巴里·J. 奈尔伯夫 :《多赢谈判:用博弈论做大蛋糕、分好蛋糕》,熊浩、郜嘉奇译,中信出版社 2023 年版。

[美]伯纳德·施瓦茨:《美国法律史》,王军等译,中国政法大学出版社 1997 年版。

[美]丹尼尔·卡尼曼:《思考,快与慢》,胡晓姣、李爱民、何梦莹译,中信出版社 2012 年版。

[美]丹尼尔·夏皮罗:《不妥协的谈判》,赵磊译,中信出版社 2019 年版。

[美]弗朗西斯·福山:《历史的终结及最后的人》,黄胜强、许铭原译,中国社会科学出版社 2003 年版。

[美]格兰德·卢姆:《没什么谈不了:谈判实战指南》,姜丽丽等译,世界图文出版社 2012 年版。

[美]赫伯特·J. 鲁宾、[美]艾琳·S. 鲁宾:《质性访谈方法:聆听与提问的艺术》,卢晖临等译,重庆大学出版社 2010 年版。

[美]杰拉尔德·蒙克、[美]约翰·温斯莱特:《叙事调解:用故事化解冲突》,李明、元雪晴、曹杏娥译,重庆大学出版社 2020 年版。

[美]克里斯·沃斯、[美]塔尔·拉兹:《掌握谈话:解决问题的关键技能》,赵坤译,北京联合出版社 2018 年版。

[美]理查德·A. 波斯纳:《联邦法院:挑战与改革》,邓海平译,中国政法大学出版社 2002 年版。

[美]罗伯特·西奥迪尼:《影响力》,闾佳译,北京联合出版公司 2021 年版。

[美]罗杰·费希尔、[美]丹尼尔·夏皮罗:《高情商谈判》,熊

浩、许占功译,中信出版社 2018 年版。

[美]罗杰·费希尔、[美]威廉·尤里、[美]布鲁斯·巴顿:《谈判力》,王燕、罗昕译,中信出版社 2012 年版。

[美]罗纳德·S. 克雷比尔等:《冲突调解的技巧:调解人手册》,魏可钦,何刚译,南京大学出版社 2011 年版。

[美]奈杰尔·拉波特、[英]乔安娜·奥福林:《社会文化人类学的关键概念》(第 2 版),鲍雯妍、张亚辉译,华夏出版社 2013 年版。

[美]萨利·法尔克·摩尔:《求知的一生》,熊浩译,载舒国滢主编:《法理:法哲学、法学方法论与人工智能》2022 年第 1 辑,商务印书馆出版社 2022 年版。

[美]威廉·尤里:《无法说不——从对抗到合作的谈判》,冯学东等译,机械工业出版社 2005 年版。

[美]詹姆斯·E. 麦奎尔等:《和为贵:美国调解与替代性纠纷解决方案(英汉对照)》,法律出版社 2011 年版。

[日]棚濑孝雄:《纠纷的解决与审判制度》,王亚新译,中国政法大学出版社 2004 年版。

[英]安东尼·吉登斯、[英]菲利·普萨顿:《社会学基本概念》(第 2 版),王修晓译,北京大学出版社 2019 年版。

[英]齐格蒙·鲍曼:《现代性与大屠杀》,杨渝东、史建华译,彭刚校,译林出版社 2011 年版。

[英]西蒙·罗伯茨、[英]彭文浩:《纠纷解决过程:ADR 与形成决定的主要形式》,刘哲玮等译,傅郁林校,北京大学出版社 2011 年版。

[英]伊格尔顿:《后现代主义的幻想》,华明译,商务印书馆 2000 年版。转引自韩震:《关于现代性与后现代性的争论》,载《新视野》2002 年第 1 期。

曹清华:《左翼福柯眼中的民众》,载《书城》2009 年 2 月号。

曾令健:《承继·契合·沟通——结构主义视角下的人民调解》,载《当代法学》2009 第 6 期。

曾宪义:《关于中国传统调解制度的若干问题研究》,载《中国法学》2009 第 4 期。

陈建民:《从法学教育的目标审视诊所法律教育的地位和作用》,载《环球法律评论》2005 年第 3 期。

陈亚平:《我国诉讼调解制度完善研究》,载《法学杂志》2008 第 1 期。

范愉:《〈中华人民共和国人民调解法〉评析》,载《法学家》2011 年第 2 期。

范愉:《法律信仰批判》,载《现代法学》2008 年第 1 期。

范愉:《有关调解法制定的若干问题(下)》,载《中国司法》2005 第 11 期。

范愉:《中国非诉讼程序法的理念、特点和发展前景》,载《河北学刊》2013 第 5 期。

范愉、李浩:《纠纷解决——理论、制度与技能》,清华大学出版社 2010 年版。

范愉:《非诉讼程序(ADR)教程》(第 4 版),中国人民大学出版社 2020 年版。

冯友兰:《中国哲学简史(英汉对照)》,赵复三译,天津社会科学院出版社 2007 年版。

葛云松:《法学教育的理想》,载《中外法学》2014 年第 2 期。

郭星华主编:《法社会学教程》(第 2 版),中国人民大学出版社 2015 年版。

何美欢:《理想的专业职业教育》,载《清华法学》第 9 辑,清华大学出版社 2006 年版。

和少英:《社会文化人类学初探》,云南大学出版社 2007 年版。

侯猛:《实证"包装"法学?——法律的实证研究在中国》,载《中国法律评论》2020 年第 4 期。

侯欣一:《清代江南地区民间的健诉问题——以地方志为中心的考察》,载《法学研究》2006 年第 4 期。

胡联合、胡鞍钢、王磊:《关于我国社会不稳定因素变化态势的实证分析》,载《探索》2007 年第 6 期。

黄海涛:《法院调解阶段性的制度化问题初探》,载《法学杂志》

2010 年 S1 期。

黄宗智:《经验与理论:中国社会、经济与法律的实践历史研究》,中国人民大学出版社 2007 年版。

黄宗智:《清代的法律、社会与文化:民法的表达与实践》,上海书店出版社 2001 年版。

季卫东、易平:《调解制度的法律发展机制——从中国法制化的矛盾入手》,载《比较法研究》1999 年 Z1 期。

季卫东:《我国法学教育改革的理念和路径》,载《中国高等教育》2013 年第 12 期。

康晓光:《软力量建设与儒家文化复兴》,载《天涯》2007 年第 1 期。

雷霆:《人民调解制度的二元分化趋势对诉调对接的影响及其程序上的对策》,载《法学杂志》2011 年 S1 期。

李傲、[美]Pamela N. Phan 编:《实践性型律人才的培养——诊所式法律教育的经验》,法律出版社 2004 年版。

李浩:《当下法院调解中一个值得警惕的现象——调解案件大量进入强制执行研究》,载《法学》2012 年第 1 期。

李浩:《调解归调解,审判归审判:民事审判中的调审分离》,载《中国法学》2013 年第 3 期。

李拥军、郭晓燕:《情理法则在裁判说理中的功能与应用》,载《河南大学学报(社会科学版)》2022 年第 3 期。

李泽厚:《中国古代思想史论》,人民出版社 1986 年版。

梁治平:《法律的文化解释》,三联书店 1994 年版。

廖永安等:《中国调解的理念创新与机制重塑》,中国人民大学出版社 2019 年版。

廖永安主编:《如何当好调解员:中美调解培训启示录》,湘潭大学出版社 2012 年版。

林瑞:《儒家伦理与法律文化:社会学观点的探索》,中国政法大学出版社 2002 年版。

林语堂:《中国人》,郝志东、沈益洪译,浙江人民出版社 1988 年版。

刘加良:《论人民调解制度的实效化》,载《法商研究》2013 年第 4 期。

刘澜:《领导力必修课:动员团队解决难题》,北京联合出版公司 2019 年版。

刘磊:《通过典型推动基层治理模式变迁——"枫桥经验"研究的视角转换》,载《法学家》2019 年第 5 期。

刘敏:《人民调解制度的创新与发展》,载《法学杂志》2012 年第 3 期。

刘文锋、黄建红:《浅议我国基层法院女法官的成长状况》,载《法制与社会》2011 年 20 期。

刘晓红:《构建中国本土化 ADR 制度的思考》,载《河北法学》2007 年第 2 期。

娄必县:《离婚案件中的法官性别与知识生产——兼论家事审判制度的建立与完善》,载《山东法官培训学院学报》2018 年第 3 期。

牟宗三:《中国哲学十九讲》,上海古籍出版社 1997 年版。

牟宗三撰,罗义俊编:《中西哲学之会通十四讲》,上海世纪出版集团 2008 年版。

潘剑锋、刘哲玮:《论法院调解与纠纷解决之关系——从建构和谐社会的角度展开》,载《比较法研究》2010 年第 4 期。

强世功编:《调解、法治与现代性:中国调解制度研究》,中国法治出版社 2001 年版。

邱星美:《当代调解制度比较研究》,载《比较法研究》2009 年第 4 期。

盛永彬、刘树桥主编:《人民调解实务》(第 4 版),中国政法大学出版社 2020 年版。

宋明:《司法调解的法社会学分析——以实证研究为视角》,载《比较法研究》2014 第 3 期。

苏力:《秋菊的困惑和山杠爷的悲剧》,载苏力:《法治及其本土资源》,中国政法大学出版社 1996 年版。

苏力:《窦娥的悲剧——传统司法中的证据问题》,载《中国社会科学》2005 年第 2 期。

苏力：《二十世纪中国的现代化和法治》，载《法学研究》1998 年第 1 期。

苏力：《法律人思维？》，载《北大法律评论》2013 年第 2 期。

苏力：《关于能动司法与大调解》，载《中国法学》2010 年第 1 期。

苏力：《基层法官司法知识的开示》，载《现代法学》2000 年第 3 期。

苏力：《经验地理解法官的思维和行为——代序言》，载［美］理查德·波斯纳：《法官如何思考》，苏力译，北京大学出版社 2009 年版。

苏力：《送法下乡：中国基层司法制度研究》，中国政法大学出版社 2000 年版。

苏力：《中国法官的形象塑造：关于"陈燕萍工作法"的思考》，载《清华法学》2010 年第 3 期。

苏力主编：《法治及其本土资源》，北京政法大学出版社 1996 年版。

苏力：《也许正在发生：转型中国的法学》，法律出版社 2004 年版。

孙笑侠：《法律人思维的二元论兼与苏力商榷》，载《中外法学》2013 年第 6 期。

孙赟峰主编：《如何做好调解工作：调解实务技巧与案例》，中国法制出版社 2013 版。

孙占利：《法律谈判课程教学的总结与思考》，载杜承铭主编：《法学教育改革与法学实验教学模式探索》，厦门大学出版社 2011 年版。

谭慧编著：《哈佛商学院必修课：谈判与营销》，电子工业出版社 2014 年版。

汪世荣、褚宸舸：《"枫桥经验"：基层社会治理体系与能力现代化实证研究》，法律出版社 2018 年版。

王晨光：《法学教育的宗旨——兼论案例教学模式和实践性法

律教学模式在法学教育中的地位、作用和关系》,载《法制与社会发展》2002 年第 6 期。

王德峰:《简论中国文化精神及其在当代复兴的可能性》,载《哲学研究》2005 年第 6 期。

王德峰:《论中国文化精神与西方资本原则之间的张力》,载《上海师范大学学报(哲学社会科学版)》2005 年第 6 期。

王钢:《中国传统调解模式探微——兼与现代调解相比较》,载《武汉大学学报(哲学社会科学版)》2013 年第 1 期。

王利明、叶林:《试论法学教育中的案例教育学法》,载《法学家》1993 年第 3 期。

王利明:《我国法律专业学位研究生教育的发展与改革》,载《中国大学教育》2015 年第 1 期。

王宁:《代表性还是典型性?——个案的属性与个案研究方法的逻辑基础》,载《社会学研究》2002 年第 5 期。

王秋兰等著:《我国调解的立法、理论与实践问题研究》,中国政法大学出版社 2014 年版。

王伟臣:《法律人类学个案研究的历史困境与突破》,载《民族研究》2017 年第 1 期。

王治河:《后现代哲学思潮研究》(增订本),北京大学出版社 2006 年版。

毋爱斌:《对我国人民调解各地模式的考察》,载《法治论坛》第 14 辑。

吴武典、洪有义、张德聪:《团体辅导》,心理出版社 2004 年版。

熊浩:《"对话教育"视野下的非诉讼纠纷解决课程再造——以复旦大学非诉讼纠纷解决课程的教学改革为例》,载《昭通学院学报》2022 年第 4 期。

熊浩:《"聆听":作为一种技术方法和哲学范式》,载《复旦法学评论》2019 年第 6 辑。

熊浩:《本土资源论与儒家的实证困境》,载《学园》2008 年第 4 期。

熊浩:《论认同冲突的化解:一种人本主义的实践方法》,载《华东师范大学学报(社科版)》2022 年第 4 期。

熊浩：《论文写作指南》，复旦大学出版社 2019 年版。

熊浩：《思家诉讼：一个中国少数民族基层社区民事赔偿案件的法学与人类学观察》，载《学园》2010 年第 5 期。

熊浩：《熊浩的冲突解决课：谈判》，法律出版社 2017 年版。

熊浩：《语境论视野下的〈新加坡调解公约〉与中国商事调解立法：以调解模式为中心》，载《法学家》2022 年第 6 期。

熊浩：《域外调解的类型范式及其变迁的思想之根：基于法律人类学的视野》，载《世界社会科学》2023 年第 3 期。

熊浩：《知识社会学视野下的美国 ADR 运动——基于制度史与思想史的双重视角》，载《环球法律评论》2016 年第 1 期。

徐昕主编：《调解：中国与世界》，中国政法大学出版社 2013 年版。

许烺光：《美国人与中国人》，沈彩艺译，浙江人民出版社 2017 年版。

杨柳：《模糊的法律产品——对两起基层法院调解案件的考察》，载《北大法律评论》1999 第 1 期。

杨小军：《行政法案例教学心得》，载王翰主编：《法学教育研究》第 10 卷，法律出版社 2014 年版。

叶舒宪等：《人类学关键词》，广西师范大学出版社 2004 年版。

尤陈俊：《儒家道德观对传统中国诉讼文化的影响》，载《法学》2018 第 3 期。

于语和、刘志松：《我国人民调解制度及其重构——兼论民间调解对犯罪的预防》，载《浙江大学学报(人文社会科学版)》2007 年第 2 期。

于语和：《试论“无讼”法律传统产生的历史根源与消极影响》，载《法学家》2000 年第 1 期。

袁博：《传统法律教育与诊所式法律教育》，中国政法大学出版社 2014 年版。

张广兴：《法学研究应强化中国问题意识》，载《中国社会科学报》2016 年 12 月 9 日版。

张汝伦:《意义的探究——当代西方释义学》,辽宁人民出版社1986年版。

张翔:《法律实践技能培养与本科法律专业课程的分层设计》,载王翰主编:《法学教育研究》第10卷,法律出版社2014年版。

章武生:《司法ADR之研究》,载《法学评论》2003年第2期。

赵林:《文明冲突与文化演进》,东方出版社2006年版。

赵旭东主编:《如何打破僵局》,陕西人民出版社2011年版。

赵远:《困境与出路:我国诉前调解制度改革论析》,载《法学杂志》2009年第6期。

赵云:《调解实务与技能》,清华大学出版社2011年版。

周翠:《调解与审判的关系:反思与重述》,载《比较法研究》2014年第1期。

周菁:《两大法系司法考试制度之比较与借鉴》,载《山西省政法管理干部学院学报》2003年第3期。

周世中、倪业群:《法学教育与法科学生实践能力的培养》,中国法制出版社2004年版。

周先进、赵风雨:《从现代知识观到后现代知识观的转变——论课程设计的变革》,载《当代教育科学》2004年第9期。

周永坤:《论强制性调解对法治和公平的冲击》,载《法律科学》2007年第3期。

2. 其他

[美]理查德·D. 路易斯:《全球谈判/对抗指南》,载观察者网,http://www.guancha.cn/Richard-Lewis/2014_03_28_217497.shtml。

《中央没有钱,你们自己去搞,杀出一条血路来》,载新华社客户端2022年12月12日,https://baijiahao.baidu.com/s?id=1682226991936611123&wfr=spider&for=pc。

《专家呼吁制定统一的商事调解法》,载法治网,http://www.legaldaily.com.cn/index/content/2011-12/29/content_3253163.htm?node=33768。

《法律职业资格管理办法》。

《关于深入推进专业学位研究生培养模式改革的意见》，载中国政府网，http://www.gov.cn/gongbao/content/2014/content_2567185.htm。

《教育部、中央政法委员会关于实施卓越法律人才教育培养计划的若干意见》，载教育部官网，http://www.moe.gov.cn/srcsite/A08/moe_739/s6550/201112/t20111223_168354.html。

《香港特区政府施政报告 2007—2008》，载香港特别行政区政府网 2007 年 10 月 10 日，http://www.policyaddress.gov.hk/07-08/chi/p25.html。

《最高人民法院印发〈关于进一步贯彻"调解优先、调判结合"工作原则的若干意见〉》的通知。

辩论赛"宿命论是否可悲"中的发言，载哔哩哔哩 2022 年 12 月 10 月，https://www.bilibili.com/video/BV1HW411a76f?p=2&vd_source=b66ea6efedc0ed03b77de0c1f3714db2。

戴锦华：《做现实主义者，求不可能之事——重访六十年代》，载观察者网 2014 年 12 月 9 日，http://www.guancha.cn/DaiJinHua/2013_01_06_118495.shtml。

洪兰教授的演讲：《脑科学揭露女人思考的秘密》，载腾讯视频 2022 年 12 月 10 日，https://v.qq.com/x/page/v01881671gf.html。

柳玉祥：《把非诉讼纠纷解决机制挺在前面》，载中华人民共和国司法部、中国政府法制信息网，http://www.chinalaw.gov.cn/Department/content/2019-05/15/611_234882.html。

龙飞：《走出"调解"的认识误区》，载《人民法院报》2013 年 7 月 12 日，第 6 版。

迈克尔·利斯：《ADR：2020 年的全球发展趋势》，龙飞译，载《人民法院报》2013 年 3 月 22 日，第 6 版。

《全国模范法官陈燕萍为广西法官"传经"》，载广西新闻网，http://news.gxnews.com.cn/staticpages/20100409/newgx4bbe5f8f-2854526.shtml。

王胜俊：《最高人民法院院长王胜俊谈破解民事审判四大难题》，载最高人民法院官网 2023 年 11 月 3 日，https://www.court.

gov. cn/zixun－xiangqing－1702. html。

周强:《全面深化多元化纠纷解决机制改革》,载最高人民法院官网 2018 年 3 月 19 日,http://www. court. gov. cn/zixun－xiangqing－14107. html。

周强:《要重点推进多元化纠纷解决机制建设》,载最高人民法院官网 2019 年 9 月 10 日,http://www. court. gov. cn/zixun－xiangqing－172002. html。

最高人民法院印发《关于进一步贯彻"调解优先,谈判结合"工作原则的若干意见》的通知。

二、英文文献

1. 专著、论文、析出文献

Abel, Richard L., *Lawyers and Legal Services*, in Peter Cane and Mark Tushnet eds., The Oxford Handbook of Legal Studies, Oxford University Press, 2003.

Abel, Richard L., *The Contradictions of Informal Justice*, in Richard L. Abel ed., The Politics of Informal Justice, Academic Press, 1982.

Adler, Peter S., *The Future of Alternative Dispute Resolution: Reflections on ADR as a Social Movement*, in Sally Engle Merry and Neal Milner (eds.), The Possibility of Popular Justice: A Case Study of Community Mediation in the United States, The University of Michigan Press, 1993.

Alberstein, Michal, *The Jurisprudence of Mediation: Between Formalism, Feminism and Identity Conversations*, Cardozo Journal of Conflict Resolution, Vol. 11, Iss. 1, p. 1－28 (2009).

Alexander, Nadja, *International and Comparative Mediation: Legal Perspectives*, Central and South America by Aspen Publishers, 2009.

Ali, Shahla, *The Jurisprudence of Responsive Mediation: An Empirical Examination of Chinese Peoples Mediation in Action*, Journal of Legal Pluralism and Unofficial Law, Vol. 45, Iss. 2, p.

227 –248 (2013).

An – Na‘im, Abdullahi Ahmed, *Problems of Universal Cultural Legitimacy for Human Rights*, in Abdullahi Ahmed An – Naim, Francis M. Deng eds., Human Rights in Africa: Cross – Cultural Perspectives, The Brookings Institution, 1990.

Armbrüster, Thomas, *The Economics and Sociology of Management Consulting*, Cambridge University Press, 2006.

Aronson, Elliot, Wilson, Timothy D. and Akert, Robin M., *Social Psychology*, Prentice Hall, 4th ed., 2002.

Assiter, Alison, *Althusser and Structuralism*, British Journal of Sociology, Vol. 35, No. 2, p. 272 –296 (1984).

Auerbach, Jerold S., *Justice without Law: Resolving Dispute Without Lawyers*, Oxford University Press, 1983.

Bailey, Martha J., *Pelech, Caron and Richardson*, Canadian Journal of Women and the Law, Vol. 3, p. 615 – 633 (1989 – 1990).

Balme, Stephanie, *Local Courts in Western China: The Quest for Independence and Dignity* in Randall Peerenboom ed., *Judicial Independence in China: Lessons for Global Rule of Law Promotion*, Cambridge University Press, 2010.

Barrett, Jerome T., *A History of Alternative Dispute Resolution: The Story of a Political, Cultural, and Social Movement*, Jossey – Bass, 2004.

Bauer, John et al., *Gender Inequality in Urban China: Education and Employment*, Modern China, Iss. 18, No. 3, p. 333 – 370 (1992).

Bell, John, *Legal Education*, in Peter Cane and Mark Tushnet eds., The Oxford Handbook of Legal Studies, Oxford University Press, 2003.

Bercovithch, Jacob and Langley, Jeffery, *The Nature of Dispute and the Effectiveness of International Mediation*, Journal of Conflict

Resolution, Vol. 37, No. 4, p. 670 - 691 (1993).

Bernstein, Lisa, *Understanding the Limits of Court - Connected ADR: A Critique of Federal Court - Annexed Arbitration Programs*, University of Pennsylvania Law Review, Vol. 141, No. 6, p. 2169 - 2259 (June, 1993).

Biden, Joseph R. ,*Equality, Accessible, Affordable Justice under Law: The Civil Justice Reform Act of* 1990, Cornell Journal of Law and Public Policy, Vol. 1, Iss. 1, p. 1 - 24 (1992).

Bix, Brian H. , *Law as an Autonomous Discipline*, in Peter Cane and Mark Tushnet eds. , The Oxford Handbook of Legal Studies, Oxford University Press, 2003.

Bluehouse, Philmer and Zion, James W. , *Hozhooji Naat' aanii: the Navajo Justice and Harmony Ceremony*, Mediation, Vol. 10, p. 327 - 337 (1993).

Bok, Derek C. , *A Flawed System of Law Practice and Training*, Journal of Legal Education, Vol. 33, No. 4, p. 570 - 585 (1983).

Bollen, Katalien N. L. et al. , *Computers Work for Women: Gender Differences in E - support Divorce Mediation*, Computer in Human Behavior, Vol. 30, p. 230 - 237 (2014).

Boulle, Laurence, *Mediation: Principles, Process, Practice*, Butterworths, 1996.

Brett, Jeanne M. , Dreghe, Rita and Shapiro, Debra L. , *Mediator Style and Mediation Effectiveness*, Negotiation Journal, Vol. 2, p. 277 - 285 (1986).

Brown, Henry and Marriott, Arthur L. , *ADR Principles and Practice*, Sweet & Maxwell, 1993.

Brunet, Edward J. and Craver, Chariles B. , *Alternative Dispute Resolution: The Advocate' s Perspective*, Lexis Nexis, 2nd ed. , 2001.

Bush, Robert A. Baruch, " *What Do We Need a Mediator For?": Mediation' s "Value - Added" for Negotiators*, Ohio State Journal on Dispute Resolution, Vol. 12, p. 1 - 36 (1996).

Carnevale, Peter J. D. and Pegnetter, Richard, *The Selection of Mediation Tactics in Public Sector Disputes: A Contingency Analysis*, Journal of Social Issues, Vol. 41, p. 65 – 81 (1985).

Carroll, Robyn, *Trends in Mediation Legislation: "All for One and One for All" or "One at All"?*, Western Australian Law Review, Vol. 30, p. 167 – 207 (2002).

Charlton, Ruth and Dewdney, Micheline, *The Mediator's Handbook: Skills and Strategies for Practitioners*, LBC Information Services, 1995.

Chen, Albert H. Y., *Mediation, Litigation and Justice: Confucian Reflections in Modern Liberal Society*, in Daniel A. Bell and Hahm Chaibong eds., Confucianism for the Modern World, Cambridge University Press, 2003.

Chen, Albert H. Y., *An Introduction to the Legal System of the People's Republic of China*, Lexis/Nexis, 5th ed., 2018.

Chen, GOH Bee, *Law without Lawyers, Justice without Courts – On traditional Chinese Mediation*, Ashgate Publishing, 2002.

Chen, Jianfu, *From Administrative Authorization to Private Law: A Comparative Perspective of the Developing Civil Law in the People's Republic of China*, Martinus Nijhoff Publishers, 1995.

Chen, Minjia and Zheng, Yongnian, *China's Regional Disparity and its Policy Response*, China & World Economy, Vol. 16, No. 4, p. 16 – 32 (2008).

Chen, Phillip M., *Law and Justice: The Legal System in China* 2400 *B. C. To* 1960 *A. D*, Dunellen Pub. Co., 1973.

Cheung, Steven N. S., *The Economic System of China*, Arcadia Press, 2008.

Chornenki, Genevieve A. and Hart, Christine E., *Bypass Court: A Dispute Resolution Handbook*, LexisNexis, 2011.

Clapshaw, Deborah and Freeman – Greene, Susan, *Do We Need a Mediation Act? Part* 1, ADR Bulletin, Vol. 6, No. 4, p. 1 – 10

(2003).

Clark, Gerard J., *An Introduction to the Legal Profession in China in the Year* 2008, Suffolk University Law Review, Vol. XLI, p. 833 – 850 (2008).

Clarke, Donald C., *Dispute Resolution in China*, Journal of Chinese Law, Vol. 5, No. 2, p. 245 – 296 (1991).

Clarke, Donald C., *Empirical Research into the Chinese Judicial System*, in Erik G. Jensen and Thomas C. Heller eds., Beyond Common Knowledge: Empirical Approaches to the Rule of Law, Stanford University Press, 2003.

Clifford, James, *The Predicament of Culture: Twentieth – Century Ethnography, Literature, and Art*, Harvard University Press, 1988.

Cohen, Jerome Alan, *Chinese Mediation on the Eve of Modernization*, California Law Review, Vol. 54, p. 1201 – 1226 (1966).

Coke, Edward, *Prohibitions Del Roy*, in Steven Sheppard ed., The Selected Writings and Speeches of Sir Edward Coke, Liberty Fund, 2003.

Colker, Ruth, *Feminist Litigation: An Oxymoran? – A Study of the Briefs Filed in William L. Webster v. Reproductive Health Services*, Harvard Women's Law Journal, Vol. 13, p. 137 – 188 (1990).

Collins, Randall, *Conflict Sociology: Toward an Explanatory Science*, New York: Academic Press, 1975.

Comaroff, John L. and Roberts, Simon, *Rules and Processes: The Cultural Logic of Dispute in an African Context*, The University of Chicago Press, 1981.

Cooley, John W., *The Mediator's Handbook: Advanced Practice Guide for Civil Litigation*, National Institute for Trial Advocacy, 2nd ed., 2006.

Cooley, John W. , *The Mediator's Handbook: Advanced Practice Guide for Civil Litigation*, National Institute for Trial Advocacy, 2000.

Coombe, Rosemary, *Is there a Cultural Studies of Law?*, in Toby Miller ed. , A Companion to Cultural Studies, Wiley Blackwell, 2001.

Coombs, Russell M. , *Noncourt - Connected Mediation and Counseling in Child - Custody Disputes*, Family Law Quarterly, Vol. 17, p. 469 - 495 (1984).

Corbin, Arthur L. , *Legal Analysis and Terminology*, The Yale Law Journal, Vol. 29, No. 2, p. 163 - 173 (1919).

Coser, Lewis Alfred, *The Functions of Social Conflict*, Free Press, 1956.

Cotterrell, Roger, *The Sociology of Law: An Introduction*, Butterworths, 2nd ed. , 1992.

Coughlin, Richard M. , *Morality, Rationality and Efficiency: New Perspective on Socio - economics*, M. E. Sharpe, 1991.

Cruz, Peter de, *Comparative Law in a Changing World*, Cavendish, 2nd ed, 1999.

David, Slawson W. , *Changing How We Teach: A Critique of the Case Method*, South California Law Review, Vol. 74, Iss. 1, p. 343 - 346 (2000 - 2001).

Deborah, Sundermann, *The Dilemma of Regulating Mediation*, Houston Law Review, Vol. 22, p. 841 - 868 (1985).

Deflem, Mathieu, *Sociology of Law: Visions of a Scholarly Tradition*, Cambridge University Press, 2008.

Deng, Zhenglai, *Criticism on the Urbanized Trend of Chinese Law Research*, Frontiers of Law in China, Vol. 1, No. 4, p. 514 - 523 (2006).

Dente, James M. , *Century of Case Method: An Apologia*, Washington Law Review, Vol. 50, p. 93 - 107 (1974 - 1975).

Dewey, John, *Experience and Education*, Macmillan, 1938.

Dobbins, W. Lee, *The Debate over Mediator Qualifications: Can They Satisfy the Growing Need to Measure Competence Without Barring Entry into the Market*, University of Florida Journal of Law and Public Policy, Vol. 7, Iss. 1, p. 95 – 112 (1995 – 1995).

Doherty, Nora and Guyler, Marcelas, *The Essential Guide to Workplace Mediation & Conflict Resolution: Rebuilding Working Relationship*, Kogan Page, 2008.

Donegan, Susan L., *ADR in Colonial American: A Covenant for Survival*, Arbitration Journal, Vol. 48, No. 2, p. 14 – 22 (1993).

Emond, D. Paul, *Alternative Dispute Resolution: A Conceptual Overview*, in D. Paul Emond ed., Commercial Dispute Resolution: Alternative to Litigation, Canada Law Book, 1989.

Erickson, Stephen K. and McKnight, Marilyn S., *The Practitioner's Guide to Mediation: a Client – centered Approach*, Wiley, 2001.

Erickson, Stephen K., McKnight, Marilyn S., *The Practitioner's Guide to Mediation: a Client – centered Approach*, John Wiley & Sons Inc., 2001.

Fei, Xiaotong, translated by Gary G. Hamilton and WANG Zheng, *From the Soil: The Foundations of Chinese Society*, University of California Press, 1992.

Fiadjoe, Albert K., *Alternative Dispute Resolution: A Developing World Perspective*, Cavendish, 2004.

Fisher, Glen, *International Negotiation: A Cross – Cultural Perspective*, Intercultural Press, 1980.

Fiss, Owen M., *Against Settlement*, Yale Law Journal, Vol. 93, Iss. 6, p. 1073 – 1092 (1984).

Folberg, Jay, *A Mediation Overview: History and Dimensions of Practice*, Conflict Resolution Quarterly, Vol. 1, p. 3 – 13 (1983).

Forester, John, *Dealing with Differences: Dramas of Mediating*

Public Disputes, Oxford University Press, 2009.

Frank, K. Upham, *Who Will Find the Defendant if He Stays with His Sheep? Justice in Rural China*, The Yale Law Journal, Vol. 114, Iss. 7, p. 1675 – 1718 (2005).

Freire, Paulo, *Pedagogy of the Oppressed*, Penguin Books, 1970.

Fu, Hualing and Richard, Cullen, *Mediatory to Adjudicatory Justice: the Limits of Civil Justice Reform in China*, in Margaret Y. K. Woo and Mary Elizabeth Gallagher eds., Chinese Justice: Civil Dispute Resolution in Contemporary China, Cambridge University Press, 2011.

Fuller, Lon L., *The Forms and Limits of Adjudication*, Harvard Law Review, Vol. 92, Iss. 2, p. 353 – 409 (1978).

Fuller, Lon. L, *Mediation – Its Forms and Functions*, in Kenneth I. Winston ed., The Principle of Social Order, Duke University Press, 1981.

Galanter, Marc, "... *A Settlement Judge, Not a Trial Judge*:" *Judicial Mediation in the United States*, Journal of Law and Society, Vol. 12, No. 1, p. 1 – 18 (1985).

Galanter, Marc, *Reading the Landscape of Disputes: What We Know and Don't Know (and Think We Know) about Our Allegedly Contentious and Litigious Society*, UCLA Law Review, Vol. 31, Iss. 1, p. 4 – 71 (1983).

GAO, Lingyun, *What Makes a Lawyer in China? The Chinese Legal Education System after China's Entry into the WTO*, Willamette Journal of International Law & Dispute Resolution, Vol. 10, No. 1, p. 197 – 237 (2002).

Garner, Bryan A. et al., *Black's Law Dictionary*, Thomson West, 10th ed., 2014.

Geertz, Clifford, *Local Knowledge: Fact and Law in Comparative Perspective*, in Clifford Geertz ed., Local Knowledge:

Further Essays in Interpretive Anthropology, Basic Books, 1983.

Geertz, Clifford, *Thick Description: Toward an Interpretive Theory of Culture*, in Clifford Geertz ed., The Interpretation of Cultures, Basic Books, 1973.

Gelfand, Michele J. and Brett, Jeanne M., *The Handbook of Negotiation and Culture*, Stanford Business Books, 2004.

Gibbons, John, *Language and the Law*, Annual Review of Applied Linguistics, Vol. 19, p. 156 – 173 (1999).

Gilligan, Carol, *In a Different Voice: Psychological Theory and Women's Development*, Harvard University Press, 1993.

Gillis, Alessandra, *Lonergan's Ethics and Feminist Ethics: Exploring the Meaning of Care*, Journal of Macrodynamic Analysis, Vol. 7, p. 27 – 43 (2012).

Granovetter, Mark, *Economic Action and Social Structure: The Problem of Embeddedness*, American Journal of Sociology, Vol. 91, No. 3, p. 481 – 510 (1985).

Green, Eric D., *Mega – Disputes and Class Actions*, in Dwight Golann ed., Mediating Legal Disputes: Effective Strategies for Neutrals and Advocates, ABA Section of Dispute Resolution, 2009.

Green, Michael Steven, *Legal Realism as a Theory of Law*, William and Mary Law Review, Vol. 46, p. 1915 – 2000 (2005).

Greenberg, Judith G., *Introduction*, in Mary Joe Drug, Postmodern Legal Feminism, Routledge, 1992.

Greenberg, Myron S. and Blazina, Megan A., *What Mediators Need to Know about Class Actions: A Basic Primer*, Hamline Law Review, Vol. 27, p. 192 – 224 (2004).

Guzman, Andrew T., *Arbitrator Liability: Reconciling Arbitration and Mandatory Rules*, Duke Law Journal, Vol. 49, p. 1279 – 1334 (2000).

Guzman, Andrew T., *Arbitrator Liability: Reconciling Arbitration and Mandatory Rules*, Duke Law Journal, Vol. 49, Iss.

5, p. 1279 - 1334 (2000).

Hanycz, Colleen M., *Whither Community Justice? The Rise of Court - Connected Mediation in the United States*, Windsor Yearbook of Access to Justice, Vol. 25, Iss. 1, p. 167 - 210 (2007).

Haynes, John M. and Stephanie, Charlesworth, *The Fundamentals of Family Mediation*, The Feferation Press, 1996.

Haynes, John Michael, Haynes, Gretchen L. and Fong, Larry Sun, *Mediation: Positive Conflict Management*, State University of New York Press, 2004.

Hoffman, David A. and Wolman, Richard N., *The Psychology of Mediation*, Cardozo Journal of Conflict Resolution, Vol. 14, p. 759 - 806 (2013).

Holmes, Oliver Wendell, *The Common Law*, American Bar Association, 2009.

Hou Xiaodan, *Chapter Six: Legal Education and the Transformation of the Legal Profession*, in CAI Dingjian and WANG Chenguang eds., China's Journey towards the Rule of Law: Legal Reform (1978 - 2008), Brill, 2010.

HU Angang, *Equity and Efficiency*, in WANG Chaohua ed., *One China, Many Paths*, Verso, 2003.

Hu, Hsien Chin, *The Chinese Concept of "Face"*, American Anthropology, Vol. 46, No. 1, p. 45 - 64 (1944).

Huang, Philip C. C., *Court Mediation in China, Past and Present*, Modern China, Vol. 32, No. 3, p. 275 - 314 (2006).

Hurn, Brian J. and Tomalin, Barry, *Cross - Cultural Communication: Theory and Practice*, Palgrave Macmillan, 2013.

Jensen, Hans E., *J. A. Schumpeter on Economic Sociology*, Eastern Economic Journal, Vol. 11, No. 3, p. 257 - 266 (1985).

Ji, Weidong, *Legal Education in China: A Great Leap Forward of Professionalism*, Kobe University Review, Vol. 39, p. 1 - 21 (2004).

Jing, Lin, *Chinese Women under the Economic Reform: Gains and Losses*, Harvard Asia Pacific Review, Vol. 7, p. 88 - 90 (2003).

Kilmann, Ralph H. and Thomas, Kenneth W., *Developing a Forced - Choice Measure of Conflict - Handling Behavior: The "MODE" Instrument*, Educational and Psychological Measurement, Vol. 37, p. 309 - 325 (1977).

King, Michael et al, *Non - Adversarial Justice*, The Federation Press, 2009.

Kochan, Thomas A. and Jick, Todd, *The Public Sector Mediation Process: A Theory and Empirical Examination*, Journal of Conflict Resolution, Vol. 22, No. 2, p. 209 - 240 (1978).

Kolb, Deborah M. and Coolidge, Gloria G., *Her Place at the Table: A Consideration of Gender Issues in Negotiation*, in William Breslin and Jeffrey Z. Rubin eds., Negotiation Theory and Practice, The Harvard Program on Negotiation Books, 1991.

Kovach, Kimberlee K., *Mediation in A Nutshell*, Thomson/West, 2010.

Krause, Jana, Krause, Werner and Bränfors, Piia, *Women's Participation in Peace Negotiations and the Durability of Peace*, International Interactions, Vol. 44, No. 6, p. 985 - 1016 (2018).

Kressel, Kenneth, Pruitt, Dean G. and associates, *Mediation Research: The Process and Effectiveness of Third - Party Intervention*, San Francisco: Jossey - Bass, 1989.

Kung, James Kai - sing and Ma, Chicheng, *Can Cultural Norms Reduce Conflicts?: Confucianism and Peasant Rebellion in Qing China*, Journal of Development Economics, Vol. 111, p. 132 - 149 (2014).

Lancaster, Robert and Ding, Xiangshun, *Addressing the Emergence of Advocacy in the Chinese Criminal Justice System: A Collaboration between a U. S. and a Chinese Law School*, Fordham

International Law Journal, Vol. 30, No. 2, p. 356 – 373 (2007).

Langdell, Christopher Columbus, *Law School Curriculum: A Replay to Kennedy*, Seton Hall Law Review, Vol. 14, p. 1080 – 1081 (1984).

Laster, Kathy, *Law as Culture*, The Federation Press Pty Ltd, 2nd ed, 2001.

Law, Siew Fang , *Culturally Sensitive Mediation: the Importance of Culture in Mediation Accreditation*, Australasian Dispute Resolution Journal, Vol. 20, Iss. 3, p. 162 – 171 (2009).

Leung, Kwok, *Some Determinants of Conflict Avoidance*, Journal of Cross – Cultural Psychology, Vol. 19, No. 1, p. 125 – 136 (1988).

Liebman, Benjamin L., *A Return to Populist Legality? Historical Legacies and Legal Reform*, in Sebastian Heilmann and Elizabeth J. Perry eds., Mao's Invisible Hand: The Political Foundations of Adaptive Governance in China, Harvard University Press, 2011.

Liebman, Benjamin L., *A Return to Populist Legality? Historical Legacies and Legal Reform*, in Sebastian Heilmann and Elizabeth J. Perry eds., Mao's Invisible Hand: the Political Foundations of Adaptive Governance in China, Harvard University Press, 2003.

Liu, Sida, and Halliday, Terence C., *Political Liberalism and Political Embeddedness: Understanding Politics in the Work of Chinese Criminal Defense Lawyers*, Law and Society Review, Vol. 45, No. 4, p. 831 – 865 (2011).

Lubman, Stanley B., *Mao and Mediation: Politics and Dispute Resolution in Communist China*, California Law Review, Vol. 55, Iss. 5, p. 1284 – 1359 (1967).

Matthews, Joseph L., *How to Win Personal Injury Claim*, Nolo, 7th ed., 2009.

Mattila, Heikki E. S., *Comparative Legal Linguistic*,

Ashgate, 2006.

Maxwell, David, *Gender Differences in Mediation Style and Their Impact on Mediator Effectiveness*, Conflict Resolution Quarterly, Vol. 9, No. 4, p. 353 –364 (Summer 1992).

McCoville, Mike and Chui, Wing Hong, *Introduction and Overview*, in Mike McCoville and Wing Hong Chui eds., Research Methods for Law, Edinburgh University Press, 2007.

McThenia, Andrew W. and Shaffer, Thomas L., *For Reconciliation*, Yale Law Journal, Vol. 94, p. 1660 –1668 (1985).

Menkel – Meadow, *Carrie From Legal Disputes to Conflict Resolution and Human Problem Solving: Legal Dispute Resolution in a Multidisciplinary Context*, Journal of Legal Education, Vol. 54, No. 4, p, 7 –29 (2005).

Menkel – Meadow, Carrie J. et al. eds., *Dispute Resolution: Beyond the Adversarial Model*, Aspen Publishers, 2005.

Menkel – Meadow, Carrie, *Portia in a Different Voice: Speculations on a Women's Lawyering Process*, Berkeley Women's Law Journal, Vol. 1, p. 39 –63 (1985).

Menkel – Meadow, Carrie, *Toward another View of Legal Negotiation: The Structure of Problem Solving*, UCLA Law Review, Vol. 31, p. 754 –842 (1983 –1984).

Merry, Sally Engle and Milner, Neal, *Introduction*, in Sally Engle Merry and Neal Milner (eds.), The Possibility of Popular Justice: A Case Study of Community Mediation in the United States, The University of Michigan Press, 1993.

Merry, Sally Engle, *Anthropology and the Study of Alternative Dispute Resolution*, Journal of Legal Education, Vol. 34, p. 277 –283 (1984).

Merry, Sally Engle, *Book Review: Dispute without Culture*, Harvard Law Review, Vol. 100, p. 2057 –2073 (1987).

Merry, Sally Engle, *Sorting out Popular Justice*, in Sally Engle

Merry and Neal Milner eds. , The Possibility of Popular Justice: A Case Study of Community Mediation in the United States, The University of Michigan Press, 1993.

Michelson, Ethan, *Lawyers, Political Embeddedness, and Institutional Continuity in China's Transition from Socialism*, American Journal of Sociology, Vol. 113, No. 2, p. 352 - 414 (2007).

Minzner, Carl F. , *China's Turn against Law*, American Journal of Comparative Law, Vol. 59, No. 4, p. 935 - 984 (2011).

Morgan, Edmund M. , *Case Method*, Journal of Legal Education, Vol. 4, No. 4, p. 379 - 391 (1951 - 1952).

Mulcahy, Linda and Wheeler, Sally, *Feminist Perspectives on Contract Law*, Glass House Press, 2005.

Nader, Laura, *Controlling Process in the Practice of Law: Hierarchy and Pacification in the Movement to Re - Form Dispute Ideology*, Ohio State Journal on Dispute Resolution, Vol. 9, No. 1, p. 1 - 26 (1993).

Ng, Kuai Hang and He, Xin, *Internal Contradictions of Judicial Mediation in China*, Law & Social Inquiry, Vol. 39, No. 2, p. 285 - 312 (2014).

Niemic, Robert J. , Stienstra, Donna and Ravits, Randall E. , *Guide to Judicial Management of Cases in ADR*, Federal Judicial Center, 2001.

North, Douglass C. , *Institutions*, Journal of Economic Perspectives, Vol. 5, Iss. 1, p. 99 - 112 (Winter 1991).

Palmer, Michael, *Compromising Courts and Harmonizing Ideologies: Mediation in the Administrative Chambers of the People's Courts in the People's Republic of China* (2010), in Andrew Harding and Penelope (Pip) Nicholson eds. , New Courts in Asia, Routledge, 2011.

Palmer, Michael, *The Revival of Mediation in the People's*

Republic of China (2): *Judicial Mediation*, in W. E. Butler ed., Yearbook on Socialist Legal Systems, Transnational Publishers, Inc. 1989.

Patton, Michael Quinn, *Qualitative Research*, in Brian S. Everitt and David C. Howell eds., Encyclopedia of Statistics in Behavioral Science, John Wiley & Sons Inc., Vol. 3, 2005.

Pearson, Thoennes J. N. and Vanderkooi, *The Decision to Mediation: Profiles of Individuals who Accept and Reject the Opportunity to Mediate Contested Child Custody and Visitation Issues*, Journal of Divorce, Vol. 6, p. 17 – 35 (1982).

Peerenboom, Randall and He, Xin, *Dispute Resolution in China: Patterns, Causes and Prognosis*, East Asia Law Review, Vol. 4, p. 1 – 61 (2009).

Perry, Elizabeth J., *Chinese Conceptions of "Rights": From Mencius to Mao – and Now*, Perspectives on Politics, Vol. 6, p. 37 – 50 (2008).

Perry, Elizabeth J., *Trends in the Study of Chinese Politics: State – Society Relations*, The China Quarterly, Vol. 139, p. 704 – 713 (1994).

Pillsbury, Barbara L. K., *Factionalism Observed: Behind the "Face" of Harmony in a Chinese Community*, The China Quarterly, Vol. 74, p. 241 – 272 (1978).

Pitt – Rivers, Julian Alfred, *The People of the Sierra*, University of Chicago Press, 2nd ed., 1971.

Potter, Ptiman B., *Cultural Aspects of Trade Dispute Resolution in China*, Journal of Philippine Development, Vol. XXIII, No. 1, p. 149 – 177 (1996).

Read, Benjamin L., *Mediating the Mediation Debate: Conflict Resolution and the Local State in China*, Journal of Conflict Resolution, Vol. 52, No. 5, p. 737 – 764 (2008).

Rhode, Deborah L., *Access to Justice*, Fordham Law Review,

Vol. 69, p. 1785 - 1819 (2001).

Roberts, Simon and Palmer, Michael, *Dispute Processes: ADR and the Primary Forms of Decision - Making*, Cambridge University Press, 3rd ed., 2020.

Rogers, Nancy H. and Salem, Richard A., *A Student's Guide to Mediation and the Law*, M. Bender, 1987.

Rumelhart, David E., *Introduction to Human Information Processing*, Wiley, 1977.

Saich, Tony, *Governance and Politics of China*, Palgrave Macmillan, 3rd ed., 2011.

Sandborg, David L., *Multistep ADR Gets Creative at Hong Kong's New Airport*, Alternatives to the High Cost of Litigation, Vol. 17, No. 3, p. 41 - 61 (March 1999).

Santos, B. de Sousa, *Law and Community: the Changing Nature of State Power in Late Capitalism*, in Richard L. Abel ed., The Politics of Informal Justice, Academic Press, 1982.

Sarat, Austin, *The Litigation Explosion, Access to Justice, and Court Reform: Examining the Critical Assumptions*, Rutgers Law Review, Vol. 37, p. 319 - 336 (1984 - 1985).

Schuck, Peter H., *Diversity in American: Keeping Government at a Safe Distance*, The Belknap Press of Harvard University Press, 2003.

Scott, John and Marshall, Gordon, "*Case - Study*," *In A Dictionary of Sociology*, Oxford University Press, 2009.

Shreve, Gene R., *Two Cheers for the Case Method*, New York Law School Law Review, Vol. 30, p. 601 - 607 (1985).

Sourdin, Tania, Jenny David and Marilyn Scott, *Court - connected Mediation: National Best Practice Guidelines*, University of Technology Sydney, 1994. 转引自 Genevieve A. Chornenki and Christine E. Hart, *Bypass Court: A Dispute Resolution Handbook*, LexisNexis, 2011。

Spencer, David and Brogan, Michael C., *Mediation Law and Practice*, Cambridge University Press, 2006.

Spencer, David, *Essential Dispute Resolution*, Routledge, 2002.

Stake, Robert E., *Qualitative Case Studies*, in Norman K. Denzin and Yvonna S. Lincoln eds., The Sage Handbook of Qualitative Research, Sage Publications, 2005.

Stein, Peter, *Roman Law in European History*, Cambridge University Press, 1999.

Steinfeld, Edward S., *Forging Reform in China: The Fate of State – Owned Industry*, Cambridge University Press, 1998.

Tan, Poh – Ling, *Asian Legal Systems: Law, Society and Pluralism in East Asia*, Butterworths, 1997.

Tang, Catherine So – kum, Chua, Zhiren and Jiaqing, O., *A Gender Perspective on Chinese Social Relationships and Behavior*, in Michael Harris Bond, The Oxford Handbook of Chinese Psychology, Oxford University Press, 2010.

Tang, Shiping, *Foundational Paradigms of Social Sciences*, Philosophy of the Social Sciences, Vol 41, No. 2, p. 211 – 249 (2011).

Taylor, Thomas Fenton, *The "Dwight Method"*, *Harvard Law Review*, Vol. 7, No. 4, p. 203 – 212 (1893).

Toseland, Ronald W., Jones, Lani V. and Gellis, Zvi D., *Group Dynamics*, in Charles D. Garvin, Lorraine M. Gutiérrez and Maeda J. Galinsky eds., Handbook of Social Work with Groups, Guilford Press, 2004.

Trebilcock, Michael J., *The Limits of Freedom of Contract*, Harvard University Press, 1993.

Twining, William L., *Blackstone's Tower: The English Law School*, Stevens & Sons, 1994.

Tyler, Tom R., *The Quality of Dispute Resolution Procedures and Outcomes: Measurement Problems and Possibilities*, Denver

University Law Review, p. 419 – 436, p. 429 (1988 – 1989).

Upham, Frank K., *Who Will Find the Defendant if He Stays with His Sheep? Justice in Rural China*, The Yale Law Journal, Vol. 114, Iss. 7, p. 1675 – 1718 (2005).

Vallera, Farah L. and Cui, Yameng, *Mindful Minutes: Reigniting Students' Active Engagement Online Through Mindful Practices*, in Jared Keengwe, Handbook of Research on Active Learning and Student Engagement in Higher Education, Information Science Reference, 2022.

Wall, James A. and Dunne, Timothy C., *Mediation Research: A Current Review*, Negotiation Journal, Vol. 28, Iss. 2, p. 216 – 244 (2012).

Wall, James A. Jr. and Lynn, Ann, *Mediation: A Current Review*, The Journal of Conflict Resolution, Vol. 37, No. 1, p. 160 – 194 (1993).

Wall, James A. Jr. et al., *Mediation: A Current Review and Theory Development*, The Journal of Conflict Resolution, Vol. 45, No. 3, p. 370 – 391 (2001).

Watkins, Michael, *Breakthrough Business Negotiation: A Toolbox for Managers*, Jossey – Bass, 2002.

Waye, Vicki and Xiong Ping, *The Relationship between Mediation and Judicial Proceedings in China*, Asian Journal of Comparative Law, Vol. 6, p. 1 – 34 (2011).

Weber, Max, translated by Ephraim Fischoff et al., Guenther Roth and Claus Wittich eds., *Economy and Society: An Outline of Interpretative Sociology*, Bedminster Press, 1968.

Weber, Max, translated by Stephen Kalberg, *The Protestant Ethic and the Spirit of Capitalism*, Taylor & Francis, 2001.

Wei, Yehua Dennis, *Regional Development in China: States, Globalization and Inequality*, Routledge, 2000.

Whatling, Tony, *Mediation Skills and Strategies: A Practical*

Guild, Jessica Kingsley Publishers, 2012.

Williams, Dodeye Uduak, *How Useful are the Main Existing Theories of Ethnic Conflict?*, Academic Journal of Interdisciplinary Studies, Vol. 4, No. 1, p. 147 - 152 (2015).

Wong, Bobby K. Y., *Traditional Chinese Philosophy and Dispute Resolution*, Hong Kong Law Journal, Vol. 30, p. 304 - 319 (2000).

Wong Yan Lung, *The Benefits of Mediation*, Asian Dispute Review, Vol. 7, p. 100 - 102 (2006).

Woolf, Lord Harry, *Civil Justice in United Kingdom*, The American Journal of Comparative Law, Vol. 45, Iss. 4, p. 709 - 736 (Autumn, 1997).

Xiong Hao, *The Two Sides of the Court Mediation in Today's Southwest Grassroots China: An Empirical Study in T Court, Yunnan Province*, Asian Journal of Law and Society, Vol. 1, p. 367 - 394 (2014).

Xiong Hao, *The Feasibility of Court Mediation in the Grassroots Southwest Grassroots Society of Southwest China: A Case Study from Yunnan*, Hong Kong Law Journal, Vol. 44, p. 277 - 302 (2014).

Xu Xiaobing, *Mediation in China and The United States: Towards Common Outcome*, Unpublished JSD dissertation, Stanford University, School of Law (2003).

YU Jiangrong, *Social Conflict in Rural China*, China Security, Vol. 3, p. 2 - 17 (2007).

Yuan, Lijun, *Reconceiving Women's Equality in China: A Critical Examination of Models of Sex Equity*, Rowman & Littlefield Publishers, 2005.

Zhang, Xianchu, *Civil Justice Reform with Political Agenda*, in Yu Guanghua ed., Development of the Chinese Legal System: Change and Challenges, Routledge, 2010.

Zheng Yongnian, *Explaining the Source of de facto Federalism in*

Reform China: *Intergovernmental Decentralization*, *Globalization*, *and Central – Local Relations*, Japanese Journal of Political Science, Vol. 7, No. 2, p. 101 – 126 (2006).

Zhu, Suli, *The Party and the Courts*, in Randall Peerenboom ed., Judicial Independence in China: Lessons for Global Rule of Law Promotion, Cambridge University Press, 2010.

Zhu Kangdui, *Narratives of Wenzhou's Industrial Privatization* in Zhang Xiaobo, Shenggen FAN and Arjan de Haan eds., Narratives of Chinese Economic Reforms: How Does China Cross the River?, World Scientific, 2010.

Zhu Suli, "*Federalism*" *in Contemporary China – A Reflection on the Allocation of Power between Central and Local Government*, Singapore Journal of International & Comparative Law, Vol. 7, p. 1 – 14 (2003).

Zou Keyuan, *China's Legal Reform*: *Towards the Rule of Law*, Martinus Nijhoff Publishers, 2006.

2. 其他

2010 Model Standards for Mediation Certification Programs of Association for Conflict Resolution, Acrnet. Org, see http://www.acrnet.org/News.aspx? id = 842, visited on 20th, March, 2011.

A Guide to Court – Connected Alternative Dispute Resolution Services, see https://www.mass.gov/doc/a – guide – to – court – connected – alternative – dispute – resolution – services/download, visited on 12th, December, 2022.

Access to Justice: *Practice Note* (9/3/2004), see http://web.undp.org/governance/docs/Justice_PN_English.pdf, visited on 1st May, 2012.

Adrbarbados, see http://www.adrbarbados.org/what_disputes_cannot_mediate.

China, see https://www.hofstede – insights.com/country/china/, visited on 21st, Nov, 2021.

Country Comparison, see https://www.hofstede-insights.com/country-comparison/brazil, china, germany, the-usa/, visited on 21st, June, 2021.

Successful Negotiation: Essential Strategies and Skills, see https://open.163.com/newview/movie/free? pid = EHHMS ODNA &mid = DHHMSPA8V, visited on 5th, October, 2023.

Huang Jin, *The Structure of Legal Education in China*, http://www.aals.org/2000international/english/china.htm, visited on 12th, December, 2015.

International Peace Institute, *Women in Conflict Mediation: Why it Matters* (September, 2013), available at http://www.ipinst.org/media/pdf/publications/ipi_e_pub_women_in_conflict_med.pdf, visited on 15th, May, 2019.

International Peace Institute. 2013. Women in Conflict Mediation: Why it Matters, see http://www.ipinst.org/media/pdf/publications/ipi_e_pub_women_in_conflict_med.pdf, visited on 15th, May, 2014.

John Scott and Gordon Marshall, *A Dictionary of Sociology*, Oxford University Press, 2009, see http://www.oxfordreference.com/views/ENTRY.html? subview = Main&entry = t88.e2354, visited on 22th, March, 2012.

Model Standards of Conduct for Mediators (2005), Mediate.Com, see http://www.mediate.com/pdf/Model StandardsofConductforMediatorsfinal05.pdf, visited on 20th, March, 2011.

National Labor Relations Act, see http://en.wikipedia.org/wiki/National_Labor_Relations_Act, visited on 20th, Nov, 2014.

Oxfordreference, see http://www.oxfordreference.com.eproxy1.lib.hku.hk/view/10.1093/acref/9780199533008.001.0001/acref-9780199533008-e-219, visited on 2nd, January, 2015.

Phizone Guide to Active listening in Mediation, see http://rhizomenetwork.files.wordpress.com/2010/12/active_listening_in_mediation.pdf.

Ramo, Joshua Cooper, *Beijing Consensus*, see https://fpc.org.uk/wp-content/uploads/2006/09/244.pdf.

Siedel, George, Successful Negotiation: Essential Strategies and Skills, see https://open.163.com/newview/movie/free?pid=EHHMSODNA&mid=DHHMSPA8V, visited on 5th, October, 2023.

Susskind, Lawrence E. and Corburn, Jason, *Using Simulations to Teach Negotiation: Pedagogical Theory and Practice*, Working Paper 99-1, Program on Negotiation at Harvard Law School, see https://web.mit.edu/publicdisputes/teach/corburn.pdf, visited on 15th, December, 2022.

We the Women: Why Conflict Mediation is not just a Job for Men, see http://www.isn.ethz.ch/Digital-Library/Publications/Detail/?fecvnodeid=129370&dom=1&groupot593=0c54e3b3-1e9c-be1e-2c24-a6a8c7060233&lng=en&fecvid=21&v21=129370&ord582=grp2&ots627=0c54e3b3-1e9c-be1e-2c24-a6a8c7060233&id=20277, visited on 15th, May, 2014.

哈佛大学法学院官方网站案例教学简介，see http://www.law.harvard.edu/library/case-studies/index.html。

香港终审法院发布实务指示，see http://legalref.judiciary.gov.hk/lrs/common/pd/pdcontent.jsp?pdn=PD31.htm&lang=EN, visited on 6th, December, 2014。